MARK LAMPRELL
Jede Liebe führt nach Rom

W0195361

Autor

Mark Lamprell arbeitet seit Jahren für Film und Fernsehen. Die ewige Stadt Rom faszinierte ihn schon immer, sodass er nach seinem letzten Besuch beschloss, seinen nächsten Roman dort spielen zu lassen. »Jede Liebe führt nach Rom« ist sein erster Roman bei Blanvalet und begeistert die Leser weltweit. Noch vor Erscheinen hat er sich in 14 Länder verkauft.

Besuchen Sie uns auch auf www.facebook.com/blanvalet und www.twitter.com/BlanvaletVerlag

MARK LAMPRELL

Jede Liebe führt nach Rom

Roman

Deutsch von Sonja Rebernik-Heidegger

blanvalet

Die Originalausgabe erschien 2016 unter dem Titel »A Lover's Guide to Rome« bei Allen & Unwin, Australia.

Sollte diese Publikation Links auf Webseiten Dritter enthalten, so übernehmen wir für deren Inhalte keine Haftung, da wir uns diese nicht zu eigen machen, sondern lediglich auf deren Stand zum Zeitpunkt der Erstveröffentlichung verweisen.

MIX
Papier aus verantwor-
tungsvollen Quellen
FSC® C014496

Verlagsgruppe Random House FSC® N001967

1. Auflage
Copyright der Originalausgabe © 2016 by Mark Lamprell
Copyright der deutschsprachigen Ausgabe © 2017
by Blanvalet in der Verlagsgruppe Random House GmbH,
Neumarkter Str. 28, 81673 München
Die Paperback-Ausgabe erschien unter dem Titel
»Via dell'Amore – Jede Liebe führt nach Rom«
Redaktion: Sabine Thiele
Umschlaggestaltung: www.buerosued.de
Umschlagmotiv: iStock.com/neirfy
DN · Herstellung: wag
Satz: Vornehm Mediengestaltung GmbH, München
Druck und Bindung: GGP Media GmbH, Pößneck
Printed in Germany
ISBN 978-3-7341-0756-6

www.blanvalet.de

Anmerkungen des Autors

Dieses Buch wurde – *en plein air* – vor allem auf den Straßen und Plätzen Roms und mit Blick auf die zahllosen Sehenswürdigkeiten geschrieben. Die Geschichte spielt an etwa dreißig verschiedenen Schauplätzen. Manche Dinge, wie etwa die Namen und das Interieur einiger Hotels, sind frei erfunden, alles andere entspricht jedoch der Realität.

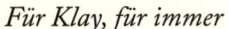

Für Klay, für immer

Inhalt

Prolog

*»... jeder Mensch ist nichts anderes als eine Welle
im Raum, die sich von Minute zu Minute beständig
verändert, während sie sich weiterbewegt.«*

NIKOLA TESLA

Lassen Sie mich Ihnen von Rom erzählen.

Roma, meine geliebte Stadt, die so alt ist, dass sie sogar *Die Ewige* genannt wird. Die Stadt, die immer schon war und immer sein wird. Sie ist ohnegleichen in ihrer Herrlichkeit und immerwährenden Gültigkeit, und doch komme ich nicht umhin, sie mit anderen Städten zu vergleichen.

New York, Paris, London – und so viele andere Großstädte – üben eine unwiderstehliche Anziehungskraft aus, doch Rom ist so voller Geschichten über Heilige und Sünder, Märtyrer und Monster, Liebende und Krieger, dass sie einen wie die Schwerkraft in ihren Bann zieht.

Wer lange genug auf den Piazze und unter den Denkmälern verweilt, fühlt sich gleichzeitig verloren und geborgen, gefangen genommen von ihrer Geschichte und verzaubert von ihrer langsam zerbröckelnden Schönheit.

Einst als bombastischer, geradezu grotesker Traum einer Stadt erbaut, widerlegt Rom den Irrglauben, die Realität werde von Realisten bestimmt. Niemand tritt unverändert aus dieser Stadt hervor.

Und sie bleibt für immer in den Herzen ihrer Besucher.

Hören Sie genau hin, und Sie werden erkennen, dass die Säulen der Gebäude wie die Saiten einer Harfe ertönen, von jenen zum Klingen gebracht, die vor Ihnen von der Stadt verzaubert wurden. Von Cäsaren, Päpsten, Despoten, Träumern, Wissenschaftlern, Künstlern und Liebenden. Werfen Sie einen Blick auf das, was sich hinter den Meisterwerken verbirgt, und Sie werden sehen, dass es hier nichts Alltägliches zu entdecken gibt. In Rom ist sogar die Gosse wunderschön.

Rom ist ein Ort, an dem Leidenschaft entsteht, an dem die Sinne Feuer fangen und Liebende sich in die Arme fallen.

Es erscheint magisch, aber ich werde Ihnen verraten, was in diesen Momenten wirklich passiert.

Woher ich das weiß?

Ich bin schon von Beginn an hier.

Ich war da, als Romulus Remus tötete.

Ich war da, als Augustus die Stadt in Marmor hüllte.

Ich war da, als Petrus aus Liebe zu Christus kopfüber gekreuzigt wurde.

Ich war da, als sich Michelangelo aus Liebe zu seiner Kapelle gegen den Papst auflehnte.

Ich war da, als Christina von Schweden aus Liebe zu ihrem Glauben ihr Königreich aufgab.

Ich bin hier, und ich werde noch hier sein, lange nachdem Sie bereits wieder verschwunden sind.

Hätte ich eine Visitenkarte, würde darauf wohl das Wort »Quantenmechaniker« stehen, doch die Klassizisten unter Ihnen haben meine wahre Bestimmung womöglich bereits erraten. In der modernen Welt bin ich längst vergessen, doch in der Antike war ich als *genius loci* – als Geist des

Ortes – bekannt und dazu da, die Menschen, die sich an diesem Ort aufhielten, zu inspirieren und vor neue Herausforderungen zu stellen.

Manche meiner Kollegen geben vor, Leonardo da Vinci oder auch Caravaggio zu ihrer Brillanz verholfen zu haben. Ich jedoch kann nichts dergleichen behaupten. Ich lebe in den Straßen und Mauern Roms, und auch wenn meine Anwesenheit die Schönheit der Stadt noch mehr zum Strahlen bringt, ist dies doch nur ein Nebenprodukt meiner wahren Bestimmung, die sich schon seit jeher den Verwirrungen und Mysterien des Herzens verschrieben hat.

Um genau zu sein, bin ich wohl ein *Geist der Liebe*.

Und nun kommen Sie mit – so Sie geneigt sind –, und sehen Sie mir bei der Arbeit zu.

Machen wir uns zunächst in die entferntesten Winkel der Welt auf, um nach geeigneten Spielfiguren zu suchen …

1

New York, New York

»Willst du mir wohl sagen, wenn ich bitten darf, welchen Weg ich hier nehmen muß?«
»Das hängt zum guten Theil davon ab, wohin du gehen willst«, sagte die Katze.

LEWIS CAROLL, ALICE IM WUNDERLAND

Staubkörner tanzten im Sonnenlicht, das durch die hohen, südlich ausgerichteten Fenster fiel. Sie stießen über dem Kopf des alten Mannes zusammen und taumelten weiter, im Chaos versunken und gleichzeitig einer geheimen Choreografie folgend, beständig und doch vergänglich. Manche sanken zu Boden, doch genauso viele zog es ohne erkennbaren Grund nach oben, und Alice fragte sich, warum die Gesetze der Schwerkraft eigentlich nicht auch für Staubkörner galten.

Die Geräusche der Stadt und ihres lebhaften Verkehrs drangen von draußen in das Büro ihres Professors, und auch wenn sie sich ziemlich sicher war, dass sie sich in New York befand, hatte sie immer wieder das Gefühl, dass es auch noch eine andere Stadt gab, die zwar sehr nahe, aber aufgrund einer Störung der Wahrnehmung nicht zu erkennen war.

In dieser anderen Welt würde sie nicht danach beurteilt, ob sie klug war oder nicht, denn die allgemeinen Gesetze – wie etwa jenes der Schwerkraft, das sich vor ihren Augen gerade selbst widerlegte – galten dort nicht. An diesem Ort gab es schlichtweg keine Regeln, und sie sehnte sich manchmal danach, dorthin zu reisen.

Professor Stoklinsky hob mit einem Lächeln in den Augen den Blick. Seine Haare standen ihm zu Berge, und er strahlte große Weisheit aus. Alice machte sich bereit für das, was er gleich sagen würde. Doch er schwieg und wandte seine Aufmerksamkeit wieder ihrer Arbeit zu.

Sein prüfender Blick machte ihr Angst. Er erwartete so viel von ihr. Er behandelte sie, als wäre sie etwas Besonderes, doch wenn Alice im reifen Alter von neunzehn (beinahe zwanzig) Jahren etwas ganz genau wusste, dann, dass sie eben gerade nichts Besonderes war. Sie wusste es, weil sie in eine Familie voller außergewöhnlicher Menschen hineingeboren worden war.

Ihre Mutter war der aufgehende Stern des Ballettensembles der BalletMet von Ohio gewesen, bis sie während einer Probe für den *Nussknacker* durch eine ungesicherte Falltür in der Bühne fiel und sich dabei neununddreißig der zweiundfünfzig Knochen in ihrem Fuß brach. Während des langwierigen Heilungsprozesses begann sie Jura zu studieren, und nun war sie geschäftsführende Partnerin einer äußerst erfolgreichen Rechtsanwaltskanzlei an der Wall Street. Alices Vater war ein angesehener Augenarzt, der seine Freizeit in Indien verbrachte, um Menschen das Augenlicht zurückzugeben, die keinen Zugang zu angemessener ärztlicher Versorgung hatten oder sich diese nicht leisten konnten. Ihrem älteren Bruder, der ihrem Vater in die Medizin gefolgt war, war das renommierte Rhodes-Stipendium der Universität von Oxford verliehen worden. Im Moment machte er gerade eine Ausbildung an der Mayo Clinic zum Facharzt für Nierenheilkunde. Und Alices jüngere Schwester hatte erst vor Kurzem während ihres ersten Jahres in Harvard mit dem Gewinn des Jacob-Wendell-Stipendiums aufhorchen lassen. Sämtliche Mitglieder ihrer Familie hatten also ohne viel Anstrengung Erfolg in den meisten Dingen, die sie sich vornahmen.

Alice hingegen eher nicht. Sie hegte keine besondere Leidenschaft für irgendein besonderes Gebiet, abgesehen von ihrer Angewohnheit, die farbliche Schattierung, Sättigung und Intensität eines jeden Gegenstandes zu kategorisieren, den sie zu Gesicht bekam.

Sie konnte sich noch gut erinnern, wie sie sich als kleines Mädchen in dem weitläufigen, begehbaren Kleiderschrank ihrer Mutter versteckt hatte, um deren Kleider nach ihrem Platz im Farbspektrum zu ordnen. Sie hatte mit den Blusen begonnen. Dunkelviolett, Lila, Blau, Grün, Limone, Gelb, Creme, Orange, Rot, Dunkelrot. Und zum Schluss hatte sie die weißen Blusen zwischen die gelben und die cremefarbenen gehängt, auch wenn sie wusste, dass Weiß eigentlich nicht zum Farbspektrum gehörte. Ihre Mutter war anfangs ehrlich entzückt gewesen, doch als Alice auch die Schränke ihrer Geschwister neu sortiert hatte, hatte sie sie auf Autismus testen lassen.

Mit vierzehn hatte sich Alice schließlich um einige Jahre älter gemacht und einen Teilzeitjob in einer Boutique in der Nähe der Madison Avenue ergattert. Nadine, die Besitzerin des gleichnamigen Ladens, hatte das außergewöhnliche Gespür für Farben ihrer neuen Aushilfe rasch erkannt, ebenso wie die Kundinnen, die jedes Mal Alice um Rat fragten, bevor sie etwas kauften. Nadine nahm Alice sogar zur Fashion Week in Chicago mit, um für die neue Saison einzukaufen, und Alice genoss es, endlich in einer Sache gut zu sein. Ihr Selbstbewusstsein stieg und mit ihm auch die Anzahl ihrer Freunde.

Im letzten Schuljahr nahm Alice schließlich allen Mut zusammen und lud ihre neue beste Freundin Manuela zu sich nach Hause zum Abendessen ein. Nachdem Manuela gegangen war, stellte Alices Mutter fest, dass diese ziemlich dicke Knöchel hatte. Ansonsten verlor sie kein weiteres Wort über den Abend. Am nächsten Tag erzählte Manuela in einem sehr humorvollen Monolog all ihren Freunden in der Schulkantine, wie ihre lebhafte Freundin Alice zu Hause zu einer grauen Maus mutierte. Alice verdrehte die Augen und lachte gemeinsam mit den anderen, doch ihre Wangen brannten.

Bei einer Cocktailparty zu Ehren ihres Bruders, der gerade aus Oxford zurückgekehrt war, erwähnte ein Kollege ihrer Mutter, dass er gesehen hatte, wie Alice in einem Laden in der Madison Avenue verschwand. Alice wollte bereits zugeben, dass sie seit mittlerweile beinahe vier Jahren in dem Geschäft arbeitete, doch ihre Mutter unterbrach sie eilig und erklärte, dass sich Alice als freiwillige Museumsführerin im Metropolitan Museum of Art beworben hatte und vermutlich deshalb an der Upper East Side gewesen war. Das war natürlich eine Lüge – Alice und ihre Mutter hatten bloß ein einziges Mal über diese Möglichkeit gesprochen –, und Alice wollte schon Einspruch erheben, doch der stählerne Blick ihrer Mutter brachte sie zum Schweigen. Also nickte sie teilnahmslos und verschluckte sich beinahe an der plötzlichen Erkenntnis, dass sie tatsächlich eine ziemliche Enttäuschung für ihre Familie darstellte und dass das, was sie tat, im Vergleich zu den Tätigkeiten der anderen

Familienmitglieder belanglos war. Weshalb wohl auch sie selbst vollkommen bedeutungslos war und die Familie bloß blamierte. Es war eine plötzliche und auch äußerst niederschmetternde Erkenntnis.

Einige Tage später kündigte Alice, und Nadine drückte sie an ihren eindrucksvollen Busen und weinte. Alice erinnerte sich vage daran, dass sie als Kind ebenfalls einmal auf diese Weise umarmt worden war, doch sie konnte nicht mehr sagen, wo und wann es geschehen war. Sie schloss ihr letztes Schuljahr mit mittelmäßigen Noten ab und ging nicht auf ihren Abschlussball, obwohl sie sich zuvor noch acht Meter ultramarinblaue Spitze für ein Kleid gekauft hatte.

Während eines Kurzbesuchs zu Hause fiel Alices Vater auf, dass seine Tochter irgendwie verschlossen wirkte. Er sprach mit ihrer Mutter darüber, die daraufhin eine Verabredung mit einem jungen Mann aus ihrer Kanzlei vereinbarte, der gerade zum Juniorpartner ernannt worden war. Daniel war zehn Jahre älter als Alice und ein cleverer Prozessanwalt, dem es allerdings noch immer anzumerken war, dass er in seiner Jugend gestottert hatte. Er hatte irritierend lange Wimpern und wäre vielleicht sogar auf gewisse Weise attraktiv gewesen, wenn seine Ohren nicht so außergewöhnlich groß gewesen wären.

Wenn er über meine roten Haare hinwegsehen kann, dachte Alice, *dann werde ich mich auch an seine Ohren gewöhnen.*

Alices Mutter war hocherfreut über ihre Beziehung, und Alice erkannte, dass Daniels Gunst ihr Ansehen nicht nur wiederhergestellt, sondern sogar noch gesteigert hatte. Sie sonnte sich in der ungewohnten Aufmerksamkeit ihrer Mutter und merkte erst jetzt, wie leer sie sich ohne sie gefühlt hatte, weshalb sie Daniel auch über die Maßen dankbar war. Als es schließlich Zeit wurde, sich für eine weiterführende Ausbildung zu entscheiden, war es Daniel, der Alice sanft davon abriet, in Mailand Design zu studieren und sich stattdessen an der Parsons School of Design in New York zu bewerben, sodass sie sich weiterhin jeden Tag sehen konnten. Leider war Alice so nervös, dass sie ihr Vorstellungsgespräch in den Sand setzte und keinen Platz bekam. Daniel war schon drauf und dran, das Institut zu verklagen, doch Alice wollte kein Aufhebens machen und schrieb sich eilig an einer kleinen Akademie für bildende Künste ganz in der Nähe ein, die sich auf 3D-Design und 3D-Druck spezialisiert hatte, was ihr später vielleicht einmal zugutekommen würde, wenn sie selbst Kleider entwarf und herstellte.

Und deshalb war Alice also an jenem Morgen, zwei Jahre später, aus ihrem warmen Bett in dem Loft gekrochen, das sie sich mit Daniel teilte, und stand nun mit einem flauen Gefühl im Magen in Professor Felix Stoklinskys Büro. Der alte Mann hob erneut den Blick von ihrer Arbeit, und dieses Mal schien es, als erwartete er eine Erklärung von ihr.

Sie hatte drei schuhkartongroße Modelle als Abschlussarbeit für den Bildhauerkurs im zweiten Studienjahr eingereicht, und wenn der Professor die Entwürfe absegnete, würden diese im dritten und letzten Jahr die Grundlage für drei sehr viel größere Bronzeskulpturen bilden.

Das erste Modell zeigte ein junges, eng umschlungenes Paar, und plötzlich wirkte es auf Alice wie ein Abklatsch von Rodins *Kuss*, der es auch tatsächlich war. Alice bemühte sich, ruhig zu bleiben, denn jetzt war nicht der richtige Zeitpunkt, um in Panik zu geraten. Sie hatte diese Präsentation mit Daniel geprobt, denn er war es gewesen, der überhaupt erst auf die Idee gekommen war. Sie hatte keine Ahnung gehabt, was sie einreichen sollte, und so hatten sie sich ihre

Arbeiten aus dem vergangenen Jahr gemeinsam angesehen und für jedes Stück eine Pro- und Kontraliste erstellt. Nachdem sie sich für drei Skulpturen entschieden hatten, erklärte ihr Daniel, dass sie jetzt noch ein Konzept finden müsse, das die Arbeiten miteinander verband.

Alice räusperte sich und deutete ausladend auf das Rodin-Modell, wobei sie sich irgendwie fühlte wie eine Verkäuferin auf dem Shoppingkanal. »Glückseligkeit: die erste Stufe. Zwei Menschen treffen sich. Verlieben sich. Es ist ... Glückseligkeit«, erklärte sie.

Der Professor erwiderte nichts.

Alice ging zu dem zweiten Modell weiter: zwei Liebende mittleren Alters, die einander in den Armen hielten, ihre ausdruckslosen Gesichter allerdings voneinander abgewandt hatten. Alice fragte sich plötzlich, was um alles in der Welt sie dazu gebracht hatte, dieses seltsame Stück auszuwählen. Aber sie blieb ihrem Plan treu. »Zweifel: die mittlere Stufe«, fuhr sie fort. »Die Euphorie ist verflogen. Das Paar muss hart dafür arbeiten, damit die Beziehung funktioniert. Eifersucht, Langeweile, Enttäuschungen ... das alles erfüllt die beiden mit Zweifel.«

Der Professor nickte. Ein Lächeln huschte über sein Gesicht. Alice hielt ihre Hände hinter dem Rücken umklammert, während sie zum dritten Modell weiterging: Ein alter Mann mit schmerzverzerrtem Gesicht, der den leblosen Körper einer Frau in den Armen hielt. Michelangelos *Pietà* mit vertauschten Rollen und einem modernen Touch. Es erschien ihr plötzlich schrecklich belanglos. Doch sie unterdrückte ihre schlimmsten Befürchtungen und sprach weiter. »Verlust: die letzte Stufe«, erklärte sie. »Am Ende verliert der eine den anderen.«

»Immer?«, hakte der Professor nach.

»Immer«, erwiderte sie. »Sie finden jemand anderen, sie verlassen einander oder einer der beiden … stirbt.«

»Das ist also Ihre Theorie? Dass jede Liebe tragisch endet?«

Alice hatte das Gefühl, sich gleich übergeben zu müssen. Sie presste die Lippen aufeinander und nickte.

Der Professor sah ihr in die blassgrünen Augen. In diesem Alter waren sie alle entzückend, doch dieses Mädchen war etwas Besonderes. Sie erinnerte ihn an eine marmorne Venus, die im Gegensatz zu ihren ausgelassenen Studienkollegen noch nicht ganz zum Leben erwacht war. Er wusste aus jahrelanger Erfahrung, dass tief im Verborgenen ein Feuer in ihr loderte, doch er befürchtete, dass sie sich nie auf die Suche danach begeben würde, weil einfach nicht die Notwendigkeit dazu bestand. Sie war auf eine Art und Weise schön, die ihr sämtliche Türen öffnen und es ihr erlauben würde, an der Oberfläche durchs Leben zu treiben, solange sie Gefallen daran fand.

»Was machen Sie in den Sommerferien?«, fragte er ohne jeglichen Zusammenhang.

»Ähm … wie bitte?«

»Was machen Sie in den Ferien? Werden Sie verreisen?«

»Ich … ich weiß es noch nicht.«

»Ich will, dass Sie von den gewöhnlichen Pfaden abweichen. Und ich will, dass Sie etwas tun …« Der alte Mann zog ihre Hände hinter ihrem Rücken hervor, sagte: »Etwas, das vollkommen außergewöhnlich ist und Sie mit sich reißt«, und schleuderte sie dabei nach oben.

Er lächelte freundlich, doch Alice spürte, wie ihr die Tränen in die Augen stiegen. Nun hatte sie ihn auch noch enttäuscht. Sie hatte es so satt. Sie hatte es satt, ständig alle zu enttäuschen. Sie hatte es satt, eine solche Idiotin zu sein. Doch plötzlich wusste Alice genau, was sie zu tun hatte.

Sie dachte, fortzugehen wäre allein ihre Idee gewesen, denn sie hatte keine Ahnung, dass eine Kraft, die stärker war als sie, sie nach Rom rief. Im Grunde wurde sie sogar in die ewige Stadt *beordert*.

Und zwar von mir.

2

London

»Nicht einmal das Alter liebt den Tod.«

SOPHOKLES

Der Eiffelturm zitterte und bebte und bewegte sich schließlich die Holland Park Avenue hinunter. Lizzie sah von dem riesigen Erkerfenster in der Zweitwohnung ihres toten Bruders aus zu, wie der leuchtend rote Doppeldeckerbus mit dem Bild von Paris an der Seitenwand durch eine Schar Tauben pflügte. Sie stoben in die Luft und verteilten sich in sämtliche Windrichtungen. Einer der Vögel schoss über eine Platane hinweg und kam direkt auf Lizzie zu. Sie wich kaum merklich zurück, weil sie Angst hatte, er würde gegen die Scheibe stoßen, doch der Vogel landete mit einem eleganten Flattern auf dem Steinsims direkt vor ihr. Lizzie und die Taube musterten einander und neigten dabei beide den Kopf von einer Seite zur anderen.

Sie war keine Schönheit – und war es auch nie gewesen –, dennoch versprühte die grauhaarige, neunundsiebzigjährige Lizzie Lloyd-James in ihrem dunkelvioletten Trauerkleid ein Funkeln, dem nicht zu widerstehen war. Zugegeben, sie wusste natürlich selbst, dass Trauerkleider nicht *dunkelviolett*, sondern schwarz waren, doch in Schwarz sah sie selbst aus wie eine Leiche, weshalb sich die Farbe erübrigt hatte.

Lizzie wandte sich an die Taube: »Henry will nach Rom.« Ihre Stimme hatte den schneidenden Klang britischer Oberschicht. Der Vogel neigte den Kopf.

Aus dem dunklen Zimmer hinter Lizzie drang eine Stimme, deren Besitzerin man ihre Herkunft aus dem ländlichen Gebiet um Bristol noch immer anhörte. »Ein Kurztrip nach Rom. Um uns auf andere Gedanken zu bringen.«

Lizzie hielt das abgewetzte, mit der Schreibmaschine geschriebene Blatt Papier ins Licht. Sie suchte in ihren Taschen nach ihrer Lesebrille, ehe ihr bewusst wurde, dass sie an einer Kette um ihren Hals hing. Sie setzte sie auf und schob sie die Nase hoch und wieder hinunter, bis sie endlich etwas erkennen konnte.

»Er will anscheinend zu irgendeiner Brücke ...«

Wieder erklang die zweite Stimme: »Zur Ponte Sant'Angelo.«

»Ja, genau, zu der Brücke mit den Engeln«, erwiderte Lizzie und blickte mit zusammengekniffenen Augen auf den Brief. »Laut diesem Schreiben habt ihr euch dort kennengelernt.«

»Ja, das stimmt«, bestätigte Constance. »Mein Gott!«

Lizzie wandte sich um und warf über ihre Brille hinweg einen Blick auf die mit Ringen geschmückte und von blauen Adern überzogene Hand, die gerade aus dem Dunkel des Ohrensessels aufgetaucht war. Sie überließ die Taube ihrem Schicksal, durchquerte das Zimmer und drückte der Ehefrau ihres toten Bruders den Brief in die Hand.

Die achtundsiebzigjährige Constance Lloyd-James war, im Gegensatz zu ihrer Schwägerin, immer schon eine wahre

Schönheit gewesen und war es trotz der Trauer, die sie in letzter Zeit durchlebt hatte, auch jetzt noch.

Sie war die Tochter einer ursprünglich der Arbeiterklasse zugehörigen Unternehmerfamilie, die im Lauf der Jahre ein Vermögen damit verdient hatte, das Gebiet um den Hafen von Bristol neu aufzubauen, nachdem dieser für britische Handelsschiffe an Bedeutung verloren hatte. Das erwirtschaftete Geld hatte Constance eine universitäre Ausbildung in London und Rom ermöglicht, und dank ihrer Schönheit hatte sie es schließlich geschafft, in eine – wenn auch eher unbedeutende – Adelsfamilie einzuheiraten. Das war zu Beginn der Swinging Sixties gewesen, einer Zeit, in der über sämtliche Gesellschaftsschichten hinweg darauf beharrt wurde, dass es keine Klassen mehr gab, auch wenn es in Wahrheit natürlich immer noch der Fall war.

Constance machte sich das Talent ihrer Familie auf dem Gebiet der Grundstückserschließung und -entwicklung zunutze und half ihrem Mann, sein bereits schwindendes Vermögen doch noch zu vermehren. Während die beiden immer reicher wurden, beschlossen sie, sich einer Kampagne zur Unterstützung zeitgenössischer britischer Künstler anzuschließen und deren Werke zu erstehen. Aus diesem Grund besaßen die beiden am Ende eine unbezahlbare Sammlung an Gemälden, Skulpturen und Installationen, zahlreiche Immobilienkomplexe in London und einige biologische Landwirtschaftsbetriebe in Devon und Cornwall.

»Wie geht es dir, mein Mädchen?«, fragte Lizzie. Sie nannten einander »*mein Mädchen*«, seit sie sich mit Anfang zwanzig kennengelernt hatten, auch wenn Lizzie den Grund dafür vergessen hatte. Vermutlich war es bloß als ironisches, präfeministisches Statement gedacht gewesen. Lizzie hatte die kluge und schöne junge Frau von Anfang an gemocht.

Sie liebte die Art, wie ihr großer Bruder vor Glück strahlte, wenn Constance in seiner Nähe war, aber vor allem gefiel ihr, wie ihr Vater vor Schreck seinen Tee zurück in das edle Porzellan gespuckt hatte, als Henry bekannt gegeben hatte, dass er Constance heiraten wollte, und sie würde nie das Entsetzen auf dem Gesicht ihrer Mutter vergessen, als diese konsterniert angemerkt hatte: »Aber sie spricht wie eine *Piratin*!«

Lizzie strich Constance über die Haare und ließ ihren Blick durch das dämmrige Zimmer schweifen. Sie sah ihr eigenes trübes Spiegelbild in dem riesigen venezianischen Spiegel über dem Kamin, und es gefiel ihr überhaupt nicht.

»Wer ist diese alte Frau bloß?«, fragte Lizzie den Geist, der ihr mit zusammengekniffenen Augen entgegenstarrte.

»Weißt du, manchmal sehe ich meine Lachfalten und frage mich, was um alles in der Welt an meinem Leben eigentlich so witzig war«, erwiderte Constance.

Lizzie lachte.

Constance erhob sich aus dem Stuhl, und ihr Gesicht tauchte neben der lachenden Lizzie im Spiegel auf. Constance verzog das Gesicht.

»Was ist los?«, fragte Lizzie.

»Dein Lachen. Es erinnert mich so sehr an ihn«, erwiderte ihre Schwägerin.

Lizzie nahm ihr den Brief ab. »Er hat sehr genaue Anweisungen hinterlassen, wo wir ihn hinbringen und was wir tun sollen. Es ist wirklich ziemlich seltsam.«

»Er war eben ein seltsamer Mann«, erwiderte Constance schlicht.

»Das ist wahr.«

»Und wir haben ihn dafür geliebt.«

»Das ist wahr.«

Lizzies Unterlippe begann zu zittern, und sie wandte sich eilig ab, ehe Constance merkte, dass sie einen Moment lang die Contenance verloren hatte. Aber Constance war es natürlich trotzdem aufgefallen.

»Komm schon, mein Mädchen«, meinte sie brüsk. »Wozu soll das gut sein?«

Einige Tage später lenkte Robert, Henrys Chauffeur, den dunkelblauen Jaguar durch die Straßen und über die Kreisverkehre, die den Flughafen Heathrow wie ein Netz moderner Stadtgräben umgaben, ehe er schließlich vor der Abflughalle anhielt. Constance folgte Robert, der ihr Gepäck trug, ins Gebäude.

Ein netter junger Mann öffnete Lizzie die Autotür, und sie wies ihn an, Robert mit ihrem Gepäck zu folgen. Der junge Mann versuchte gerade, ihr zu erklären, dass er kein Flughafenangestellter, sondern bloß ein gewöhnlicher Reisender war, als Constance panisch an Lizzie vorbeistürzte. Lizzie ließ den jungen Mann stehen und folgte ihr.

»Was ist denn los, mein Mädchen?«

»Henry. Ich habe ihn im Auto vergessen.«

Und das hatte sie tatsächlich. Henrys Asche befand sich in einem einfachen, wiederverwertbaren, braunen Pappkarton, den er sich selbst vor seinem Tod ausgesucht hatte, und der fest angeschnallt auf dem Beifahrersitz des Jaguar stand. Robert eilte ebenfalls herbei. Er war entsetzt, dass er nicht nur die Asche seines äußerst geschätzten Arbeitgebers vergessen, sondern auch das Auto unversperrt zurückgelassen hatte, sodass sie jederzeit hätte gestohlen werden können. Constance beruhigte Robert und erteilte ihm freundlich die Absolution. Sie waren alle sehr nervös. Es war ein großer Tag. Robert nahm sich die Freiheit, Constance zu umarmen, was diese mit Würde ertrug, wie Lizzie bemerkte. Danach folgte ein kurzes und etwas unangemessenes Gerangel darüber, wer Henry in die Abflughalle tragen durfte. Constance gab zwar bereitwillig zu, dass der Karton schwer war, aber sie war trotzdem durchaus in der Lage, ihn selbst zu tragen, *danke, Robert*. Als dieser ihre stahlharte Piratenstimme hörte, überließ er ihr das Behältnis unverzüglich.

Hoch über den Alpen saßen Constance und Lizzie auf ihren Plätzen in der Business Class und nippten an ihrem DOCG Prosecco di Conegliano-Valdobbiadene, genau so, wie Henry es festgelegt hatte. Der Karton war aus dem Gepäckfach hervorgeholt worden, in dem er sicherheitshalber während des Starts verstaut worden war, und ruhte nun auf der breiten, mit Walnussholz umrandeten Armlehne zwischen ihnen.

Eine junge Stewardess trat näher und rieb sich noch schnell etwas Lippenstift von den Zähnen. Sie sprach mit breitem, amerikanischem Südstaatenakzent, der durchaus charmant geklungen hätte, wäre da nicht dieser desinteressierte Unterton gewesen, der bei zwei attraktiven jungen Geschäftsmännern sicher nicht zu hören gewesen wäre.

»Soll ich Ihren Karton vielleicht für Sie verstauen, Ma'am?«, fragte die Stewardess und griff bereits an Constance vorbei, sodass klar wurde, dass es keine echte Frage gewesen war, sondern dass sie die beiden älteren Damen nur über ihre weiteren Absichten hatte aufklären wollen.

»Nein, danke«, erwiderte Constance fröhlich und so laut, dass die Stewardess einen Schritt zurückwich.

»Außerdem ist das kein *Karton*«, erklärte Lizzie. »Das ist mein Bruder.«

»Und mein Ehemann«, fügte Constance hinzu.

»Henry!«

»Wir bringen ihn nach Rom.«

»Henry liebt Rom.«

Die beiden alten Damen grinsten irre.

»Oh. Okay«, erwiderte die Stewardess offensichtlich verblüfft. »Gut, dann … ähm … rufen Sie einfach, wenn Sie etwas brauchen, okay?«

»*Grazie*«, bedankte sich Constance mit ihrer stahlharten Piratenstimme, und die Stewardess eilte davon.

Constance nippte an ihrem Prosecco. »Ich glaube, wir haben ihr Angst eingejagt.«

Lizzie nahm ebenfalls einen kleinen Schluck. »Ja, das ist wohl wahr.«

»Wir sind zwei furchteinflößende alte Schachteln.«

»Ja, das ist wohl wahr.«

Constance wandte sich an Lizzie und hob ihre Sektflöte. »Auf furchteinflößende alte Schachteln.«

Klirrend stießen sie an.

3

Leonardo da Vinci ♪

*»Eine lange und eintönige Periode des Wohlstands oder
ein Ungemach in mittleren Jahren ist der beste Nährboden
des Teufels.«*

C.S. LEWIS, DIENSTANWEISUNG FÜR
EINEN UNTERTEUFEL

Der sonnengebräunte Mann trug ein ungezwungenes
Lächeln zur Schau, das so wirkte, als fühlte er sich überall
auf der Welt zu Hause, während er mit zwei Wasserflaschen
in der Hand – eine mit Kohlensäure, eine still – den Mittelgang der Business Class des Airbus 380 hinunterschlenderte.
Mit sechsundvierzig Jahren begann Alec Schack gerade, die
Früchte seines Erfolgs zu genießen.

Er hatte Architektur studiert, doch sein Abschluss war
mit einer riesigen Flaute in der Baubranche zusammenge-
fallen, und da er mehr oder weniger als unvermittelbar galt,
sah er sich gezwungen, einen Job in dem Lampengeschäft
seines Onkels in Cincinnati anzunehmen. Als sein Onkel
an einem Stromschlag starb, während er Weihnachtsbe-
leuchtung an einem Fenster anbrachte, bat Alecs verzwei-
felte Tante ihn, das Geschäft zu übernehmen. Es war nicht

die Art von Beruf, von dem Alec immer schon geträumt hatte, und die Arbeit mit Licht war auch nicht seine große Leidenschaft, aber sie gefiel ihm ganz gut, und er hatte offensichtlich ein Händchen dafür.

Innerhalb von drei Jahren eröffnete er zwei weitere Läden in Cincinnati, und in den darauffolgenden zehn Jahren kamen Niederlassungen in Cleveland und Toledo hinzu. Er überstand die Immobilienkrise ohne ernsthafte Verluste und segelte auf der Welle des Renovierungsbooms dahin, sodass er vor Kurzem seinen neunundzwanzigsten und bisher größten Laden in einem Einkaufszentrum in Los Angeles eröffnet hatte.

Es war der amerikanische Traum, und Alec wusste, wie glücklich er sich schätzen konnte, ihn tatsächlich zu leben. Viele seiner Konkurrenten hatten ihre Läden geschlossen, doch er war einer der wenigen, die überlebt und sogar noch expandiert hatten. Er wusste, dass er dankbar sein sollte, und die meiste Zeit über war er es auch. Aber manchmal eben nicht. In diesen Momenten vermutete er, dass sein Leben von außen betrachtet sehr viel besser aussah, als es tatsächlich war. Er hatte zwar nicht das Bedürfnis, alles hinzuwerfen und professioneller Golfer oder Gitarrist in einer Rockband zu werden, aber manchmal, wenn er um drei Uhr morgens aufwachte und nicht wieder einschlafen konnte, hatte er das Gefühl, etwas zu verpassen.

Mittlerweile war er wieder in seiner Reihe angekommen und reichte die beiden Flaschen seiner Frau Meg.

»Still und mit Kohlensäure«, erklärte er und legte dabei so viel Unmut in seine Stimme, dass sie ihn auch sicher bemerkte. »Bloß für den Fall, dass du deine Meinung geändert hast.«

Meg wandte sich an ihren Mann, sah ihm aber wie üblich

nicht direkt ins Gesicht, sondern richtete ihren Blick statt-dessen auf einen unsichtbaren Dritten, der zwischen ihnen saß. »Warum sollte ich meine Meinung ändern?«, fragte sie. Sie hatte beinahe ihr ganzes Leben als Erwachsene in den Vereinigten Staaten verbracht, doch ihr nasaler australischer Akzent war immer noch zu hören.

Alec zuckte mit den Schultern.

»Warum machst du so eine große Sache daraus?«, fuhr sie fort. »Ich habe dich um etwas Wasser gebeten. Und ich erwarte, dass man bekommt, wonach man verlangt.«

Du meinst, du erwartest, dass ich dir besorge, wonach du ver-langst, dachte Alec.

Und Meg, die scheinbar seine Gedanken gelesen hatte, meinte: »Machen wir es wie im Islam. Ich wiederhole drei Mal die Scheidungsformel, und schon sind wir geschieden.«

»Wenn es bloß so einfach wäre«, erwiderte Alec und senkte den Blick auf das Programm für die Bordunterhaltung.

Meg öffnete eine der Wasserflaschen und nahm einen Schluck. »Ich langweile dich«, erklärte sie. »Und ich habe meine Anziehungskraft verloren.«

»Und warum sitze ich dann deiner Meinung nach über-haupt neben dir?«, erwiderte Alec.

»Aus Gewohnheit?«, antwortete Meg. »Ich weiß es auch nicht. Warum sitzt du denn neben mir? Damit du mir vor-halten kannst, wie anspruchsvoll ich bin?«

Alec blickte aus dem Fenster hinaus in die weißen Wol-kentürme, durch die der Wind blies. »Wenn ich das Fenster eintreten würde, würde der Sog uns beide hinausziehen und wir alles hinter uns lassen.«

»Du hättest nicht mitkommen sollen«, erklärte Meg. »Dir fehlt der Glaube an unsere Mission.«

Welche Mission?, dachte Alec.

Aber natürlich gab es eine Art Mission: Als ihre älteste Tochter Sydney vor vielen Jahren zu groß für ihr Kleinkinderzimmer geworden war und es an die Wünsche einen jungen Mädchens angepasst werden musste, hatte Meg ein Blog begonnen, in dem sie von der Umgestaltung berichtete. Ursprünglich war es nur als Marketinggag für Alecs neue Kinderlampen- und Nachtlichterkollektion gedacht gewesen, doch Megs Talent für witzige Anekdoten hatte sich bald verselbstständigt, und der Blog war in »Megamamma« umgetauft worden. Mittlerweile war es einer der erfolgreichsten Hausfrauenblogs überhaupt, und es ging vor allem darum, dass alle im selben Boot saßen und oft auch gemeinsam untergingen.

Derzeit schrieb Meg über die Renovierung ihres großen Hauses im spanischen Kolonialstil mit Blick auf das Silver-Lake-Viertel von Los Angeles. Während der Arbeiten war sie auf eine himmelblaue Bodenfliese gestoßen, die offensichtlich in einer kleinen Werkstatt mit angeschlossenem Laden in Rom produziert worden war. Da sie jedoch in einem Haufen alter Fliesen gesteckt hatte und mit keinem Aufkleber versehen war, wusste niemand genau, woher sie tatsächlich stammte. Meg hatte per E-Mail Fotos versandt und sogar mit möglichen Informanten geskypt, doch am Ende beschloss sie, dass eine Reise nach Italien die beste (und auch bei Weitem unterhaltsamste) Methode war, endlich Gewissheit zu erlangen, denn so konnte sie persönlich mit dem Fliesenhersteller sprechen.

Der nächste Schritt bestand darin, ihren Mann dazu zu zwingen, sie zu begleiten, und nachdem er ihren letzten Jahrestag und auch ihren letzten Geburtstag vergessen hatte (der riesige Strauß mit australischen Blumen, den seine vollkommen verschreckte persönliche Assistentin am späten Nachmittag vorbeigebracht hatte, hatte die Sache nur noch schlimmer gemacht), war sie sich ziemlich sicher, dass er einer Reise nach Rom zustimmen würde.

Und das hatte er tatsächlich. Allerdings nicht, weil er Geburtstage und Jahrestage vergessen hatte – er hatte bereits vergessen, dass er diese vergessen hatte –, sondern weil Alec sich im Gegensatz dazu noch *sehr gut* erinnern konnte, dass er und Meg in der ewigen Stadt einige besondere amouröse Begegnungen erlebt hatten. Und nachdem es schon seit Ewigkeiten zu *keinerlei* Begegnung zwischen ihnen gekommen war, hatte er vor, jede Gelegenheit wahrzunehmen, um diesen Zustand zu ändern.

Das Flugzeug setzte zum Landeanflug an, und Meg grub ihre Fingernägel in Alecs Handgelenke. Zwischen ihnen bestand die stille Übereinkunft, dass sie ihre Angst vor dem Start und der Landung an seiner nächstgelegenen Hand oder seinem Unterarm auslassen durfte. Alec zuckte zusammen und streichelte ihre Hand, und Meg lächelte ihn dankbar an – zwar nicht ins Gesicht, aber immerhin. Er steckte ihr eine verirrte Haarsträhne hinters Ohr und merkte, dass ihre schonungslos geglätteten, goldblonden Haare sich bereits wieder kräuselten, obwohl die Luft im Flugzeug staubtrocken war.

Sie drängten sich durch die bunte Menge wild gestikulierender Südeuropäer bis zum Gepäckausgabeband Nr. 3, wo ihre Koffer erwartet wurden. Alec stellte sich vor, wie die italienischen Gepäckträger draußen auf dem Rollfeld über die Koffer gelehnt dastanden, in der einen Hand einen Latte macchiato, in der anderen eine Zigarette, und plötzlich stieg Wut in ihm hoch.

»Wenn wir auf der Suche nach einem aufregenden Fresko

wären …«, begann er, »dann könntest du von einer *Mission* sprechen. Oder wenn wir bei der Ausgrabung eines uralten Tempels helfen würden oder auf einer spirituellen …«

Meg, die vollkommen unbeeindruckt von Alecs Wutanfall blieb, weil sie wusste, dass er damit nur seine Angst herunterspielen wollte, unterbrach seine Tirade und deutete auf einen Koffer, der gerade auf das Gepäckband gefallen war. Alec schob sich durch die schier undurchdringliche Menschenmenge und griff im selben Moment nach dem Koffer, in dem auch eine robust wirkende ältere Nonne in einem klassischen schwarzen Habit und einer weißen Haube die Hand danach ausstreckte.

Meg beobachtete amüsiert, wie Alec und die Nonne an dem Koffer zerrten und sich nach einer kurzen und überaus heftigen Diskussion darauf einigten, einen Blick auf das Namensschild zu werfen. Wohlweislich überließ Alec diese Aufgabe lieber Schwester Luc-Gabrielle. Ihr silbernes Kreuz, das an einem blauen Band über ihrem Skapulier hing, schwang über dem Gepäckstück hin und her, als wollte sie es segnen. Dann richtete die Nonne einige nachdrückliche Worte an Alec, der mit einer leichten Verbeugung und unverständlichem Murmeln antwortete, bevor er sich kleinlaut durch die Menge zurück zu Meg drängte und sich neben sie stellte, sorgsam darauf bedacht, sie nicht anzusehen.

»Wenn du auch nur ein Wort sagst«, erklärte er, »übernehme ich keinerlei Verantwortung für das, was als Nächstes passiert.«

»Ja, das glaube ich dir gerne«, erwiderte Meg. »Und du hast dich dieser siebzigjährigen Nonne gegenüber ja auch so wahnsinnig bestimmt verhalten, dass ich lieber den Mund halte.«

Alec beobachtete, wie die Gepäckstücke auf das Band fielen, und ermahnte sich, ruhig zu bleiben. Das hier war kein Land, in dem die Kundenzufriedenheit oberste Priorität hatte. Selbst wenn Italien viele Vorzüge hatte, eine schnelle Gepäckausgabe schien offensichtlich nicht dazuzugehören.

»Unsere Koffer sollten längst hier sein«, erklärte er. »Das Gepäck der Business Class kommt doch immer als Erstes.«

»Außer es ist verloren gegangen«, erwiderte Meg.

Und als sich das Förderband schließlich geleert und die Menschenmenge aufgelöst hatte, wurde klar, dass ihre Koffer tatsächlich verloren gegangen waren.

Es hätte ein amüsanter Kurztrip werden sollen, ein Abenteuer oder besser eine *Mission*, um dem Alltag zu entkommen: ein Tag in Rom, auf der Jagd nach der Fliese und dann zurück nach L.A. Doch Megs Füße hatten noch kaum fremden Boden berührt, als bereits alles aus dem Ruder lief. Sie spürte eine kindliche Enttäuschung in sich aufsteigen und konnte sich gerade noch davon abhalten, mit dem Fuß auf den Boden zu stampfen.

»So war das aber nicht geplant. *So war das absolut nicht geplant!*«, erklärte sie, und ihre Stimme klang beim zweiten Mal bereits wesentlich lauter, um dem launischen und wütenden kleinen Mädchen in ihrem Inneren doch noch die Möglichkeit zu geben, ein wenig Dampf abzulassen.

Zwei Flughafenwachen mit schwarzen Baretten und Maschinenpistolen, die gerade an ihnen vorbeigegangen waren, hielten kurz inne, und Alec fiel auf, dass sie auch noch zwei zusätzliche, kleinere Pistolen in einem Holster an ihren Oberschenkeln trugen. Er senkte seine Stimme. »Wenn du vorhast, uns in Schwierigkeiten zu bringen, bevor der Urlaub überhaupt angefangen hat ...«

»Das hier ist kein Urlaub«, protestierte Meg. »Wir sind auf einer Mission.«

Nachdem sie einige Male falsch abgebogen waren und sich dabei weitere wütende Diskussionen geliefert hatten, entdeckten sie endlich den Schalter für verlorene Gepäckstücke und stellten sich in die lange Schlange verärgerter Passagiere.

Während sie warteten, nagte Megs Behauptung, sie wären *auf einer Mission*, weiter an Alec, und irgendwann machte er seinem Ärger erneut Luft.

»Wir sind auf keiner *Mission*«, erklärte er.

»Tu nicht so, als wäre die Sache vollkommen belanglos«, erwiderte sie.

»Ich brauche nicht so zu tun, als wäre sie vollkommen belanglos. Denn das ist sie. Wir verbringen einen Tag in Rom, um Fliesen für unser Haus zu kaufen.«

Meg seufzte.

»Auf einer Skala der geistlosesten und unbedeutendsten Dinge, die man tun kann, erhält unser Vorhaben die maximale Punktzahl«, fuhr er fort.

»Ich finde nicht, dass der Vorsatz, ein Nest für unsere kleinen Vögelchen zu bauen, ein geistloses und unbedeutendes Vorhaben ist.«

Alec warf einen Blick auf seine Frau. Vielleicht war es ein verfrühtes Anzeichen der Menopause. *Von welchen kleinen Vögelchen spricht sie?*, dachte er. *Wir haben bloß ein paar schreckliche Teenager zu Hause, die sich ständig gegen uns verbünden.*

»Bitte jammere nicht dauernd so herum«, bat Meg. »Das hier ist die ewige Stadt. Die Stadt, in der wir uns kennengelernt und uns ineinander verliebt haben.« Sie hielt inne, um nachzurechnen, wie lange es mittlerweile her war, und genau in dem Moment, als sie »Vor neunzehn Jahren« sagte, meinte Alec: »Vor achtzehn Jahren.«

»Neunzehn.«

»Achtzehn.«

»Neunzehn.«

»Spielt das denn eine Rolle?«, fragte Alec.

»Nun, für dich offensichtlich nicht«, erwiderte Meg.

4

Alle Wege

»Mannigfaltige Wege führen mannigfaltige Menschen direkt nach Rom.«

GEOFFREY CHAUCER,
ABHANDLUNG ÜBER DAS ASTROLABIUM

In einer anderen Ecke des Flughafens hatte Alice mit denselben Problemen zu kämpfen wie Meg und Alec Schack. Ihr Flug aus New York war nur wenige Minuten nach dem Flugzeug aus Los Angeles gelandet, und nun stand sie vor dem Gepäckausgabeband und war schier überwältigt von der Unmenge an Farben: leuchtendes Rot, Gelb und Blau in sämtlichen Kombinationen und Farbtönen, die man sich nur vorstellen konnte. Sie hatte das Grau und Braun des Kennedy Airports zurückgelassen, um in ein Kaleidoskop der Farben einzutauchen, als hätten sich die Passagiere allesamt entschlossen, sich während des Fluges umzuziehen, um ihre Ankunft am Flughafen Leonardo da Vinci zu feiern.

Für Alice war diese Symphonie der Farben wie ein Geschenk, ein verheißungsvolles Omen. Sie hatte Professor Stoklinskys Büro mit dem festen Vorsatz verlassen, sich neu zu erfinden. Sie wollte nicht mehr alles hinnehmen und ständig darum kämpfen, andere zufriedenzustellen. Sie würde entschlossen und selbstbewusst handeln, sich für einen Weg entscheiden und diesen dann auch mutig bis zum Ende weiterverfolgen. Das hier war ihre erste Reise ohne ihre Familie. Sie war noch nie in Italien gewesen, doch sie hatte an der Highschool einen Italienischkurs belegt. Und nun fragte sie sich, ob sie ihre Verwandlung vielleicht sogar noch weitertreiben sollte.

Vielleicht würde sie sich *Alicia* nennen. Oder sich einen vollkommen neuen Namen und eine neue Identität überlegen. Sie könnte so tun, als wäre sie ihre Freundin Manuela.

Alice war so in Gedanken versunken, dass es einige Zeit dauerte, ehe sie merkte, dass ihr Rucksack nicht aufgetaucht war. Das war ihr noch nie passiert. Was sollte sie jetzt tun?

Ein Mann in Uniform trat auf sie zu und fragte, ob alles in Ordnung wäre. Alice war so durcheinander, dass ihr gar nicht auffiel, wie sie in den Tiefen ihres Gedächtnisses genug Schulitalienisch ausgrub, um nicht nur zu verstehen, was der Mann wollte, sondern ihm auch noch ihre Lage zu schildern.

Sie folgte seiner Wegbeschreibung zum Schalter für verloren gegangene Gepäckstücke und versuchte dabei, ein ernstes Wörtchen mit sich selbst zu reden. Der Verlust des Rucksackes war keine Katastrophe, bloß eine kleine Komplikation. Nein, eigentlich war es nicht einmal das – es war ein *Geschenk*. Es war die Gelegenheit, ihr neues, kompetentes und selbstbewusstes Ich auszuprobieren. Wenn sie diese kleine Hürde nicht überwinden konnte, hatte es wohl nicht viel Sinn gehabt, überhaupt hierherzukommen.

Als sie um die Ecke bog, sah sie, dass bereits einige Menschen vor dem Schalter Schlange standen, unter ihnen auch die Schacks. Hätte Alice die Schacks gesehen oder umgekehrt, wäre es vermutlich zu einem kurzen Moment des gegenseitigen Wiedererkennens gekommen, und man hätte einander gefragt, was einen nach Rom verschlug, doch das wäre bloßer Zufall und nicht in meiner Absicht oder jener der anderen Geister Roms gewesen. Es bestand keine Notwendigkeit, dass sie sich trafen. Ein Treffen hätte ganz im Gegenteil vielleicht sogar den gesamten Verlauf der Geschichte maßgeblich beeinflusst. Und daher bemerkten sie einander nicht.

Alice ließ den Blick die lange Schlange entlangschweifen, und ihr Mut sank. Die alte Alice hätte sich widerstandslos ans Ende der Reihe gestellt und Daniel angerufen, um ihn um Rat zu bitten.

Die neue Alice tat ebenfalls genau das.

Doch in dem Moment, als sie die Nummer von Daniels Büro wählte, überkam sie eine Woge des Selbsthasses, die so stark war, dass es sie vollkommen überraschte. Der Professor hatte gesagt, sie solle etwas Außergewöhnliches tun, das sie mit sich riss. Alice legte auf, bevor Daniel abheben konnte.

Vorn in der Reihe warteten vier schmuddelige junge Typen darauf, endlich ihr Anliegen vorbringen zu können. Alice folgte einer plötzlichen, mysteriösen Eingebung und schlich auf die Gruppe zu. Ihrem Akzent nach stammten die vier aus Großbritannien. Alices Herz raste, und auf ihrer Oberlippe bildeten sich Schweißperlen. Dann hörte sie eine Stimme mit starkem italienischem Akzent und erkannte, dass es ihre eigene war. »Scusi, signore«, meinte Alice zu dem selbstbewusstesten und attraktivsten der vier Jungs.

Die Gruppe drehte sich im selben Moment um, und alle waren scheinbar hin und weg, dass diese rothaarige Göttin an sie herangetreten war. Rick, der Hübscheste der vier, versuchte, cool zu bleiben, als würden sich andauernd schöne

Frauen an ihn wenden. »Hi«, meinte er lässig. »Kann ich dir helfen?«

Alice zögerte kurz, doch dann setzte sie ein strahlendes Lächeln auf, um ihre Nervosität zu verbergen.

Die Jungs reagierten sofort und wild durcheinander.

»Na, aber *Hallo*«, meinte der Typ mit einem preußisch-blauen Rucksack und ziemlich vornehmem Akzent.

»Zieh dich aus, Baby«, sagte der Große mit dem korallenrosa Poloshirt, der etwas ungehobelt wirkte.

»Also echt, Jungs!«, ermahnte der Vierte sie, der ein erbsengrünes T-Shirt trug.

»Sie hat doch ohnehin keine Ahnung, was ich gerade gesagt habe«, erwiderte der in dem pinken Poloshirt. »Oder, Schätzchen?«

Alice behielt ihren aufgesetzten italienischen Akzent bei. »Ich haben es eilig. Ich darf vor euch?«

»Du darfst alles, wenn ich dabei einen ordentlichen Blick auf diesen spektakulären Hintern werfen kann«, erwiderte der Typ in dem pinken Poloshirt.

Sein Kumpel in dem erbsengrünen T-Shirt boxte ihm in die Schulter.

»Ja natürlich, sehr gerne«, meinte der hübsche Rick an Alice gewandt.

»Aua«, beschwerte sich sein Freund in dem pinken Polo-shirt.

Alice trat vor den Schalter. Eine Frau in einer marineblauen Uniform und viel zu viel orangefarbenem Make-up wandte sich zu ihr um. »*Dimmi.*«

Alice war sich nicht ganz sicher, was das bedeutete. Sie geriet ins Stocken, ihr Mut schwand. Sie spürte, wie die Jungs hinter ihr sie beobachteten, und war plötzlich wahnsinnig wütend auf sich selbst, dass sie sich in eine derartige

Lage gebracht hatte. Sie schaffte es nicht mehr, ihre Rolle aufrechtzuerhalten, und so erklärte sie der Angestellten in fehlerfreiem Englisch, dass sie gerade aus New York gekommen und ihr Rucksack nicht aufgetaucht war.

Alice war klar, dass der Gruppe hinter ihr ihr amerikanischer Akzent mittlerweile aufgefallen sein musste. Das Spiel war aus. Sie konnte bloß hoffen, dass sie nicht zu wütend sein würden und womöglich sogar auf eine seltsame Art der Rache sannen. Sie beschloss, sich später bei ihnen zu entschuldigen und sich dann auf den Weg zu machen.

»Können Sie den Rucksack beschreiben?«, fragte die orangefarbene Frau und schien sich auf Englisch genauso unwohl zu fühlen wie Alice auf Italienisch.

Einen Augenblick später sah Alice aus dem Augenwinkel, wie der Angestellte vom Gepäckband auf sie zutrat. *»Signorina, è suo questo zaino?«*

Sie wandte sich zu ihm um. Er hielt ihren avocado- und limonengrünen Rucksack in die Höhe.

Der Mann half ihr, in die Rucksackträger zu schlüpfen. Alice hielt dabei den Blick die ganze Zeit über auf den Boden gerichtet. Sie dankte ihm und wandte sich schließlich an die Jungs, an denen sie sich vorbeigeschwindelt hatte.

Zu ihrer Überraschung sah sie keinen Vorwurf, sondern bloß Bewunderung in ihren Gesichtern. Die vier dachten ganz offensichtlich, sie wäre der absolute Hammer. Die neue Alice hatte der alten Alice die Zügel aus der Hand genommen. Sie warf ihrem Publikum ein Grinsen zu und meinte mit kehliger Stimme, die klang, als würde sie fünfzig Zigaretten am Tag rauchen: »Viel Glück mit eurem Gepäck, Jungs. Und schönen Tag noch!« Und dieses Mal schlich sie nicht davon, sondern stolzierte.

In der Ankunftshalle angekommen, wog sie zunächst

die Kosten und Vor- und Nachteile einer Taxi-, Bus- oder Bahnfahrt gegeneinander ab, bevor ihr mit einem Mal bewusst wurde, was die neue Alice tun würde: Sie würde den Daumen raushalten. Alice war noch nie per Anhalter unterwegs gewesen, doch plötzlich erschien es ihr wie ein aufregender und angemessener nächster Schritt.

Alice schlug die Angebote zahlreicher Taxifahrer aus, denen sie damit offensichtlich das Herz brach, und verließ den Flughafen zu Fuß. Die Tatsache, dass der Bürgersteig von einem Moment auf den anderen plötzlich endete, verriet ihr, dass das nicht gerade die übliche Art war, in die Stadt zu kommen. Alice stand auf dem aufgebrochenen Asphalt am Rand einer vierspurigen Straße. Aus New York war Alice eine wilde Fahrweise gewöhnt, doch so etwas wie hier hatte sie noch nie gesehen. Ohne auch nur im Geringsten auf die Fahrbahneinteilung Rücksicht zu nehmen, schossen die Fahrzeuge aneinander vorbei und wichen einander gerade noch aus, während die Fahrer wild hupten und gestikulierten. Einen beängstigenden Moment lang fuhren sogar sechs Autos auf den vier Spuren nebeneinander her, ihre Seitenspiegel nur noch wenige Millimeter voneinander entfernt.

Die neue Alice beriet sich mit der alten Alice, und schließlich kamen beide gemeinsam zu dem Schluss, dass es keine Niederlage im eigentlichen Sinn wäre, sich an diesem Punkt zurückzuziehen.

Sie wartete gerade auf eine Lücke im Verkehr, als vier Motorinos auf sie zutuckerten. Die Geschwindigkeit und auch das Geschick der Fahrer ließen vermuten, dass es sich um Fahranfänger handelte.

Der erste fuhr an ihr vorbei und winkte. Es war der hübsche Rick von vorhin, der offensichtlich genauso überrascht wie Alice war, dass sie sich hier wiedersahen. Die anderen

Jungs folgten kurz darauf. Zuletzt kam der Typ in dem erbsengrünen T-Shirt, der offensichtlich so erstaunt war, sie wiederzusehen, dass er den Blick nicht von ihr abwenden konnte, wobei er allerdings übersah, dass seine Kumpels vor ihm langsamer geworden waren.

Alice deutete auf die anderen und fuchtelte mit den Händen. Endlich wandte er seine Aufmerksamkeit wieder der Straße zu und sah, worauf Alice ihn hinweisen wollte: Seine Freunde, die direkt vor ihm stehen geblieben waren und wie wild schrien und winkten. Ein plötzlicher Adrenalinschub brachte ihn dazu, die Bremsen so fest durchzudrücken, dass die Reifen blockierten und das Motorino in einer Rauchwolke zum Stehen kam. Der Junge klammerte sich am Lenker fest, doch seine Füße verloren den Halt und wurden nach oben geschleudert, als wäre er aus dem Sattel eines buckelnden Pferdes katapultiert worden. Sein Gehirn arbeitete blitzschnell und erkannte sofort, dass er im Falle eines Sturzes unausweichlich gegen seine Freunde prallen würde. Also klammerte er sich noch fester an die Lenkstange und zwang seinen Körper mit aller Kraft dazu, das Gleichgewicht wiederherzustellen. Seine Beine hielten mitten in der Luft inne, sodass er mehr oder weniger auf dem Kopf stand. Dann kehrte er seine Flugbahn um und landete unsanft auf dem Fahrersitz. Nach einem Moment der Stille brachen Applaus und Jubelrufe los.

Alice schrie den Jungs zu, endlich von der Straße zu verschwinden, denn in diesem Moment raste bereits ein riesiger Sattelschlepper gefolgt von einer neuen Welle Autos auf sie zu.

Die vier stolperten eilig an den Fahrbahnrand, und Alice schleppte ihren Rucksack zu ihnen hinüber. Der Erbsengrüne schien ein wenig blass, doch alle versicherten Alice in einem Durcheinander aus glucksendem Lachen und Schulterklopfen, dass alles paletti war.

Der hübsche Rick bot Alice an, sie in die Stadt mitzunehmen, und sie nahm das Angebot an. Sie erklärte ihnen, dass sie vorhatte, bloß eine Nacht in Rom zu bleiben, bevor sie am darauffolgenden Nachmittag mit dem Zug nach Florenz weiterfuhr, und sich deshalb in einem Hostel in der Nähe des Bahnhofs Roma Termini einquartiert hatte. Rick, der Rom angeblich »wie seine Westentasche« kannte, erklärte Alice, dass die Gegend um ihre Herberge schmutzig und gefährlich war, und schlug stattdessen vor, sie solle versuchen, noch ein Zimmer in der »authentischen« alten Pension zu bekommen, in der die Jungs untergekommen waren.

Die alte Alice überlegte kurz, ob das Angebot womöglich Teil eines perfiden Racheplans war, doch die neue Alice sah in vier Paar treuherzige Hundeaugen, die aufgeregt auf ihre Antwort warteten, und beschloss, es zu riskieren.

Kurz darauf hatte sich die kleine Flotte aus vier Motorinos wieder auf den Weg gemacht, und Rick bildete mit Alice die Nachhut. Sie klammerte sich an seinen Oberkörper, und der Wind wehte ihr die Haare ins Gesicht. Sie saß das erste Mal auf einem Motorrad und fand es unglaublich aufregend.

»Alles in Ordnung?«, rief Rick ihr zu.

»Ja«, rief sie zurück und lächelte so breit, dass ihr Kiefer zu schmerzen begann.

»Du kannst dich ruhig ordentlich festhalten. Ich breche schon nicht auseinander.«

Alice mochte die Art, wie er mit ihr flirtete, auch wenn sie nicht besonders originell war. Um ehrlich zu sein, mochte sie sie gerade deshalb, denn die Tatsache, dass es offensichtlich nicht funkte, bedeutete auch, dass sie Daniel nicht untreu war.

»Warum bleibst du eigentlich nur einen Tag in Rom?«, fragte Rick.

»Ich habe morgen Abend eine Verabredung in Florenz«, antwortete sie.

»Mann oder Frau?«

»Ich weiß, es ist schwer zu glauben, aber ich bin eine Frau«, erwiderte Alice, denn in diesem Moment hatte wieder einmal die neue Alice die Zügel übernommen.

»Nein, ich meinte deine Verabredung in Florenz.«

Er hat nicht gerade Sinn für Humor, dachte Alice. »Entschuldige? Was hast du gesagt?«

»Ich meinte deine Verabredung in Florenz.«

»Wie bitte?«

»Ich meinte ...« Rick gab es auf, gegen den Fahrtwind anzubrüllen. »Vergiss es.«

»Bleibt ihr lange in Rom?«, fragte sie.

»Eine Woche. Wir wollen uns verschiedene Bauwerke ansehen. Wir sind Architekten«, erwiderte er wieder ein wenig munterer.

»Du meinst, ihr seid *Architekturstudenten*?«

»Ja, klar. Studenten«, gab Rick zu und musste die unbeabsichtigt herabsetzende Bemerkung erst einmal verdauen.

Aber er hatte natürlich regelrecht darum gebettelt. Es war offensichtlich, dass sie Studenten waren – schmuddelige, übel riechende Backpacker. Sie studierten an der Universität von Sheffield und waren zu spät dran gewesen, um noch ein Zimmer in San Sebastián zu ergattern, wo der Rest ihrer Studienkollegen seine Sommerferien verbrachte. Die Gelegenheit, nach Rom zu reisen, war ein Glücksfall gewesen, der sich aus einem Unglück heraus entwickelt hatte. Der Verlobte von Ricks Schwester hatte vier Wochen vor der Hochzeit plötzlich kalte Füße bekommen, und so war auch der Junggesellinnenabschied, zu dem Ricks Schwester eine Woche mit ihren Freundinnen in Rom verbringen wollte, ins Wasser gefallen und die Zimmer in der Nähe der Piazza Navona frei geworden. Es war zwar keine spanische Strandparty, aber immerhin.

»Vielleicht können wir uns danach ja in Florenz treffen«, meinte Rick.

Alice lächelte in den Wind. »Sehen wir doch erst einmal, wie wir in Rom miteinander auskommen, bevor wir uns auf etwas Ernstes einlassen.«

Sie fuhren eine Weile schweigend weiter. Als Alice sich zur Seite drehte, erkannte sie überrascht, dass der Typ im erbsengrünen T-Shirt genau neben ihnen fuhr und sie beobachtete. Es war nicht so sehr die Tatsache, dass er sie anstarrte, sondern eher, dass ihr etwas an ihm überaus vertraut vorkam. Warum war ihr das nicht schon früher aufgefallen? Der Erbsengrüne lächelte und winkte. Sie winkte zurück, doch sie schaffte es einfach nicht, ihm länger in die Augen zu sehen, sondern richtete den Blick lieber wieder über Ricks Schulter.

Plötzlich leuchteten die Bremslichter der schwarzen Limousine, die direkt vor dem Erbsengrünen unterwegs war, auf. Zum zweiten Mal innerhalb von zwanzig Minuten winkte Alice ihm wie wild zu. Er richtete seine Aufmerksamkeit wieder auf die Straße, bemerkte das langsamer werdende Fahrzeug vor ihm im letzten Moment, riss das Motorino zur Seite und prallte dabei beinahe mit Rick und Alice zusammen.

Mein Gott, dachte der Erbsengrüne. *Jetzt hätte ich beinahe zum zweiten Mal einen Unfall gebaut, und ganz nebenbei habe ich mich auch noch in das schönste Mädchen verliebt, dem ich je begegnet bin. Was für ein Tag!*

5

Der heilige Christophorus und die Vicolo del Polverone

»Wir leiden nicht zufällig.«

JANE AUSTEN, STOLZ UND VORURTEIL

Im Inneren der schwarzen Limousine warf der aus Sardinien stammende Fahrer Jean-Paul (dessen Mutter eine tiefe Liebe zu Frankreich gehegt hatte) einen Blick in den Rückspiegel und auf seine reichen amerikanischen Fahrgäste. Die beiden starrten ausdruckslos aus ihrem jeweiligen Fenster, was ihm die Möglichkeit gab, sie eingehender zu mustern. Abgesehen von der Tatsache, dass sie offensichtlich unglücklich waren, war Jean-Paul überzeugt davon, dass die beiden zusammengehörten. Sie waren ein hübsches Paar und wirkten nicht auf gruselige Art wie Bruder und Schwester, so wie manch andere Paare. Sie würden sicher hübsche Babys miteinander machen. Wobei er ihnen gerne zugesehen hätte, wie ihm bewusst wurde.

Jean-Paul warf einen reumütigen Blick auf das kleine Medaillon des heiligen Christophorus, das von seinem Rückspiegel baumelte, und hoffte, dass der Heilige seine wollüstigen Gedanken nicht gehört hatte. Natürlich wusste er, dass das lächerlich war – der heilige Christophorus hörte *alles*, was er sich dachte –, doch anstatt sich seine Schuld einzugestehen, wurde Jean-Paul plötzlich aufsässig. Der heilige Christophorus hatte ihn schon den ganzen Vormittag im Stich gelassen und ihn von einem Stau in den nächsten geführt; vielleicht wurde es also langsam Zeit, den ach so wichtigen Heiligen einmal daran zu erinnern, wer hier wen durch Rom kutschierte.

Auf dem Rücksitz, während die uralten Ruinen an ihnen vorbeizogen, plante Meg in Gedanken das Abendessen, das sie veranstaltet hätte, wenn ihr sechzehnjähriger Sohn Campbell ihrem Vorschlag für ein sechsgängiges Geburtstagsdinner im Tennisclub für hundertzwanzig Personen zugestimmt und nicht auf das sehr viel kleinere, australische Grillfest am Pool bestanden hätte, auf das sie sich schließlich geeinigt hatten.

Schließlich riss das riesige, brachliegende Rechteck, an dem sie gerade vorbeifuhren, sie aus ihren Gedanken. »Der Circus Maximus«, murmelte sie vor sich hin. Die lang gezogene antike Rennbahn war mittlerweile von Gras überwuchert, doch Meg konnte sich durchaus vorstellen, wie die Gladiatoren auf ihren von Pferden gezogenen Streitwagen hier entlanggedonnert waren. Sie wandte sich an Alec, und ihr fiel auf, dass die Haut um seinen Mund langsam ein wenig schlaff wurde. Aber es hatte keinen Sinn, ihn darauf aufmerksam zu machen. Er hätte einer Schönheitsoperation ohnehin niemals zugestimmt. Sie wollte schon sagen: »Genau das liebe ich an Rom. Man fährt durch zweitausend Jahre Geschichte, als wäre es etwas vollkommen Alltägliches.« Doch stattdessen meinte sie: »Vielleicht sollten wir uns auf die Suche nach dem Hotel mit dem küssenden Concierge machen. Wie war nochmal sein Name?«

Als Alec sich schließlich von seinem Fenster abwandte, sah sie bereits wieder durch ihres hinaus.

»Bronco«, antwortete er.

»Bronco!«, rief sie ihrem eigenen Spiegelbild zu.

»Bitte tu nicht so, als hättest du es vergessen. Das macht mich echt wütend.«

Gut, dann spielen wir das Spiel eben auf diese Art, dachte Meg.

Jean-Paul war mittlerweile ebenfalls ziemlich wütend. Er war bereits von der Via Appia Nuova abgebogen, um dem Stau aus dem Weg zu gehen, doch nun steckte er in der Via Appia Pignatelli fest und kam nur noch im Schneckentempo voran. Er musste sich durch Unmengen von Autos schlängeln, wie sie normalerweise nur in den Stoßzeiten und nicht mitten am Tag vorkamen. Vor ihm blieben bereits die nächsten Autos stehen und machten damit seinen brillanten Plan zunichte, diese Seite des Centro Storico schnell hinter sich zu bringen. Jean-Paul vermied es, einen Blick auf den Heiligen zu werfen, der neben ihm baumelte, doch offensichtlich hatte hier jemand einen anderen dabei belauscht, wie dieser etwas gedacht hatte, was er nicht hätte denken sollen, und nun wollte er ihn dafür bestrafen. Nun, aber er (Jean-Paul) würde das nicht einfach so hinnehmen. Vor allem nicht von einem Kerl, der eigentlich gar kein richtiger Heiliger mehr war.

Jean-Paul verwarf seinen Plan, in die Via Luigi Petroselli abzubiegen. Stattdessen legte er einen niedrigeren Gang ein, nahm eine scharfe Links- und eine scharfe Rechtskurve und bog dann mit aufheulendem Motor in den Lungotevere ein, der etwa jede Querstraße seinen Namen änderte und sich entlang des Tibers dahinschlängelte.

Meg sah den Fluss vor ihrem Fenster und hörte das Rauschen der Strömung, als er sich um die Tiberinsel herum teilte. Es schien, als wären sie ein wenig vom Weg abgekommen. Aber das spielte keine Rolle. Sie hatte bereits vorab online für die Limousine bezahlt, und das hier ging auf Kosten des Fahrers und nicht auf ihre. Außerdem freute sie sich über eine kleine Stadtrundfahrt, was aber nicht bedeutete, dass sie sich ablenken lassen und Alecs gemeinen Kommentar einfach beiseitewischen würde. Sie wusste, dass er auf eine Antwort wartete, und hatte ihn absichtlich hängen lassen.

Schließlich wandte sie sich zu ihm um und lächelte einem imaginären Punkt irgendwo über seinem Kopf zu. »Bist du dir sicher, dass er *Bronco* hieß?«

»Du weißt ganz genau, wie er hieß.«

»Es gefällt mir, wenn du eifersüchtig bist. Deine Stimme klingt dann irgendwie auf interessante Weise angespannt.«

»Ich klinge nicht *angespannt*«, erwiderte er. »Ich leide bloß unter Todesangst.«

Tatsächlich fuhr Jean-Paul mittlerweile selbst für einen Römer ziemlich schnell. Als der Verkehr vor ihm erneut zum Erliegen kam, brachte das das Fass endgültig zum Überlaufen: Christophorus hielt ihn ganz offensichtlich zum Narren, und er hatte nicht vor, sich das gefallen zu lassen. Also lenkte er die Limousine in die Via Giulia, überfuhr eine rote Ampel und hupte lautstark, als zwei junge Nonnen in grauer Ordenstracht einen Fußgängerübergang überqueren wollten. Die beiden sprangen zurück auf den Bürgersteig, und Jean-Paul triumphierte und warf lächelnd einen Blick in den Rückspiegel.

Alec fing seinen Blick auf und meinte: »Fahren Sie doch bitte langsamer.« Doch dann erinnerte er sich, dass der

Fahrer nur gebrochen Englisch sprach, und durchforstete seinen bescheidenen italienischen Wortschatz nach einem Wort, das hoffentlich »langsam« oder »sachte« bedeutete.

»*Dolci, dolci.*«

Warum spricht der Kerl plötzlich von Süßigkeiten?, fragte sich Jean-Paul. Wollte der Amerikaner vielleicht bei einer Bäckerei anhalten? Tatsächlich gab es nicht weit von hier auf dem Campo de' Fiori einen sehr guten und bekannten Bäcker. Der Fahrer wandte sich zu Alec um, ohne jedoch langsamer zu werden. »*Signore?*«

Die Tatsache, dass der Fahrer die Straße nicht mehr im Blick hatte, machte Meg ebenfalls große Sorgen, doch die helle Freude, die ihr Alecs Angst bereitete, war größer als ihre Furcht. Sie schenkte ihrem Spiegelbild im Fenster ein breites Lächeln und meinte hilfsbereit: »Es scheint, als hättest du gerade Nachtisch bestellt.«

Alec deutete verzweifelt auf die Straße. »*Regardez la rue! La rue!*«

Meg nahm sich vor, sich für immer und ewig an diesen Moment zu erinnern. »Ich glaube nicht, dass er Französisch spricht.«

Das war korrekt. Wäre Jean-Pauls Mutter hier gewesen, hätte sie es allerdings für ihn übersetzen können.

Alec erkannte seinen Fehler sofort und kramte nach ein paar weiteren Brocken Italienisch. »Ähm. *Via. La via dolce!*«

Endlich wandte sich Jean-Paul wieder der Straße zu, unterhielt sich jedoch weiter über den Rückspiegel mit ihnen. »Ah. *La Dolce Vita! Si, signore.* Diese Film wurde gedreht in Roma. Aber nicht hier. Auf die andere Seite. Die andere Seite!«

Alec warf einen Blick auf seine Frau, die sich vor Lachen krümmte.

»Hilf mir!«, flehte er.

»Ach, sei doch nicht so empfindlich. So fährt man hier eben. Wir sind in Rom ... schon vergessen?«

»*Signora?*«, fragte Jean-Paul, der annahm, dass sie mit ihm gesprochen hatte.

»Mein Mann meinte, dass ihm Ihre Art zu fahren sehr gut gefällt. Er mag es gerne schnell.«

»Ah ... schnell. *Wrumm, wrumm*«, erwiderte Jean-Paul. Dann dachte er kurz nach und meinte schließlich: »Schneller?«

»O ja. Bitte«, antwortete Meg.

Jean-Paul drückte das Gaspedal durch, und Meg verspürte ein erhebendes Gefühl, als der Wagen beschleunigte. Alec wandte den Kopf langsam zu seiner Frau um und warf ihr einen mörderischen Blick zu.

Ein Stück vor ihnen hatte gerade ein Bus voller Jesuiten angehalten, die nun langsam ausstiegen und dabei die gesamte Via Giulia blockierten. Es gab keinen Weg an ihnen vorbei, ohne einige zu überfahren, und Jean-Paul spielte einen kurzen Augenblick lang tatsächlich mit diesem Gedanken. Er wusste, dass der heilige Christophorus hinter diesem neuerlichen Hindernis steckte, und fand die Schar Priester in ihren schwarzen Kutten ehrlich gesagt ein wenig einfallslos. Da er sich jedoch von seinem lästigen Heiligen nicht hinters Licht führen lassen wollte, riss er das Lenkrad herum, und die Reifen der Limousine holperten quietschend über die Pflastersteine, bevor sie in die schmale Vicolo del Polverone bogen.

Und hier geschah schließlich das Unglück.

Dreißig Meter vor ihnen war auf der linken Seite das verstaubte Schaufenster einer Schmiede mit einer wunderschön geschmiedeten Babykrippe und einer tragbaren, kurzen Eisenleiter zu erkennen, die ideal dafür geeignet war, ein hohes Bücherregal zu erklimmen. Daneben befand sich ein lang gezogener, dunkler Laden, der vor allem alte Möbel aus dem Art déco, aber auch einige Stücke aus vorchristlicher Zeit verkaufte. In diesem Augenblick wurde gerade eine große chinesische Vase unbekannter und vielleicht auch skandalöser Herkunft angeliefert. Die derzeitige Besitzerin, die sich dem Inhaber des Antiquitätenladens bloß als »Maria« vorgestellt hatte, hatte sie von ihrem Vater geerbt, der behauptet hatte, sie von Prinzessin Orietta Doria Pamphilj geschenkt bekommen zu haben. Marias Vater hatte als Haushaltsgehilfe für die Familie gearbeitet, und seine Spezialität war es gewesen, den Boden im Palazzo Doria Pamphilj, der einen gesamten Häuserblock in der Via del Corso im Zentrum Roms einnahm, mit der Hand zu polieren (und zwar mit Bienenwachs, das von den Bienenstöcken auf dem Anwesen der Familie stammte). Eines Tages – Marias Vater hatte vergessen, ob es 1956 oder 1963 gewesen war – hatte es plötzlich stark zu schneien begonnen, und das Dach des Palazzos war unter der Last des Schnees eingebrochen. Marias Vater hatte (vermutlich mit Unterstützung anderer Bediensteter) unermüdlich und die ganze Nacht hindurch geschuftet, um alles wieder aufzuräumen und zu retten, was von den zerstörten Antiquitäten noch übrig war. Als Zeichen ihrer immerwährenden Dankbarkeit hatte ihm die Prinzessin schließlich die riesige, weiß-blaue Porzellanvase aus der Ming-Dynastie geschenkt.

Schon als kleines Mädchen war Maria die Geschichte irgendwie faul vorgekommen, und als Erwachsene kam ihr schließlich der Gedanke, dass ihr Vater die Vase in dem Chaos nach dem Deckeneinsturz einfach hatte mitgehen lassen. Das hätte durchaus zu ihm gepasst.

Die Vase war all die Jahre nicht versichert gewesen, und daran hatte sich auch ein halbes Jahrhundert, nachdem sie »verschenkt« worden war, nichts geändert. Maria hatte sich stets darüber gewundert, bis sie die Vase schließlich geerbt und erkannt hatte, dass sie ihren Wert schätzen lassen musste, bevor sie sie versichern konnte. Und wenn sie sie schätzen ließ, würden womöglich gewisse Ungereimtheiten bezüglich ihrer Herkunft ans Tageslicht kommen. Deshalb stand die riesige Vase also in Marias kleiner Wohnung in einer Ecke, bis sie – wie viele ihrer Altersgenossen – die finanzielle Belastung zu spüren bekam, die ein Leben in Rom mit sich brachte, und beschloss, sie zu verkaufen. Diskret natürlich.

Und das war nun also der Grund, warum ein schwitzender Kurier mit ausladendem Bauch die Vase gerade in dem Moment aus dem Lieferwagen hob, als eine schwarze Limousine mit quietschenden Reifen um die Ecke bog und auf ihn zuraste.

Jean-Paul sah einen dicken Mann in einem Lieferwagen, der sich gerade mit einer großen Vase abmühte. Und er sah die Holzrampe, die aus dem Wagen auf die Straße führte. Er berechnete schnell, dass es durchaus möglich war, sich an dem Fahrzeug vorbeizuzwängen. Leider vergaß er, das graue Fahrrad mit dem Strohkorb in seine Berechnung miteinzubeziehen, das genau an jener Stelle an einen Laternenpfahl gekettet war, an der sich die Gasse auf eine Autobreite verengte.

»Vorsicht!«, brüllte Alec.

Kurz vor dem Zusammenprall sah Jean-Paul das Fahrrad schließlich doch noch und riss den Wagen nach links. Zwei Sekunden später polterte der linke Vorderreifen der Limousine auf die Rampe, die in den Lieferwagen führte, und das

Auto kippte bei voller Fahrt nach rechts. Einen Moment lang schien es, als wollte das schwarze Auto den weißen Van von hinten besteigen. Der Kurier, der am Ende der Rampe stand, wich vollkommen verängstigt zurück und schleuderte dabei die Vase von sich. Sie schien regelrecht aus seinen Händen zu springen und sich auf das auf sie zurasende Fahrzeug zu stürzen.

Im Inneren der Limousine kippte plötzlich alles zur Seite. Jean-Paul schrie, und Meg fiel auf Alec, dessen Kopf gegen das rechte Seitenfenster prallte, das genau in diesem Moment zersprang.

Vor dem Auto traf die Vase auf dem Kopfsteinpflaster auf und zersprang in tausend Stücke.

Jean-Paul begann zu weinen. Das Medaillon des heiligen Christophorus hing noch immer am Rückspiegel und pendelte siegreich über seinem Kopf hin und her. Meg stemmte sich hoch und warf einen Blick auf Alec, der unter ihr lag. Seine Augen waren geschlossen. Er bewegte sich nicht. Das Fenster unter seinem Kopf war blutverschmiert. Er war ohnmächtig – oder tot. Meg verpasste ihm eine schallende Ohrfeige. Seine Augen öffneten sich flatternd.

»Verdammt nochmal«, sagte er leise.

Lucius Tarquinius Superbus, der siebte und letzte König Roms, regierte die Stadt von 534 v. Chr. bis zur Revolution 509 v. Chr. Um an die Macht zu gelangen, hatte er seinen Vorgänger, seinen Bruder und seine Frau ermorden lassen. Aufgrund seiner Tyrannei wurde er von seinen Untertanen so sehr gehasst, dass diese die Republik ausriefen, um nie wieder von einem wie ihm regiert zu werden. *Ha!*

Ein Historiker würde Ihnen vermutlich erklären, dass der König aus Rom floh, um danach ein angenehmes Leben im

Exil auf dem Hof des Aristodemos in Cumae zu führen, wo er 495 v. Chr. starb.

Doch ich werde Ihnen verraten, was wirklich geschah.

Auf der Flucht vor einer Meute wütender Römer stolperte Tarquinius über die Stufen des Kapitolinischen Tempels und brach sich das Genick. Obwohl er bereits tot war, verpassten ihm seine Feinde noch eine ordentliche Tracht Prügel und schleppten ihn durch die Stadt, um ihn schlussendlich in den Tiber zu werfen. Mit der Zeit sammelten sich Ablagerungen und Schlamm um den Körper *Seiner Majestät,* und so entstand schließlich die Tiberinsel. Während diese immer weiter wuchs, geriet die Geschichte um Tarquinius in Vergessenheit und vermischte sich mit Mythen und Legenden, doch aufgrund ihrer dunklen Vergangenheit mieden die Römer die Insel.

Als Rom 293 v. Chr. von der Pest heimgesucht wurde, nutzten die Verantwortlichen das Eiland, um die ansteckenden Kranken dorthin zu verbannen, doch bald war auch hier nicht mehr genug Platz für die Kranken und Sterbenden. Die römischen Senatoren wandten sich daraufhin an die Tiburtinische Sibylle, die vorschlug, Aesculapius, den griechischen Gott der Heilkunst, um Hilfe zu bitten und ihm zu Ehren einen Tempel zu errichten. Die Senatoren kamen überein, dass dies wohl die zweckmäßigste Lösung war.

Die Pest ging vorüber, der Tempel wurde gebaut, und die Insel wurde zu einem Ort der Heilung. 998 n. Chr. ließ Kaiser Otto III. eine Basilika über den Ruinen des Tempels des Aesculapius erbauen, und 1584 berief Papst Gregor XIII. den Hospitalorden des heiligen Johannes von Gott nach Rom und bat diesen, das Krankenhaus auf der Insel zu übernehmen.

Beinahe ein halbes Jahrtausend der Barmherzigkeit später ist das Krankenhaus noch immer unter dem Namen Ospedale Fatebenefratelli bekannt, der mich jedes Mal zum Lachen bringt. Auf Italienisch ist er nicht witzig, aber auf Englisch heißen die barmherzigen Brüder »Do-Good-Brothers«.

»Die *Do-Good-Brothers*?«, kicherte nun auch Meg Schack, als man ihr erklärte, dass Alec in besagtes Krankenhaus eingeliefert werden würde. »Das klingt wie eine Boyband!«

Der Fahrer des Krankenwagens warf seinem Kollegen in der weißen Uniform einen Blick zu und hob eine Augenbraue, ehe er sich wieder auf die Straße vor ihnen konzentrierte.

Sie rasten mit Sirenengeheul den Lungotevere entlang und über die Ponte Cestio, die vom Südufer des Tibers auf die Insel und zum Krankenhaus führt.

Hellhäutige Touristen und dunkelhäutige Straßenhändler mit gefälschten Designerhandtaschen sprangen aus dem Weg, ehe der Krankenwagen endlich mit quietschenden Reifen zum Stehen kam. Meg sprang aus dem hinteren Teil des Wagens und stürzte durch die Schwingtüren der Notaufnahme.

Sie sah sich mit wildem Blick um und schrie: »*Dottore! Dottore! Pronto! Pronto!*«

Ein großgewachsener Krankenpfleger in einem weißen Kittel und einer marineblauen Jacke packte sie und wollte sie in einen Rollstuhl drücken.

»Doch nicht für mich, Sie Idiot!«, fauchte sie.

6

Piazza della Madonna dei Monti

»Wenn wir wollen, dass alles so bleibt, wie es ist, dann ist es nötig, dass sich alles verändert.«

GIUSEPPE TOMASI DI LAMPEDUSA, DER GATTOPARDO

Das glänzend weiße Mercedes-Taxi bog auf die leicht ansteigende Piazza, und eine Gruppe aufgeregter Schulkinder stob auseinander und sprang die Treppen der achteckigen Fontana di Piazza della Madonna dei Monti hoch. Der dreistöckige Brunnen aus Travertin war 1595 angelegt worden, um die örtliche Bevölkerung mit Wasser zu versorgen.

Der Fahrer hielt vor dem Hotel Montini, und Constance bezahlte Gianni – nachdem Lizzie und sie eine sehr anschauliche und ziemlich grauenvolle Beschreibung der Geburt seines dritten Sohnes erdulden mussten, nannten sie sich mittlerweile beim Vornamen – und gab ihm sein Trinkgeld.

Lizzie kämpfte in der brütenden Hitze Roms mit ihren Koffern, während Gianni aus dem klimatisierten Inneren des Autos heraus lautstark protestierte und seine Kreditkartenmaschine anbrüllte, sie solle sich beeilen, damit er der netten *signora* mit dem Gepäck helfen konnte.

Es war früher Nachmittag, und die beiden Holztüren des Hotels, von dem bereits der Verputz abbröckelte, waren fest verschlossen, was Gianni offensichtlich ziemlich verärgerte. Trotzdem scheuchten ihn die beiden Frauen schnell wieder zurück in seinen Wagen, denn er musste seine Mutter zur Pediküre bringen und war bereits spät dran.

Lizzie drückte die Messingglocke und hämmerte an die Tür.

Ein junger Kellner trat aus der mit Weinreben überwucherten Trattoria nebenan, doch dann beschloss er offensichtlich, dass es nichts Interessantes zu sehen gab, und zog sich wieder zurück.

Constance sah sich um. Es war lange her, seit sie zum letzten Mal hier gewesen war.

Und es hat sich nichts verändert, dachte sie. *Außer, dass du nicht mehr bei mir bist.*

Aber das bin ich doch, kicherte ihr Ehemann.

Und das war er tatsächlich. In einem Pappkarton.

Die Piazza fühlte sich so heimelig an wie immer. Sie wurde auf einer Seite von der kleinen weißen Kirche Madonna del Pascolo, den heiligen Sergius und Bacchus und dem gelblichen Palazzo Casa Santa Sofia begrenzt. Auf der anderen Seite drängten sich eine gelbe und eine blassrosa Villa mit hellgrauen Fensterläden aneinander, und die Einheimischen saßen draußen vor den Restaurants unter großen, schmutzig weißen Schirmen und fächerten sich in der Sommerhitze mit den Speisekarten Luft zu.

Auf der gegenüberliegenden Seite der Piazza standen noch mehr sonnengelbe Gebäude im Schatten der Kirche Santa Maria ai Monti. Ein kleines Mädchen in einem hellblauen Kleid winkte den beiden alten Damen aus einem Hauseingang zu. Constance winkte zurück und wandte sich dann an Lizzie, die zu einer seltsamen Figur emporstarrte, die den winzigen Balkon direkt über dem Eingang stützte. Es war eine Mischung aus einem Ziegenbock und einem Löwen.

»Ist das hier neu?«, fragte Lizzie.

»Was?«

»Dieses Ziegen-Ding hier.«

»Ich glaube nicht. Warum?«

»Es gefällt mir nicht.«

»Dann lasse ich es sofort entfernen«, erwiderte Constance.

Lizzie lächelte. »Wann kommt Charles?«, fragte sie.

Constance ließ sich auf dem größten der Koffer nieder. »Erinnere mich bloß daran, mich auf keinen Fall über die Hitze zu beschweren«, bat sie. »Denn das wäre so furchtbar *englisch*.« Dann fuhr sie fröhlich fort. »Gar nicht.«

»Was, *gar nicht*?«

»Er kommt gar nicht«, erklärte Constance. »Charles kommt nicht.«

Charles und Marina waren Constances und Henrys erwachsene Kinder. Marina war Winzerin in Bordeaux, mit einem öden Pferdezüchter verheiratet und hatte drei Kinder im Teenageralter. Charles arbeitete als Referent für den Internationalen Währungsfonds und hatte mit seinem argentinischen, polospielenden Lebenspartner Alfonso zwei Kinder aus den Slums von Buenos Aires adoptiert. Henry hatte keine speziellen Anweisungen hinterlassen, dass seine beiden Kinder ebenfalls nach Rom kommen sollten, doch Lizzie hatte angenommen, dass sie bei einem so wichtigen Ereignis dabei sein würden.

Sie wollte gerade ihr Missfallen zum Ausdruck bringen, als endlich jemand die Tür öffnete. Der Mann stellte sich ein wenig traurig als »Bronco« vor und trug ihr Gepäck ins Innere des Hauses, als hätte jemand angedroht, ihn zu verprügeln, wenn er es nicht tat.

Constance sah sich im Foyer um. Sie konnte sich nicht mehr genau erinnern, wann sie zum letzten Mal hier gewesen war, aber es war immer noch alles genau wie damals. Der Aufzug war gerade groß genug für zwei. Bronco erklärte, dass er zuerst das Gepäck nach oben bringen und dann die Damen holen würde, doch Constance versicherte ihm, dass sie die Treppe nehmen und ihn oben treffen würden. Bronco zuckte mit den Schultern, schloss die Gittertür des Aufzugs und fuhr nach oben.

Lizzie konnte sich nicht mehr länger zurückhalten. »Charles *kommt nicht?*«, rief sie.

Constance ging bereits die Treppe hoch. »Er hat irgendeine Konferenz in Berlin«, erwiderte sie. »Und bevor du jetzt eine Szene machst: Er *muss* dorthin.«

Lizzie folgte ihr. »Er kommt nicht! Aber sein Vater soll doch hier …«

Constance unterbrach Lizzie. »Er hat genug getan, Lizzie«, sagte sie. »Es wird Zeit, dass er es hinter sich lässt. Das sollten wir alle.«

Schweigend gingen sie weiter.

»Ich finde es bloß seltsam«, erklärte Lizzie schließlich im nächsten Stockwerk. »Dein Mann, mein Bruder, sein Vater hat uns …«

Constance fuhr wütender als beabsichtigt zu Lizzie herum. »Hör sofort auf damit, mein Mädchen! Ich werde diese Reise sicher nicht damit verbringen, unseren Kummer noch einmal durchzukauen. Ich muss nach vorn blicken. Und es ist wichtig, dass wir beide das gemeinsam tun.« Sie wandte sich ab und ging weiter die Treppe hoch.

Lizzie folgte ihr verwirrt. »Und was ist mit Marina?«, fragte sie.

»Sie kommt morgen Nachmittag aus Paris.«

»Gut. Denn sonst hätte Tante Lizzie sicher eine Menge zu dem Thema zu sagen gehabt.«

»Ja, darauf würde ich wetten«, erwiderte Constance.

Lizzie hatte nie ein Problem damit gehabt, hart mit Constances Kindern ins Gericht zu gehen, denn sie liebte die beiden, als wären es ihre eigenen. Sie hatte sich nie bewusst entschieden, keine Kinder zu bekommen, sie war bloß ständig mit anderen Dingen beschäftigt gewesen. Zunächst hatte sie versucht, die Swinging Sixties so lange wie möglich hinauszuzögern, und ihre Stelle als Krankenschwester in einem Krankenhaus in London aufgegeben, um in eine Kommune in der Provence zu ziehen. Dort durchlebte sie eine Reihe unglücklicher Liebesbeziehungen, ehe sie Mitte der Siebziger ihr Interesse am Weinbau entdeckte und mit finanzieller Unterstützung von Henry und Constance ein verfallenes Weingut in Pomerol wieder zum Leben erweckte, was zu ihrer aller Überraschung ein voller Erfolg wurde. Erst als Charles und Marina während der Schulferien regelmäßig zu Besuch kamen, begann Lizzie, sich nach eigenen Kindern zu sehnen, doch es war kein passender Partner in Sicht und außerdem nahm ihr Weingut ihre ganze Zeit in Anspruch.

Trotzdem war Lizzie natürlich begeistert, dass Marina in ihre Fußstapfen als Winzerin getreten war, und sie war vollkommen vernarrt in ihre Nichte und ihren Neffen sowie in deren Kinder.

Als sie im obersten Stockwerk ankamen, wartete Bronco bereits lächelnd auf sie, und Constance erkannte schockiert, dass er versuchte, verführerisch zu wirken. Sie war zwar noch nicht zu alt, um noch verführt zu werden, und Männer flirteten immer noch mit ihr, doch Bronco sah trotz seines beeindruckenden Schnurrbartes einfach viel zu abgetakelt aus. Sie drängte sich an ihm vorbei ins Zimmer. Ihr Gepäck wartete bereits auf sie, doch sie wusste sofort, dass sie falsch waren.

»Nein, nein. Das ist es nicht«, erklärte Constance.

»Aber Signora«, erwiderte Bronco. »Das ist das Zimmer, das Sie verlangt haben.«

»Das mag schon sein«, antwortete Constance. »Aber es ist ganz sicher nicht das Zimmer, das wir haben wollten.«

»Spielt das denn eine Rolle, Constance?«, fragte Lizzie. »Wenigstens sind wir im richtigen Hotel.«

Lizzies Meinung nach war das Zimmer einfach entzückend. Vielleicht ein wenig heruntergekommen, aber dafür groß und hell, mit einem Kamin und zwei großen Balkontüren, die auf eine begrünte Dachterrasse hinausführten. *Entzückend.*

»Für Henry spielte es sehr wohl eine Rolle«, erwiderte Constance. »Er wollte, dass wir in Zimmer 34 übernachten.«

»Aber das hier *ist* Zimmer 34«, erklärte Bronco.

»Nein, ist es nicht«, antwortete Constance.

»Vielleicht erkennst du es bloß nicht wieder«, meinte Lizzie.

»Ich erinnere mich an den Fußboden.«

»An den *Fußboden*? Du erinnerst dich an einen Fußboden, den du vor achtunddreißig Jahren das letzte Mal gesehen hast?«

»Woher weißt du das?«

»Was?«

»Dass es achtunddreißig Jahre her ist.«

Lizzie zuckte mit den Schultern. Sie hatte keine Ahnung,

warum sie sich daran erinnerte. Sie tat es einfach. Viel mehr Sorgen bereitete ihr da schon Constance, die wie erstarrt mitten im Zimmer stand und auf die blaugrünen Bodenfliesen hinunterstarrte. *Was zum Teufel war hier los?*

»Eine der Fliesen in dem Zimmer hatte sich gelockert, und ich habe sie als Glücksbringer mitgenommen«, erklärte Constance. »Ich hatte sie jahrelang bei mir.« Sie wandte sich mit einem freundlichen Lächeln an Bronco. »Das hier ist das falsche Zimmer.«

Bronco seufzte tief und murmelte leise etwas vor sich hin, doch es war nicht leise genug. Er hatte keine Ahnung, dass die beiden älteren Damen, die vor ihm standen, Italienisch sprachen und daher jedes Wort verstanden. *»Vielleicht bist du auch im falschen Hotel, du verrückte alte Schachtel.«*

Lizzie und Constance warfen sich gegenseitig ein kaum merkliches Lächeln zu und trafen die stille Übereinkunft, Bronco vorerst nicht wissen zu lassen, dass sie seine Muttersprache fließend beherrschten. Sie waren zwei furchteinflößende alte Schachteln, und furchteinflößende alte Schachteln behielten solche Informationen für sich, bis der Moment kam, in dem sie am meisten Verwirrung stiften konnten.

Bronco schlug sich in einer übertriebenen Geste an die Stirn, um ihnen zu verstehen zu geben, dass er etwas vergessen hatte, und meinte: »Sie haben eine E-Mail bekommen.« Um dann unnötigerweise auch noch hinzuzufügen: »Das hätte ich beinahe vergessen.«

In seinen umfangreichen Anweisungen für ihren Aufenthalt in Rom hatte Henry festgelegt, dass keine Smartphones und Laptops erlaubt waren, sodass sie auf »altmodische Art« reisten. Constance fragte Bronco, ob es in dem Zimmer möglicherweise einen Computer mit Internetzugang gab, ohne sich allerdings große Hoffnungen zu machen. Sie stellte sich vor, wie sie in einem dieser fürchterlichen Internetcafés mit einem uralten Gerät kämpfte, und nahm sich vor, vorher wenigstens die Tastatur zu desinfizieren. Doch Bronco führte Constance stolz zur Frisierkommode, auf der bereits ein Ausdruck der E-Mail lag. Sie überflog die Zeilen und erstattete Lizzie Bericht.

Marina war vom Pferd gefallen. Es war nichts Schlimmes, doch sie hatte sich den Knöchel verstaucht und konnte nicht kommen.

»Ich bin wirklich froh, dass ich keine Kinder habe«, erklärte Lizzie. »Sie sind so enttäuschend.«

Constance spürte, wie jemand an ihrem Ärmel zog, und als sie den Blick senkte, sah sie einen etwa zehn- oder elfjährigen Jungen, der lächelnd zu ihr hochsah. Seine Zähne waren strahlend weiß, und seine dunklen Augen leuchteten verschmitzt. Er trat auf die Tür zu und bedeutete ihr, ihm zu folgen. In dem Moment, als Bronco den Jungen sah, begann er so schnell und wütend zu fluchen, dass Lizzie und Constance trotz ihrer exzellenten Sprachkenntnisse Schwierigkeiten hatten, ihm zu folgen. Es war jedoch offensichtlich ohnehin egal, was er sagte, denn der Junge beachtete ihn nicht weiter.

Stattdessen führte er Constance in den Flur hinaus und öffnete die Tür ins nächste Zimmer. Er machte eine ausladende Geste und bedeutete ihr einzutreten. Lizzie folgte ihrer Schwägerin und erkannte, dass Constance erneut den Boden musterte. Das Zimmer sah mehr oder weniger aus wie das erste, doch die Fliesen hier waren von einem reinen, leuchtenden Blau. Constance warf Lizzie lächelnd einen Blick zu.

Diese wollte bereits Gott dafür danken, dass das Problem

nun endlich gelöst war, als Constance plötzlich die Stirn runzelte und den Blick erneut auf die Fliesen senkte.

Bronco trat neben den Jungen, der noch immer in der Tür stand, und dann sahen sie gemeinsam zu, wie Constance den Boden absuchte. Sie blieb vor einem alten Perserteppich stehen und hielt sich an dem Bett neben ihr fest, bevor sie sich hinunterbeugte und ihn zurückschlug. Eine der blauen Fliesen fehlte.

»Oh«, meinte Constance.

»Was?«, fragte Lizzie.

»Die Fliese«, erwiderte Constance. »Sie ist verschwunden.«

»Du hast doch selbst gesagt, dass du sie damals mitgenommen hast.«

»Ja, beim *ersten* Mal, als wir hier waren«, erklärte Constance, »aber während unseres letzten Besuchs habe ich sie wieder zurückgelegt. Aber das ist mittlerweile natürlich auch schon wieder achtunddreißig Jahre her. Wer weiß, was mit ihr passiert ist.«

Sie sah sich dennoch zufrieden um. »Wie auch immer, wichtig ist bloß, dass wir nun im richtigen Zimmer sind.«

»Aber das hier ist Zimmer 36«, erwiderte Lizzie und schalt sich selbst dafür, dass sie noch weiter auf der Sache herumritt.

»Die Zimmernummern wurden vor ein paar Jahren geändert«, erklärte der kleine Junge, und Bronco schlug sich erneut auf die Stirn. »Ja, natürlich. Sie haben die Zimmernummern geändert.«

Constance beugte sich zu dem Jungen hinunter und fragte nach seinem Namen.

»Marco«, antwortete er.

Sie dankte ihm in fließendem Italienisch und fragte ihn, ob sie vielleicht dieses Zimmer haben könnten. Marco stimmte zu. Lizzie beobachtete Bronco, als ihm bewusst wurde, dass Constance Italienisch sprach. Sie beschloss, auf Nummer sicher zu gehen, dass Bronco auch wirklich erkannte, dass sie beide seine Beleidigung gehört und auch verstanden hatten, und fragte Marco ebenfalls auf Italienisch nach dem Zimmerservice und den Frühstückszeiten.

Bronco rieb sich die Stirn und scharrte mit den Füßen. »Ich hole Ihr Gepäck«, meinte er schließlich und zog sich rückwärts aus dem Zimmer zurück.

Als er fort war, erklärte Marco: »Bitte entschuldigen Sie meinen Cousin. Er ist nicht sehr charmant.«

»Sehr gut beobachtet, Marco«, erwiderte Constance.

Dieser war äußerst zufrieden. Er lernte Englisch als Teil seines Masterplans, eines Tages als Fremdenführer für amerikanische Touristen zu arbeiten, die – wie alle wussten – stets ein beachtliches Trinkgeld gaben. Mit dem Geld würde er das Hotel kaufen, in dem seine Familie arbeitete, und dann würde er noch mehr Hotels eröffnen und reich werden und einen roten Ferrari 365 GTC Coupé fahren. Und vielleicht würde er sogar berühmt werden. Doch der erste Schritt bestand – wie er sehr wohl wusste – darin, die Sprache des internationalen Handels zu erlernen. Englisch.

»Sind Sie vielleicht berühmt, Contessa?«, meinte Marco, um Constance dazu zu bringen, ihm fünf Euro Trinkgeld zuzustecken.

»Nein«, erwiderte Constance, die ihn sofort durchschaute, aber dennoch entzückend fand.

»Meiner Meinung nach sollten Sie es sein«, erklärte Marco, bevor er Constances Hand nahm und küsste.

Lizzie schlug die Hand vor den Mund, um nicht laut loszulachen.

»Ist Rom nicht einfach herrlich?«, fragte Constance.

7

Via dei Coronari

»Wer es nicht wagt, den Dorn zu fassen, sollt' jede
Sehnsucht nach der Rose welken lassen.«

ANNE BRONTË, DER SCHMALE WEG

Entlang der holprigen Straße ragten in regelmäßigen
Abständen kunstvolle eiserne Straßenlaternen aus dem
Boden. Rick parkte das Motorino, doch Alice blieb noch
einen Moment lang sitzen, sah zu, wie die Lichter flackernd
zum Leben erwachten, und verlor sich in ihrem satten, dot-
tergelben Schein. Es dämmerte bereits, doch es war immer
noch so hell, dass die Laternen der Straße ein unnötiges,
aber doch angenehm theatralisches Leuchten verliehen.

Die anderen Jungs stiegen ebenfalls von ihren Motorinos und schälten sich die Rucksäcke von den schweißnassen
T-Shirts.

Der Erbsengrüne tippte Alice auf die Schulter und
meinte: »Ich frage mal, ob sie noch ein Zimmer für dich
haben.« Dann eilte er in eine winzige Sackgasse, die in so
viele rostige Brauntöne getaucht war, dass Alice nach ihrem
Handy suchte, um ein paar Fotos davon zu schießen. Die
neue Alice befahl der alten Alice, keine wertvolle Zeit damit

zu verschwenden, ihre Reise zu dokumentieren, doch sie tat es, um das Erlebte noch besser zu *erleben*.

Schau hin!, ermahnte sie sich. *Schau genau hin.*

Und Alice folgte ihrem eigenen Ratschlag. Die Via di San Simone bot tatsächlich einen unvergesslichen Anblick. Die Gasse war nur etwa zehn Schritte breit und circa dreißig Schritte lang, und direkt hinter Alice lag die Via dei Coronari, die schließlich an der Piazza di San Salvatore in Lauro und der Backsteinfassade der Kirche San Salvatore vorbeiführte. Links und rechts ragten zwei vierstöckige Villen empor, von denen bereits der Putz abbröckelte und deren Fassaden von mehreren Reihen gewölbter und gerader Fenster mit Eisengittern und staubigen Fensterläden durchsetzt waren. Darunter saßen die Stammgäste eines Ristorante an Eisentischen mit gefliesten Tischplatten und unterhielten sich angeregt.

Etwa fünfzehn Schritte vor ihr führte eine große, mit Travertin eingefasste, verwitterte und scheinbar uralte Steintreppe von dem kleinen Platz zu der Villa auf der rechten Seite hinauf und endete vor einer flaschengrünen Doppelflügeltür aus Holz, in die auf Kopfhöhe ein Gitter aus Gusseisen eingesetzt war. Auf Straßenniveau war die Treppe so breit, dass sie beinahe bis zur Mitte der Gasse reichte, doch auf ihrem Weg nach oben neigte sie sich immer mehr zur Seite und änderte den Winkel, sodass sie, oben angekommen, viel schmaler war.

Alice fragte sich, wie eine so wunderbare Komposition ohne die geringste Symmetrie und Planung zustande gekommen sein mochte. Sie fühlte sich benommen, und es war so heiß, dass ihr Kopf dröhnte. Sie schlüpfte aus ihrer Baumwollweste und wandte sich dem Geräusch fließenden Wassers zu. Hinter ihr befand sich, von zahlreichen kleinen, in Töpfe gepflanzten Büschen umgeben, ein grauer Eisenbrunnen in der Größe eines New Yorker Hydranten, aus dessen dünnem, gebogenem Ausguss das Wasser hervorsprudelte. Alice hielt die Hand unter den Strahl. Das Wasser war kühler als angenommen. Sie spritzte es sich ins Gesicht und erschauderte unwillkürlich, dann formte sie, ohne weiter darüber nachzudenken, mit den Händen eine kleine Schüssel und begann zu trinken.

»Das würde ich an deiner Stelle nicht tun«, rief der Typ mit dem blauen Rucksack.

Alice hielt inne, um sicherzugehen, dass sie gemeint war. Ja, tatsächlich.

Rick stand neben ihm und nickte nachdrücklich. »Du könntest Durchfall bekommen.«

Natürlich wusste Alice, dass es viele Städte gab, in denen es unerlässlich war, das Wasser abzukochen, bevor man es trank, doch sie war sich ziemlich sicher, dass Rom nicht dazugehörte. Selbst auf ihrer kurzen Fahrt durch die Stadt hatte sie bereits viele kleine Brunnen wie diesen hier gesehen. Und wenn man nicht daraus trinken konnte, wären sie doch alle vollkommen umsonst, oder nicht? Sie drehte sich um und trank weiter.

»Nein, wirklich!«, meinte Rick noch bestimmter. »Ich würde das echt sein lassen.«

Der blaue Rucksack schob seine John-Lennon-Brille die Nase hinauf und war scheinbar zu dem Schluss gekommen, dass es zweckdienlich wäre, Alice die körperlichen Folgen ihres unüberlegten Verhaltens zu veranschaulichen. »Zuerst bekommst du schreckliche Magenkrämpfe, und dann wird sich dein Inneres verflüssigen und du wirst … hey!«

Ein in schwarzes Leder gehüllter Ellbogen bohrte sich in seine Rippen und brachte ihn zum Schweigen.

Alice lachte, bekam Wasser in die Nase und hustete und spuckte.

Der blaue Rucksack rieb sich die Rippen und wandte sich beleidigt an Rick. »Ich wollte doch bloß …«

Doch er wurde erneut unterbrochen. Dieses Mal allerdings von Signor Giorgio Vincenzino, der gleich um die Ecke in einer Wohnung über einem Frisiersalon wohnte, den er selbst geführt hatte, bis ihn die Arthritis zur Frührente gezwungen hatte. Im Gegensatz zu vielen anderen Römern mochte Signor Giorgio Touristen, und ihm gefiel, wie die Stadt zu bestimmten Zeiten im Jahr vor lauter Leben aus allen Nähten platzte. Als er noch gearbeitet hatte, war er froh über die zusätzlichen Kunden gewesen, doch vor allem gefiel ihm die Andersartigkeit der Fremden. Und natürlich ganz besonders, wenn sie so attraktiv waren wie diese junge Dame – eine Engländerin oder Amerikanerin, wie er annahm –, die gerade versuchte, aus dem Straßenbrunnen in der Via di San Simone zu trinken.

»*Signorina! Signorina!*«

Alice wandte sich zu dem älteren italienischen Herrn mit den rabenschwarzen Haaren um, der gerade auf sie zukam. Sie dachte nicht eine Sekunde, dass er seine Haare färbte (was er tatsächlich jeden dritten Donnerstag nach der Morgenmesse tat), stattdessen fiel ihr auf, dass es viel zu heiß für einen dreiteiligen Anzug mit Krawatte war, egal wie leicht und tadellos geschnitten er sein mochte. Hätten sie ein Gespräch zu dieser Angelegenheit begonnen – was sie jedoch nicht taten –, hätte Signor Giorgio ihr auf das Heftigste widersprochen: Egal, wie heiß es war, für einen Mann war es einfach unerlässlich, angemessen gekleidet zu sein, wenn er in der Öffentlichkeit speiste, so wie Signor Giorgio es gerade mit seiner Cousine Alfreda in der wunderbaren und auch preiswerten Trattoria Da Tonino in der Via del Governo Vecchio getan hatte.

»Nein, nein. Sie müssen so trinken, sehen Sie?«, erklärte der Signore. Er blockierte das Loch am Ende des Ausgusses mit seinem Finger, sodass das Wasser etwas weiter oben aus dem Rohr schoss.

»Seht nur, der Brunnen wurde sogar eigens dafür angelegt, um daraus zu trinken.« Alice machte eine große Show daraus, wie sehr sie das herrlich kühle Wasser genoss.

Signor Giorgio wandte sich an die englischen Rucksacktouristen, die das Schauspiel beobachteten. »Wollt ihr es auch mal versuchen?«

»Oh, nein. *Grazie, signore.* Aber englische Männer sind äußerst empfindlich. Sie trinken Wasser nur zu Hause bei ihren Mommys aus der Leitung, sonst wird ihnen womöglich übel.«

Signor Giorgio verstand nicht alles, was das hübsche Mädchen gerade auf Englisch gesagt hatte, weil es einfach viel zu schnell sprach, aber er erkannte durchaus, dass es sich gerade einen Scherz auf Kosten der eifrig wirkenden jungen Männer erlaubt hatte.

Der coole Rick schob Alice aus dem Weg und trank, danach schob der blaue Rucksack Rick aus dem Weg und trank, ehe er selbst von dem pinken Poloshirt aus dem Weg geschoben wurde. Alice versuchte, sich noch einmal dazwischenzudrängen, doch der Typ mit dem pinken Poloshirt spritzte Wasser in ihre Richtung, und der blaue Rucksack schob sie mit dem Ellbogen zur Seite. In diesem Moment erschien der Erbsengrüne am Kopf der Treppe. »Los, kommt rauf!«, rief er zu den anderen hinunter.

An diesem Abend servierte Florentina die Pasta bereits um zwanzig Uhr fünfzehn. Sie führte ihre kleine Pension wie ein Uhrwerk, was manche auf ihre deutsche Großmutter zurückführten, und üblicherweise wurde das Abendessen pünktlich um einundzwanzig Uhr aufgetragen – die traditionelle Zeit in Rom –, doch nachdem sie gesehen hatte, dass sich einige der jungen Herren bereits den Bauch rieben, war ihr klar geworden, dass sie kurz vor dem Verhungern waren. Außerdem hatte sie, um ehrlich zu sein, später noch einen Termin mit ihrem Webdesigner, der aus der Pensione Florentina das Florentina B&B machen würde, und deshalb wollte sie das Abendessen so schnell wie möglich hinter sich bringen.

Florentina hatte sich mit dem Knoblauch und dem Chilipulver in der Fleischsauce zurückgehalten, denn sie wusste, dass die meisten jungen Herren aus England fade Geschmäcker bevorzugten. Sie war froh über die Anwesenheit des hübschen amerikanischen Mädchens, denn so zeigten sich die Männer von ihrer besten Seite. Sie hatte schon Gäste mit wirklich entsetzlichen Manieren beherbergt, vor allem Studenten, und es war nicht ungewöhnlich, dass bei Tisch ums Essen gestritten wurde. Florentina hasste den Anblick ihrer handgemachten Fettucine, die über den Tisch flogen. Doch diese jungen Herren hier waren anders. Sie waren angenehm ruhig. Vielleicht sogar ein wenig *zu* ruhig.

Alice saß am Esstisch und fühlte sich unbehaglich. Die Jungs verhielten sich wahnsinnig zurückhaltend, und sie wusste, dass es ihre Schuld war. Das hier war nicht die halbstarke, gesellige Gruppe, die sie am Flughafen kennengelernt hatte. Sie verstellten sich wegen ihr, und das wollte sie auf keinen Fall. Selbst der unausstehliche Kerl in dem pinken Poloshirt sagte kein Wort. Alice wünschte, sie wäre bei ihrem ursprünglichen Plan geblieben und in dem Hostel in der Nähe des Bahnhofs abgestiegen.

Irgendwann während des Abendessens ließ Rick den Blick über den Tisch schweifen und fühlte sich dabei ein wenig … nun, *unwohl* war wohl das beste Wort dafür. Er sah, dass seine Freunde auch nicht gerade in bester Verfassung waren. Vielleicht war es die Hitze. In Sheffield war es ziemlich kalt gewesen, und hier in Rom hatte man eher das Gefühl, in einem Backofen zu sitzen.

Das pinke Poloshirt legte die Gabel zur Seite und erklärte, er wäre satt. Neben ihm schlang der blaue Rucksack plötzlich die Arme um die Mitte und kippte mit dem Kopf nach vorn, sodass er beinahe mit dem Gesicht in die Pasta fiel. Dann fragte er mit panischem Gesichtsausdruck, ob es im Untergeschoss eine Toilette gäbe, und entschuldigte sich. Unmittelbar danach wollte das pinke Poloshirt wissen, ob es auch *oben* eine Toilette gäbe, und verschwand ebenfalls. Sie hörten, wie er eilig die Treppe hinaufrannte, und in diesem Moment erhob sich auch Rick mit verkrampftem Gesichtsausdruck und stürzte davon. Der Erbsengrüne folgte seinen Freunden.

Florentina wusste mit Sicherheit, dass es sich um keine Lebensmittelvergiftung handelte – zumindest nicht von ihrem Essen, gelobt sei Jesus Christus! –, denn dafür ging alles viel zu schnell. Alice hingegen wusste ganz genau, wer schuld an der Misere war. Ihr wurde übel. Nicht so übel wie den Jungs, sondern auf andere Art. Und so hörte sie zu, wie Toiletten gespült und Türen aufgerissen und zugeworfen wurden, und lauschte dem schmerzerfüllten Stöhnen, während sie darauf wartete, dass die Vergeltung über sie hereinbrach.

8

Die barmherzige Schwester der Via Margutta

»Wir täuschen uns über die Menschen, die wir lieben, immer zweimal, anfangs zu ihrem Vorteil, und später zu ihrem Schaden.«

ALBERT CAMUS, DER GLÜCKLICHE TOD

Die blauen Vorhänge waren zugezogen, und die Ärztin, die neben dem Bett stand, warf sich ihre glänzenden braunen Haare über die Schulter wie ein Model in einer Fernsehwerbung. Sie setzte einen dritten und letzten Stich an der Wunde auf Alecs Stirn, während er die bernsteinfarbenen Flecken in ihren haselnussbraunen Augen studierte und sich bemühte, nicht vollkommen unmännlich zusammenzuzucken.

»Atmen Sie! Sie atmen ja gar nicht«, tadelte die Ärztin ihn und konzentrierte sich dann wieder darauf, den Faden zu verknoten.

Alec fiel auf, dass er tatsächlich den Atem angehalten hatte. Er ließ die Luft aus seiner Lunge entweichen und erkannte überrascht, dass er sich sofort besser fühlte. Er spürte den ruhigen, warmen Atem der Ärztin auf seiner Stirn, ehe sie einen Schritt zurücktrat und ihre Aufmerksamkeit nicht mehr länger auf die Wunde, sondern auf den Mann vor ihr richtete.

»Vermutlich wird eine kleine Narbe zurückbleiben«, erklärte sie. »Aber diesem Gesicht macht eine kleine Narbe nichts aus.«

»Wollen Sie damit sagen, dass ich so hässlich bin, dass es keine Rolle mehr spielt?«, erwiderte Alec, der insgeheim gekränkt war, auch wenn er auf keinen Fall eitel wirken wollte.

»Nein, so habe ich das nicht gemeint«, antwortete die Ärztin und sah ihm dabei direkt in die Augen.

Alec spürte, wie sich etwas in seinem Körper regte und sein Herz plötzlich schneller schlug. Er lächelte, allerdings nur kurz, da es schmerzte.

»Wo wohnen Sie?«, fragte sie.

»Ähm … irgendwo bei der Piazza del Popolo.«

»Das ist ganz in der Nähe meiner Wohnung.«

In diesem Moment trat Meg mit zwei Espressi in weißen Plastikbechern hinter die Ärztin. »Ihr Englisch ist wirklich sehr gut!«, erklärte sie in einem Tonfall, der klarmachte, dass sie die Flirtversuche der Ärztin durchaus bemerkt hatte.

»Vielen Dank«, erwiderte die Ärztin. »Das kommt daher, weil ich aus England stamme.«

Alec beschloss, die beiden zu unterbrechen und sie lieber einander vorzustellen. »Meg, das ist Dr. Stephanie …«, er hielt inne, denn er konnte sich zwar an ihren Vor-, aber nicht mehr an den Nachnamen erinnern.

»Cope«, erklärte sie. »Stephanie Cope.«

»Dr. Cope, das ist meine Frau Meg.«

»Sie sind verheiratet«, stellte die Ärztin fest.

»Ja, und zwar miteinander!«, bestätigte Meg fröhlich.

»Das tut mir leid, ich hatte keine Ahnung.« Stephanie überlegte kurz, sich eine Nadel oder das nächstbeste Skalpell in die Pulsader zu rammen. *Wann werde ich endlich lernen, den Mund zu halten?*, dachte sie verzweifelt.

»Ach, das muss Ihnen doch nicht leidtun«, erwiderte Meg. »Wir sind wirklich sehr glücklich.«

Alle drei lachten, Meg am lautesten. Sie stürzte ihren Espresso hinunter und ließ dann einfach aus Prinzip auch noch den Inhalt von Alecs Becher folgen.

Während Dr. Stephanie Alecs Wunde verband, achtete er sorgsam darauf, sie nicht anzusehen.

»Ich würde die Fäden etwa in einer Woche entfernen«, meinte sie.

»Da sind wir schon wieder zu Hause«, erwiderte Meg.

»Wir bleiben nur einen Tag«, erklärte Alec.

»Sie bleiben nur einen einzigen Tag in Rom?«, fragte die Ärztin.

»Na ja, Sie wissen ja, wie wir Amerikaner sind, unsere Aufmerksamkeitsspanne ist sehr begrenzt«, sagte Meg und fragte sich, warum sie eigentlich nie eine Karriere als Stand-up-Comedian in Betracht gezogen hatte. Wieder lachten alle drei.

Dr. Cope stellte Alecs Entlassungspapiere aus, und nachdem ihre Schicht mittlerweile zu Ende war, bot sie an, Alec und Meg zu ihrem Hotel zu bringen. Alec wollte das Angebot annehmen, doch Meg lehnte kategorisch ab. Draußen im Wartezimmer trug Meg schließlich einem Krankenpfleger auf, ein Taxi zu rufen, und der Mann war so sprachlos, dass ihm gar nicht in den Sinn kam abzulehnen.

Vor dem Krankenhaus war der Himmel mittlerweile von einem intensiven Blau, das von der untergehenden Sonne noch mehr zum Leuchten gebracht wurde, und die Steine gaben die unter Tags gespeicherte Hitze ab. Meg und Alec warteten neben ihren Handgepäckkoffern auf der kleinen Fußgängerinsel inmitten des Parkplatzes, bis schließlich klar wurde, dass kein Taxi kommen würde. Meg versuchte, mit der Taxizentrale zu telefonieren, doch es antwortete ihr bloß ein Schwall hektisches Italienisch, von dem sie kein Wort verstand, und so legte sie schließlich auf. Kurz darauf rief sie noch einmal an und schrie ins Telefon, um die Person am anderen Ende der Leitung zu unterbrechen, die in einem fort redete, doch es hatte keinen Zweck. Irgendwann überredete Alec Meg, die kleine Brücke zu überqueren, die die Insel mit dem Rest der Stadt verband, und es entlang des belebten Lungotevere zu versuchen.

Auch wenn Alec ihr versicherte, dass es ihm gut ging, bestand Meg darauf, dass er sich auf ihren Koffern niederließ, während sie versuchte, ein Taxi heranzuwinken. Kurz darauf hielt ein taubenblauer Fiat 126 vor ihnen, und Dr. Cope kurbelte das Fahrerfenster hinunter. »Steigen Sie ein«, rief sie. »Um diese Uhrzeit bekommen Sie nie im Leben ein Taxi.«

Da war Meg allerdings anderer Ansicht, denn sie hatte die Erfahrung gemacht, dass sie in dem richtigen Kleid und den richtigen Schuhen jederzeit ein römisches Taxi bekam. Trotzdem nahm sie das Angebot mit einem Lächeln an.

Es wurde bald klar, dass Meg, Alec und ihr Handgepäck nur in das lächerlich kleine Auto passten, wenn Meg sich auf den Rücksitz zwängte und die beiden anderen die Koffer durch das Schiebedach über ihrem Kopf ins Auto stopften. Alec gab vor, besorgt um seine Frau zu sein, doch Meg wusste, dass er den Anblick genoss, wie sie zusammengekauert und mit dem Gesicht an das Seitenfenster gedrückt auf der Rückbank saß. *Das wirst du mir noch büßen*, dachte sie.

Stephanie navigierte das Auto durch den Verkehr wie eine Rallye-Fahrerin, und Meg vermutete, dass sie bestimmt eine jener nervtötenden Frauen war, die einfach alles einwandfrei beherrschten. Auf dem Beifahrersitz dachte Alec gerade dasselbe über die hübsche Ärztin, doch er fand es überhaupt nicht nervtötend.

»Das ist sehr nett von Ihnen«, erklärte er.

Stephanie warf ihm ein breites Lächeln zu. »Tatsächlich tun Sie *mir* einen Gefallen«, erwiderte sie. »Ich kann Ihnen gar nicht sagen, wie froh ich bin, wieder einmal Englisch reden zu können.«

»Was hat Sie denn nach Rom verschlagen?«, fragte Alec.

Dr. Stephanie seufzte. »Ich habe die letzten Jahre in einer Krankenstation im Gazastreifen verbracht, und danach habe ich in einem Waisenhaus in Bagdad gearbeitet«, erklärte sie. »Doch irgendwann war ich das Mitgefühl einfach leid – wenn man das so sagen kann –, und Rom schien mir der perfekte Ort, um mich wieder zu erholen. Ich weiß, das klingt sehr selbstsüchtig, nicht wahr?«

»Nein, überhaupt nicht«, erwiderte Alec und war froh, dass seine Frau zuhörte.

Selbst mit an die Seitenscheibe gepresstem Gesicht schaffte es Meg, die Augen zu verdrehen.

Der Fiat umfuhr das anmutige Oval der Piazza del Popolo und den antiken Obelisken in der Mitte, bevor er in die geschäftige Einkaufsstraße Via del Babuino einbog, in der sich Römer und Touristen gleichermaßen drängten. Normalerweise liebte Meg heiße Abende, doch im Moment hatte sie das Gefühl zu schmelzen.

»Und was führt Sie nach Rom?«, fragte Dr. Stephanie.

»Ja, was führt uns nach Rom?«, wiederholte Alec.

Meg hatte keine Ahnung, was er vorhatte. Er konnte der Ärztin den wahren Grund für ihr ... Wie hatte er es genannt? ... *geistloses und unbedeutendes* Vorhaben gestehen, um den Großmut der Frau auf dem Fahrersitz der Oberflächlichkeit der Frau auf dem Rücksitz gegenüberzustellen. Vielleicht schämte er sich aber auch zu sehr, um den banalen Grund ihrer Reise zuzugeben, und würde einfach etwas erfinden.

Beides kam in Megs Augen einer Niederlage gleich, sodass sie sofort das Wort ergriff, bevor Alec weitersprechen konnte. »Ich könnte Ihnen sagen, worum es geht, aber dann müsste ich Sie umbringen.« Es war ein lahmer Spruch, aber sie hatte angemessen gereizt geklungen. Nicht so gereizt, um gleich einen Streit vom Zaun zu brechen, aber dennoch angespannt genug, um den gewünschten Effekt zu erzielen.

»Oh, sehen Sie nur! Hier ist auch schon meine Straße. Nun, und jetzt auch Ihre«, rief Dr. Stephanie und deutete mit einer lässigen Handbewegung nach links, als sie von der Vicolo dell'Orto di Napoli in die Via Margutta bog. »Und dort drüben hat Fellini gewohnt.«

Ja, natürlich, dachte Meg. *Natürlich leben Sie in dieser wirklich wunderschönen Straße, in der einst der berühmte Filmregisseur Hof hielt. Natürlich.*

In diesem Moment erwachten die Straßenlaternen entlang der Via Margutta nacheinander flackernd zum Leben und machten damit alles nur noch schlimmer. Es war wirklich ein magischer Anblick.

»Und ich wohne in dem Haus dort«, erklärte Stephanie und deutete auf einen herrlichen, von Jungfernreben und violettem Blauregen umrankten Vorplatz. »Aber es ist bloß eine winzig kleine Einzimmerwohnung.«

Meg sah dennoch sofort eine weitläufige Rokoko-Suite mit eigenem, walnussvertäfeltem Ballsaal vor sich. Doch wenn sie angehalten hätten, um einen Blick hineinzuwerfen, hätte sie erkannt, dass Stephanie nicht übertrieb. Die Wohnung war wirklich winzig. Aber sie war auch wunderschön. Sie befand sich in einer ehemaligen Remise, die an die Grenzmauer im Garten einer Renaissancevilla gebaut worden war. Die Villa war schon vor langer Zeit in Wohnungen und Ateliers umgewandelt worden, die einst von Malern und Bildhauern bewohnt worden waren. Im Erdgeschoss befanden sich immer noch ein paar Kunstgalerien, doch das hier war nicht mehr länger eine Gegend für ums Überleben kämpfende Künstler, hier wohnten mittlerweile nur noch Menschen, die es sich leisten konnten.

Der Besitzer von Stephanies Wohnhaus hatte ihr die Einzimmerwohnung für eine sehr geringe Miete überlassen, in der Hoffnung, eine etwas intensivere Beziehung zu der hübschen Ärztin aufzubauen, vorzugsweise jeden Dienstag- und Donnerstagabend, wenn seine Frau beim Bridge war. Doch die aus dem kühlen England stammende Stephanie hatte keine Ahnung gehabt, welche wahre Bedeutung der südländische Pakt hatte, den sie, ohne es zu wissen, eingegangen war, und so lächelte und lachte sie bloß, als ihr Wohltäter die ersten Annäherungsversuche unternahm. Irgendwann gab er auf.

Das Auto schlängelte sich langsam durch die Fußgänger und näherte sich einem Wandbrunnen mit zwei Wasserspeiern auf einer rechteckigen Steinplatte, die ihm ein seltsam militärisches Aussehen verlieh. Als sie daran vorbeifuhren, sah Meg ein junges Mädchen, das gerade eine Champagnerflöte unter einen der Wasserspeier hielt und diese mit Wasser füllte. Zum ersten Mal kam ihr der Gedanke, dass in Rom nichts – nicht einmal die kleinste Geste – gewöhnlich wirkte. Sie fuhren an Antiquitätengeschäften, exklusiven Boutiquen, Juwelieren mit glitzernden Preziosen in geschickt beleuchteten Nischen und einer Galerie vorbei, in deren Schaufenster riesige Leinwände mit leuchtenden Farbspritzern ausgestellt waren.

»Hier sind wir«, erklärte Stephanie, während sie vor dem Hotel San Marco hielt, dessen Eingang von einer Reihe gepflegter Buchsbäume und Azaleen in Terrakottatöpfen gesäumt wurde. Alecs Blick wanderte die verwaschen gelbe Fassade des wunderschönen Palazzos empor, an der glänzende Weinreben emporwuchsen. Ein Portier in einem leichten grauen Seidenanzug öffnete ihnen die Türen und hob das Gepäck durch das Schiebedach, sodass Meg endlich wieder ihre verschwitzten Beine ausstrecken und vom Rücksitz klettern konnte.

Die Eleganz ihrer Ankunft ließ zu wünschen übrig, doch Meg war trotzdem sehr zufrieden mit ihrem Reiseziel.

»Ich habe morgen frei«, begann Stephanie. »Wenn Sie wollen, könnte ich …«

Meg unterbrach sie: »Wir werden wie die Wahnsinnigen herumhetzen, aber danke für das Angebot.«

Alec schüttelte Stephanies Hand und meinte: »Und danke für die Gehirnoperation.«

»Gehört alles zum Service«, erwiderte Stephanie. »Es war sehr nett, Sie kennenzulernen.«

»Danke gleichfalls«, sagte Alec, um dann ohne einen weiteren Blick auf seine Frau hinzuzufügen: »Wollen Sie vielleicht mit uns zu Abend essen?«

»Oh, Alec, die arme Dr. Stephanie will doch sicher lieber nach Hause und sich entspannen«, erklärte Meg fröhlich. »Außerdem haben wir noch nicht einmal eingecheckt.«

Stephanie verstand die Anspielung und verabschiedete sich.

»Vielleicht beim nächsten Mal«, sagte Alec noch.

Er sah zu, wie die Ärztin umständlich umdrehte und schließlich die Via Margutta hinunterfuhr. Dann ging er in das Hotelgebäude und gesellte sich zu Meg, die gerade eincheckte.

»Ich glaube, sie wäre gerne geblieben«, meinte er zu seiner Frau.

»Ich glaube, sie wollte Kinder mit dir, auch wenn nur Gott allein weiß, wie sie das zwischen dem Impfen der Waisenkinder und der Rettung der Rebellensoldaten noch untergebracht hätte«, erwiderte Meg und kramte in ihrer riesigen Vintagetasche von Gucci nach ihren Reisepässen.

»Es gefällt mir, wenn du eifersüchtig bist«, bemerkte Alec und wiederholte damit Megs eigene Worte. »Deine Stimme klingt dann irgendwie auf interessante Weise angespannt.«

Meg entschuldigte sich für einen Moment bei dem Portier. Dann holte sie tief Luft und wandte sich an ihren Ehemann. Sie rief sich die bisherigen Ereignisse des Tages in Erinnerung – sie war um die halbe Welt geflogen und hatte gerade noch einen Autounfall überlebt, an dem sie teilweise, wenn nicht sogar zur Gänze die Schuld trug, und im Zuge dessen eine unersetzliche und nicht versicherte chinesische Vase zu Bruch gegangen war und ihr Ehemann sowie ein fettleibiger, achtfacher Vater, der nebenbei als Kurier arbeitete, beinahe getötet worden wären. Danach war sie mit dem Krankenwagen ins Krankenhaus gebracht worden, wo sie anstatt von einer Schwester von einem haarigen Pfleger versorgt worden war. Sie war müde und hungrig und sehnte sich nach einer Dusche, und sie scherte sich einen Dreck um so eine englische Kuh, die um die Welt flog, um die Menschheit zu retten.

Sie wollte Alec gerade all das an den Kopf werfen, als sie sich plötzlich eines Besseren besann. Also lächelte sie nur und meinte: »Lass uns erst einmal einen Aperol Spritz trinken, in Ordnung?«

9

Ponte Sant'Angelo

*»Da ist ein Land der Lebenden und ein Land der Toten,
und die Brücke zwischen ihnen ist die Liebe – das einzig
Bleibende, der einzige Sinn.«*

THORNTON WILDER, DIE BRÜCKE VON SAN LUIS REY

Im Mittelalter kamen Unmengen an Pilgern aus ganz
Europa nach Rom. Als Teil ihrer heiligen Pilgerreise zum
Petersdom strömten sie auch durch die Via dei Coronari,
um von den Straßenhändlern Rosenkränze – *coronari* – zu
kaufen. Danach überquerten sie den Fluss über die Ponte
Sant'Angelo und machten sich durch das Labyrinth der
Straßen auf den Weg in den Vatikan. Kurz bevor sie die
Brücke erreichten, stießen sie jedoch auf eine Gruppe Häuser und einen römischen Rundbogen, an dem sich die Straße
verengte, sodass die Menge, die an geschäftigen Tagen hin-
durchdrängte, oftmals zum Stillstand kam. Dabei gerieten
die Pilger manchmal in Panik und schoben und drückten
einander auf sehr unchristliche Art und Weise beiseite.

So war es auch an jenem furchtbaren Tag im Jahr 1450,
den ich niemals vergessen werde. Zu jener Zeit war das
Schweißtuch der Veronika eine sehr bekannte Reliquie –

Veronika hatte dem Erlöser auf seinem Weg nach Golgatha ihr Tuch gegeben, um sich Blut und Schweiß abzuwischen, woraufhin sich dessen Gesicht auf dem Stoff abgezeichnet hatte – und so stark in der christlichen Kultur verankert, dass Tausende in den Vatikan strömten, wenn es öffentlich zugänglich war. Und das war regelmäßig der Fall.

An diesem speziellen Tag machte das Gerücht aus dem Vatikan die Runde, dass das Schweißtuch bald nicht mehr zu sehen sein würde. Die Pilger gerieten in Panik und eilten in Massen zum Petersdom, um nicht eine der Hauptattraktionen zu verpassen. Als sie schließlich die Brücke erreichten, kam es um den Bogen zu einem solchen Gedränge, dass Menschen zu Boden geworfen und niedergetrampelt wurden. In ihrer Verzweiflung drängte die Menge weiter auf die Brücke, deren Brüstungen dem Druck nicht standhielten, sodass zahllose Pilger in den Tiber stürzten. Am Ende waren über hundert Menschen tot – zertrampelt oder ertrunken –, und unter ihnen befand sich auch ein Romamädchen namens Angela.

Angela war einer meiner »Schützlinge« gewesen. Sie hatte kurz zuvor ihren Ehemann verloren und musste sich nun um einen einjährigen Sohn und ihren kranken Vater kümmern. Ich war gerade dabei gewesen, eine Romanze zwischen ihr und einem Töpfer namens Melozzo einzufädeln, als etwas Außergewöhnliches passierte: Sie verzauberte mich. Ihr direkter, ehrlicher Blick zog mich in seinen Bann, und so besuchte ich immer wieder Melozzos Fliesenwerkstatt, in der sie arbeitete.

Eines Abends wollte Angela gerade den Laden abschließen, als sie plötzlich innehielt und dem leeren Raum und den Unmengen an aufgestapelten Fliesen erklärte: »Ich gehe, weil ich weiß, dass ich zurückkehren werde.« In diesem Moment beschloss ich, die bescheidene Werkstatt zu meinem Stützpunkt und meinem Zuhause zu machen und dort zu warten, bis Angela wiederkam.

Am nächsten Tag brachen die Brüstungen der Brücke, und sie ertrank zusammen mit über hundert anderen Menschen im Tiber.

Als Konsequenz dieses schrecklichen Verlustes an Menschenleben ließ Papst Sixtus IV. Jahre später den Rundbogen und die Gebäude am Eingang der Brücke abreißen. Das war eine weise Entscheidung: Die Anzahl der Pilger wuchs stetig, doch die Tragödie wiederholte sich nicht. Mit der Zeit konnte sich niemand mehr an einen einzigen Namen der damals Verunglückten erinnern. Niemand außer mir.

Schließlich gelang es mir auf Umwegen, Papst Clemens VII. davon zu überzeugen, eine Reihe von Statuen in Auftrag zu geben, die die Apostel und einige Propheten darstellten und die Brücke zur Ehre der Toten bewachen sollten. Dort standen sie einhundert Jahre und erinnerten an Angela, doch irgendwie war auch das noch nicht genug.

Als Papst Clemens IX. schließlich den brillanten Gian Lorenzo Bernini beauftragte, die Statuen aus Stuckmarmor durch zehn aufsehenerregende Marmorengel zu ersetzen, dachte er, er allein wäre auf diese Idee gekommen. Natürlich ist mir bewusst, dass diese Behauptung haarsträubend ist, vor allem wenn man bedenkt, dass Clemens nicht mehr länger unter uns weilt, um mir zu widersprechen, doch die Inspiration war tatsächlich mir und den neu verlegten Bodenfliesen in seinem Schlafgemach geschuldet. Und ich sage das auch nicht, um besonders klug oder mächtig zu erscheinen, sondern bloß, um Ihnen zu erzählen, wie es wirklich war.

Die Brücke mit den Wache stehenden Engeln geleitet auch noch sechs Jahrhunderte später Massen von Pilgern in den Vatikan. Und eines steht außer Frage: Wenn es eine

Brücke gibt, die aus wahrer Liebe errichtet wurde, dann ist es diese. Deshalb ist die Ponte Sant'Angelo unter den Geistern Roms auch als Ponte d'Angela bekannt.

Constance und Lizzie gingen gerade die Via di Panico entlang, als sie plötzlich ein riesiges Paar Flügel entdeckten und mit einem Mal wussten, dass sie bald am Ziel angelangt sein würden. Die Brise, die vom Fluss her wehte, brachte eine angenehme Erleichterung in der Hitze der Dämmerung und kühlte ihre Kleider, die feucht vom Schweiß waren. Lizzie bot zum dritten oder vierten Mal an, Constance Henrys Karton abzunehmen, den diese in einer Harrods-Tasche mit sich schleppte, doch ihre Schwägerin lehnte erneut ab.

Sie blieben vor der Methodistenkirche Ponte Sant'Angelo stehen und lauschten einem Spinto-Sopran, der im Inneren der Kirche Puccini sang. Constance stellte die Harrods-Tasche ab, um sich auszuruhen. Dann überquerten sie den Lungotevere Tor di Nona und hielten erneut einen Moment lang an, um die Brücke auf sich wirken zu lassen.

Ein kleinwüchsiger, nach vorn gebeugter älterer Mann schlurfte auf sie zu. In der einen Hand hielt er einen Gehstock, in der anderen eine leere Kappe, die er Constance entgegenhielt, während er sie zahnlos anlächelte.

»Einer dieser Roma«, flüsterte Lizzie und vermied es, den Mann anzusehen.

»Das weiß ich«, erwiderte Constance und umklammerte ihre Harrods-Tasche.

»Gib ihm ja kein Geld«, sagte Lizzie. »Sonst verfolgt er uns womöglich.«

Constance folgte dem Rat ihrer Schwägerin, was eigentlich vollkommen untypisch für sie war. »*Mi dispiace. Buonasera*«, erklärte sie dem Mann.

Dieser verbeugte sich tief, drehte den Kopf, damit er Constance in die Augen sehen konnte, lächelte erneut und erwiderte ihren Gruß ohne ein Anzeichen von Wut oder Enttäuschung.

Lizzie fühlte sich augenblicklich schlecht. Warum hatte sie Constance davon abgehalten, ihm etwas zu geben? Was hätte es schon geschadet, wenn sie ihm ein paar Euro zugesteckt hätten? Einen Moment lang überlegte sie, ob sie ihm nachlaufen sollte, doch dann fiel ihr ein, dass sie wichtigere Dinge zu erledigen hatten.

Henry hatte verfügt, dass seine Asche von der Ponte Sant'Angelo in den Tiber gestreut werden sollte, und nun waren sie endlich hier. Die alten Damen gingen bis zur Mitte der Brücke. Constance stellte die Harrods-Tasche auf der Balustrade ab und nahm Henrys Karton heraus. Die Sonne stand tief am Himmel, die Luft war drückend heiß und honiggelb, und eine etwas kühlere Brise zauberte sanfte Wellen auf die Oberfläche des Tibers.

Der Augenblick war perfekt. Lizzie legte ihre Hand auf Constances.

»Ich werde nie vergessen, wie wir Angus Millingtons Asche in Dover ins Meer streuten«, meinte Constance plötzlich. »Es war ein herrlicher Tag. Keine Wolke am Himmel und beinahe windstill – bis Daphne die Asche aus der Urne kippte. In diesem Moment kam plötzlich eine riesige Böe, und Angus verteilte sich über uns. Wir hatten ihn in unseren Nasen und in den Ohren. Daphne war natürlich entsetzt, das waren wir alle. Doch am Ende haben wir darüber gelacht.«

Das war nicht der ehrwürdige Moment, den sich Lizzie gewünscht hatte, um die Asche ihres Bruders zu verstreuen. Sie warf einen Blick auf Constance und fragte sich, was wohl gerade in ihr vorging.

»Ich weiß, es ist jetzt nicht der beste Augenblick, um dir davon zu erzählen«, gab Constance zu. »Aber wir sollten trotzdem sichergehen, dass wir die Asche nicht gegen den Wind ausschütten.« Sie warf einen Blick auf Lizzies Haare, die sich aus einer Haarklammer gelöst hatten und vor ihrem Gesicht wehten. »Oh, gut. Alles in Ordnung. Der Wind kommt von hinten.«

»Constance?«

»Ja, mein Mädchen?«

»Ist alles in Ordnung?«

»Ich bin ein bisschen nervös.«

»Natürlich bist du das, Schätzchen.«

Lizzie tätschelte aufmunternd Constances Rücken.

Constance wandte sich ab. Henrys Karton stand noch immer auf der Balustrade der Brücke, doch sie machte keine Anstalten, ihn zu öffnen.

»Soll ich dir helfen?«, fragte Lizzie.

»Nein, nein. Los geht's.«

Constance packte Henrys Karton und lehnte sich so weit wie möglich über die Brüstung, und Lizzie fragte sich einen Moment lang, ob sie das ganze Ding auf einmal in den Fluss werfen wollte.

»Der Deckel ist noch zu«, meinte sie sanft.

Constance nickte, und Lizzie sah sich um. Sie hatten zwar die offizielle Genehmigung, Henrys Asche nach Italien zu bringen, doch sie hatten nicht um Erlaubnis gebeten, sie in den Tiber zu streuen.

Und sie hatte jetzt wahrlich keine Lust, mit der Polizia di Stato, den Carabinieri, der Guardia di Finanza, der Polizia Penitenziaria, dem Corpo Forestale dello Stato, der Polizia Provinciale oder der Polizia Municipale in Konflikt zu geraten.

»Warten wir auf etwas Bestimmtes, Schätzchen?«, fragte Lizzie.

»In wenigen Sekunden, wenn die Sonne etwas tiefer steht – ah, ja, genau so! –, taucht sie die Engel in rotes Licht.«

Lizzie wandte sich den zehn weißen Bernini-Engeln zu, die über ihnen aufragten. Der Sonnenuntergang hatte sie bereits rosa gefärbt, doch nun brannte die Sonne am Horizont, und sie leuchteten in einem flammenden Rot. Lizzie hielt den Atem an, während sie dieses Wunder verfolgte.

Das war der richtige Moment.

Doch nichts geschah. Lizzie musste ihre Schwägerin nicht ansehen, um zu wissen, dass sie sich nicht von der Stelle gerührt hatte. Kurz darauf verblassten die Statuen wieder. Lizzie richtete den Blick auf den Horizont, während die Sonne langsam damit verschmolz. Endlich öffnete Constance den Deckel des Kartons. Dann hielt sie erneut inne.

»Ich helfe dir«, sagte Lizzie. »Wir machen es gemeinsam.«

»Noch nicht«, erwiderte Constance.

Lizzie legte vorsichtig die Hände auf den Deckel von Henrys Karton. Constance versuchte, ihn ihr zu entziehen, doch Lizzie hielt ihn fest.

»Ich kann nicht«, erklärte Constance schlicht.

»Es wird bereits dunkel«, erwiderte Lizzie bestimmt.

Sie zog an dem Karton und spürte, wie Constance dagegenhielt. Dann packte diese ihn ohne Vorwarnung und versuchte, ihn an sich zu reißen. Lizzie hatte jedoch nicht vor, ihn loszulassen, und so verharrte der Karton direkt zwischen ihnen, im Gleichgewicht gehalten von zwei gleich starken, aber dennoch entgegengesetzten Kräften. Lizzie zog ruckartig an dem Behältnis, um das Gleichgewicht zu durchbrechen, und Constance taumelte überrascht zurück, ehe sie ihn Lizzie aus den Händen riss.

»Hör auf damit!«, schrie Constance.

Lizzie fühlte sich, als wäre sie aus einer Trance erwacht. »Es tut mir leid, Schätzchen. Es tut mir so leid.«

»Morgen. Können wir morgen wiederkommen?«, fragte Constance. »Am Tag? Im Hellen?«

»Ja, natürlich«, erwiderte Lizzie. »Wir kommen morgen wieder.«

Zurück am Lungotevere winkten die beiden alten Damen ein Taxi heran und fuhren dann quer durch die Stadt zum Hotel Montini. Die Rezeption war leer, sodass sie kein Abendessen bestellen konnten. Es spielte keine Rolle, sie waren ohnehin zu müde, um etwas zu essen. Zurück auf dem Zimmer nutzte Lizzie den Wasserkocher auf der *credenza*, um ihnen zwei Tassen Tee zuzubereiten, während Constance die Balkontüren öffnete, die auf die Dachterrasse hinausführten, um etwas kühlere Luft ins Zimmer zu lassen. Sie tranken schweigend ihren Tee, und schließlich legte sich Constance ins Bett, ohne noch viel zu sagen.

Lizzie lag im Bett und sah zu, wie Constance schlief – oder zumindest so tat. Sie war verletzt und verwirrt, aber sie wusste, dass es nun vor allem ihre Pflicht war, ihrer Schwägerin beizustehen, die immerhin den größeren Verlust erlitten hatte. Im Gegensatz zu Constance hatte Lizzie nie eine Beziehung zu einem Mann gehabt, der die Bezeichnung »die Liebe meines Lebens« verdient gehabt hätte. Sie hatte Henry und Constance oft um die Leidenschaft beneidet, die sie verband, aber natürlich gab es für alles einen Preis. Und nun musste Constance ihn bezahlen.

Als die Sonne wieder aufging, schien es, als würde der neue Tag etwas kühler werden als der vergangene, doch in Rom war das immer schwer zu sagen.

Lizzie, die kaum geschlafen hatte, duschte eilig und begann dann, die verblühten Pelargonien auf der Terrasse auszudünnen, während Constance eine scheinbare Ewigkeit im Badezimmer brauchte. Als sie endlich herauskam, wirkte sie übereifrig. »Ich habe einen hervorragenden Platz gefunden, an dem wir unsere Unterwäsche trocknen können«, sagte sie.

»Ach, wie wunderbar«, erwiderte Lizzie.

»O Gott«, meinte Constance.

»Was?«

»Ich klinge wie eine alte Schachtel.«

»Wir *sind* alte Schachteln«, erwiderte Lizzie.

Constance lachte, Lizzie lachte ebenfalls und war überrascht, wie erleichtert sie war, dass das Gleichgewicht zwischen ihnen wiederhergestellt war.

Bronco klopfte mit dem Frühstückstablett an die Tür. Er wusste, dass es albern war, wütend zu sein – das hier war immerhin sein Job –, aber er war es dennoch. Die beiden alten Frauen aßen sicher kaum etwas, sodass es eigentlich sinnlos war, ihnen überhaupt etwas zu bringen. Auf Lizzies Anweisung hin servierte er das Frühstück auf der Terrasse.

Als er fort war, ließ sich Constance am Tisch nieder und wappnete sich innerlich für das unausweichliche Gespräch, das nun folgen würde. Sie wusste, dass sie Lizzie eine Entschuldigung und eine Erklärung schuldete, und überlegte gerade, wie sie beginnen sollte, als Lizzie den Stier auch schon an den Hörnern packte.

»Gestern Abend auf der Brücke. Was war da los?«

»Kaffee?«, fragte Constance und drückte steif den Rücken durch.

Lizzie nickte, und Constance goss ein. Ihr Arm schmerzte – vermutlich hatte sie Henry zu lange in der Harrods-
Tasche herumgeschleppt.

»Gestern Abend … gestern Abend …«, begann Constance und klang dabei wie das naive kleine Mädchen, das
sie nie gewesen war.

»Du hast dich ziemlich eigenartig verhalten, weißt du?«,
meinte Lizzie, die nicht vorhatte, Constance so einfach
davonkommen zu lassen.

»Ich weiß«, erwiderte diese. Dann hielt sie inne und ent-
schied, anders zu beginnen. »Gestern Abend auf der Brücke
ist mir etwas bewusst geworden. Mir ist bewusst geworden,
dass die Gründe dafür, warum Henry wollte, dass wir seine
Asche in den Fluss streuen, nicht … hm, wie soll ich es sagen?«

»Ich habe keine Ahnung, aber du hast meine ungeteilte
Aufmerksamkeit«, erwiderte Lizzie trocken. *Befinden wir
uns jetzt plötzlich in einem Roman von Agatha Christie, oder
wie?*, dachte sie.

»Ich glaube, es gab vielleicht einen bestimmten Grund,
warum wir die Asche von der Brücke streuen sollen«, meinte
Constance.

»Na ja, immerhin habt ihr euch auf dieser Brücke kennengelernt.«

»Ja, aber ich glaube, dass mehr dahintersteckt«, erwiderte
Constance. »Und ich glaube, bevor wir Henry heute zu der
Brücke bringen, sollten wir einer kleinen Kirche in der Nähe
des Campo de' Fiori einen Besuch abstatten. Vermutlich ist
dort der beste Ort, um … Zucker?«

»Ja, bitte«, sagte Lizzie und rückte auf ihrem Stuhl nach
vorn. »Der beste Ort, um …?«

»… dir alles zu erklären«, entgegnete Constance, nahm
die silberne Zange und hob ein Stück Würfelzucker hoch.

10

Via di San Simone

»*Was für ein lächerlicher Fremdling auf Erden ist der, der über irgendein Ereignis in seinem Leben erstaunt.*«

MARC AUREL, SELBSTBETRACHTUNGEN

Florentina war erst in den frühen Morgenstunden in ihre Pension zurückgekehrt, die bald in ein Bed and Breakfast umgewandelt werden und ein herrliches sonnengelbes und dunkeloranges Logo bekommen sollte. Die Besprechung mit dem Webdesigner hatte amourös geendet, und sie hatten sich leidenschaftlich auf dem Boden zwischen dem Schlafsofa seiner Mutter und dem Couchtisch seiner Großmutter geliebt. Florentina hatte das kleine Intermezzo sehr genossen, auch wenn sich ein beiseitegeschobener Schuh ihres Liebhabers währenddessen äußerst unangenehm in ihre Wirbelsäule gebohrt hatte.

Als Florentina am nächsten Morgen aufwachte, merkte sie sofort, dass die Schmerzen schlimmer geworden waren. Sie schaffte es gerade noch, sich seitwärts aus dem Bett zu rollen, in die Küche zu gehen und einige Lebensmittel für das Frühstück auf den Tisch zu stellen, damit sich ihre Gäste selbst bedienen konnten. Dann kritzelte sie eine kurze Nachricht, die die jungen Leute aufforderte, genau das zu tun, und schlich zurück ins Bett, wobei sie unabsichtlich die Tür hinter sich zuknallte.

Das Geräusch weckte Alice, die sich daraufhin auf den Weg in das Gemeinschaftsbad machte, um zu duschen. Es war leer, doch der unverwechselbare Geruch einer vom Durchfall gezeichneten Nacht hing noch immer in der Luft. *Geschieht mir ganz recht*, dachte sie. Sie öffnete das Fenster so weit wie möglich und duschte so schnell wie noch nie zuvor in ihrem Leben.

Rick erwachte von dem Klirren des Geschirrs in der Küche direkt unter seinem Zimmer. Er hatte vage gehört, dass seine Freunde die ganze Nacht über immer wieder ihre Zimmer verlassen mussten, doch abgesehen von einem furchtbaren Gang zur Toilette war er offensichtlich verschont geblieben. Er schlüpfte schnell in seine Kleider, ging die Treppe hinunter und war hocherfreut, als er Alice entdeckte, die gerade eine halbe Orange in einem Metallding ausdrückte, das aussah wie eine Rakete. Auf dem Tisch standen ein Korb mit grob geschnittenem Brot, ein Teller mit einem großen Stück Käse und etwas Cabanossi oder Salami (Was war eigentlich der Unterschied?) sowie ein weiterer mit glasiertem Gebäck.

Sein Blick fiel auf die Nachricht auf dem Tisch. »*Bedent euch!*« – es fehlte zwar ein »i«, aber er hatte trotzdem vor, genau das zu tun. Er räusperte sich, um Alice auf sich aufmerksam zu machen.

Sie wandte sich zu ihm um. »Guten Morgen! Wie geht es den anderen? Willst du etwas Orangensaft? Haben wir jetzt alle die Ruhr?«

»Sieht so aus, als wären du und ich die einzigen Überlebenden. Und ja, bitte.«

»O Gott, ich fühle mich so mies«, erklärte Alice und hielt zwei Gläser in die Höhe. »Groß oder klein?«

»Das musst du nicht. Klein«, erwiderte Rick. »Sieh es einfach als Chance.«

»Wofür?«, fragte Alice, während sie Orangen auspresste.

Sie lauschten kurz der Eingangstür, die sich öffnete und danach wieder ins Schloss fiel.

»Dass wir beide uns besser kennenlernen«, erwiderte Rick. »Wie wäre es mit einem Trip zum Kolosseum?«

Sein Kumpel mit dem grünen T-Shirt, der eigentlich August Clutterbuck hieß, trat mit einer Zwölferpackung Toilettenpapier durch die Tür. August hatte im Oktober Geburtstag, und er hatte nie verstanden, warum er August getauft worden war. Er hatte sich einmal bei einem Abendessen im Kreis der Familie darüber beschwert, doch sein Großvater hatte nur konsterniert die Augen zusammengekniffen und gemeint: »Aber Oktober wäre doch ein wahrhaft lächerlicher Name für einen Jungen.« Danach hatte es August aufgegeben. Vor dem Schulabschluss hatte er eine Zeit lang versucht, seine Freunde zu überreden, ihn Gus zu nennen, doch der Spitzname hatte sich leider nicht durchgesetzt.

Nun stand er vor Alice und wurde sich mit einem Mal bewusst, dass er eine Packung Papier umklammert hielt, die dazu gedacht war, sich den Hintern abzuwischen. Er überlegte, sie hinter seinem Rücken zu verstecken, doch dann beschloss er, dass es nur unnötige Aufmerksamkeit erregen und vermutlich auch ziemlich seltsam wirken würde. Außerdem bereute er, dass er heute schon wieder ein grünes T-Shirt anhatte, das beinahe gleich aussah wie jenes, das er gestern getragen hatte. Jetzt sah es sicher so aus, als wäre er einer jener Männer, die sich niemals wuschen oder umzogen.

Natürlich konnte er nicht wissen, dass Alices scharfes

Auge bereits erkannt hatte, dass sein grünes T-Shirt heute eine Spur dunkler und auch ein wenig blauer war als das gestrige.

»Macht es euch etwas aus, wenn ich mitkomme?«, meinte er.

»Hey«, erwiderte Rick enttäuscht. »Ich dachte, du wärst ...«

»Nö«, erklärte August. »Ich war nur kurz unterwegs, um Nachschub für die Jungs zu besorgen.«

Alice reichte Rick den Orangensaft und bot an, auch ein Glas für August auszupressen. Er lehnte ab, fügte jedoch noch die Worte »freundlich« und »großzügig« zu seiner immer länger werdenden Liste der positiven Eigenschaften des wunderschönen Mädchens vor ihm hinzu. Dann eilte er schnell die Treppe hoch, um seinen Einkauf abzuliefern, ehe er wieder in die Küche zurückkehrte.

Normalerweise frühstückte Alice nur wenig, doch heute hatte sie einen Bärenhunger und gönnte sich ein großes Stück Weißbrot mit herrlich weißer, europäischer Butter, einem großen Stück Käse und etwas Salami. Sie stellte sich vor, wie ihre Mutter angesichts der Unmengen an Kohlehydraten und Fett den Kopf schüttelte, und war ziemlich zufrieden mit sich.

Rick versuchte weiterhin, sie zu einem gemeinsamen Besuch des Kolosseums zu überreden, doch sie zögerte. Er wechselte den Platz und ließ sich direkt neben ihr nieder. Er berührte sie nicht, doch seine Körperhaltung verlangte volle Aufmerksamkeit. »Komm schon«, meinte er.

»Ich muss meinen Zug um zwei Uhr erwischen«, antwortete sie.

»Aber deshalb musst du doch nicht den halben Tag am Bahnhof herumsitzen.«

Rick sah August um Unterstützung heischend an. Alices Blick wanderte ebenfalls zu ihm. Er erwiderte ihn und spürte sofort, wie er rot wurde. Er hielt an der unwahrscheinlichen Hoffnung fest, dass die Röte in seinen Wangen nicht so schlimm war, wie sie sich anfühlte, doch nachdem Alice nun einmal war, wie sie war, hatte sie natürlich bereits die genaue Schattierung des Rottons erfasst. Zu ihrem Entsetzen spürte sie, dass sie ebenfalls rot wurde, weshalb sie sich schnell erhob und ans Spülbecken trat, um das Frühstücksgeschirr abzuwaschen. Warum war die neue Alice heute Morgen eigentlich nirgendwo zu sehen? Wo war sie bloß?

Florentina stolperte mit einer Hand auf dem Rücken durch die Tür, sah, dass Alice bereits den Abwasch erledigte, und erklärte, was für ein wunderbares Mädchen sie doch wäre. Sie ließ sich mit einem Stöhnen auf einen der Stühle sinken und fragte Alice, ob sie vielleicht so freundlich wäre, ihr eine Tasse Kaffee zu machen. Sie erklärte ihr, wie sie die Espressokanne aus Aluminium mit frisch gemahlenem Kaffee und Wasser füllen, sie wieder verschließen und schließlich auf die heiße Herdplatte stellen musste. Während Florentinas langwierigen und manchmal etwas verwirrenden Ausführungen überredeten die beiden Jungs Alice schließlich, sich in fünfzehn Minuten vor der Pension mit ihnen zu treffen.

Als die beiden nach oben gingen, um nach ihren beiden Freunden zu sehen, meinte Florentina plötzlich: »Sei vorsichtig mit ihm.«

»Mit wem? Mit Rick?«, fragte Alice. »Ich glaube, er ist ziemlich harmlos.«

»Nein, ich meinte nicht den Casanova«, erwiderte Florentina. »Sondern den anderen. Den Echten.«

Alice musste Florentina nicht bitten, ihr zu erklären, was sie mit »dem Echten« meinte. Sie wusste es auch so. »Aber warum soll ich vorsichtig sein?«

»Dass du ihm nicht das Herz brichst.«

»Aber warum sollte ich ...« Alice brach vollkommen verwirrt ab. »Wie sollte ich ihm denn das Herz brechen?«

Florentina lächelte und verdrehte die Augen. Dann begann die Espressokanne zu gurgeln und versprach frischen Kaffee.

Der Himmel war strahlend blau, und es wurde immer heißer. Rick und August lenkten ihre Motorinos an den Fuß der Treppe und saßen kameradschaftlich schweigend zusammen, während sie auf Alice warteten.

Nach einigen Minuten räusperte sich August und meinte so lässig wie möglich: »Vielleicht will sie heute lieber mit mir mitfahren. Du weißt schon, zur Abwechslung.«

»Ich habe sie zuerst gesehen«, erwiderte Rick und brachte damit die Rivalität zwischen ihnen sofort auf den Punkt.

Alice erschien am oberen Ende der Treppe. »Soll ich meinen Rucksack gleich mitnehmen?«, rief sie über das Tuckern der beiden kleinen Motoren hinweg.

»Den können wir später noch holen«, rief Rick zurück.

Alice zuckte zustimmend mit den Schultern. Dann richtete sie den Blick einen Moment lang in den coelinblauen Himmel. Das Licht war heute Morgen klarer, und das Rostbraun der umliegenden Häuser wirkte leuchtend ockerfarben und orange.

Während Alice die Treppe herunterkam, meinte August leise zu Rick: »Lassen wir sie selbst entscheiden.«

»Was soll ich selbst entscheiden?«, fragte Alice, die ihn offensichtlich gehört hatte.

»Mein *compadre* hier will, dass du heute mit ihm einen Ritt wagst«, erklärte Rick und grinste siegessicher.

»Oh«, sagte Alice.

»Nein, ich meinte bloß ...«, setzte August zu einer Erklärung an, doch Rick unterbrach ihn.

»Also, bei wem willst du aufsteigen?«, fragte er.

Die neue Alice, die den ganzen Morgen über geschlafen hatte, war plötzlich hellwach. Ihr Blick wanderte von August zu Rick, von Rick zu August und wieder zurück zu Rick. Dann wandte sie sich an August, der einen Moment lang dachte, sie wäre das wunderschönste Wesen, das er jemals gesehen hatte. *Präg dir diesen Anblick für immer ein*, mahnte er sich.

»Seins ist größer«, erklärte sie, und tatsächlich war Ricks Motorino ein wenig länger und breiter. August spürte, wie er erneut rot wurde. Glücklicherweise ließ Rick schon einen Sekundenbruchteil später seinen Motor aufheulen, um Alice aufzufordern, endlich aufzusteigen, was sie auch tat. Sie hatte auch dieses Mal gemerkt, dass August rot geworden war, doch sie hatte es irgendwie geschafft, nicht ebenfalls zu erröten.

August sah zu, wie Alice die Arme um Rick schlang.

In diesem Moment krümmte dieser sich vor Schmerz, stöhnte und stellte das Motorino ab.

Alice legte ihm besorgt eine Hand auf die Schulter, doch er war zu sehr mit sich selbst beschäftigt, um es zu bemerken.

»Der arme Rick«, erklärte August wenig überzeugend, während dieser vornübergebeugt die Treppe hochstolperte.

»Meinst du, wir sollten ...«, begann Alice.

»Ich werde nur kurz ...«, erwiderte August.

Er stieg ab und folgte Rick ins Innere des Hauses. Alice

blieb einen Augenblick lang sitzen, ehe sie beschloss, sich ebenfalls auf den Weg zu machen. Als sie an der Haustür angekommen war, kam August ihr entgegen. »Ich glaube, er würde jetzt lieber allein sein«, erklärte er. »Tatsächlich bin ich mir sogar ziemlich sicher.«

Alice nickte, dann warfen sie sich einen peinlich berührten Blick zu. Die neue Alice wurde augenblicklich wütend auf die alte Alice, weil sich diese so jämmerlich verhielt. Sie wusste doch genau, wie sie mit den anderen Jungs umgehen musste, also was war bei diesem hier anders? Warum hatte Florentina vorhin diese Bemerkung gemacht? Und was spielte es überhaupt für eine Rolle? In wenigen Stunden würde sie weiterziehen und ihn nie wiedersehen.

»Also, was willst du jetzt machen?«, fragte sie forsch.

»Oh, ich dachte ... willst du denn nicht ...?«, stotterte August.

»Zum Kolosseum?«, fragte Alice. »Nein. Ja. Ich meine, fahren wir.«

August deutete auf Ricks verlassenes Motorino. »Ich bin mir sicher, Rick hätte nichts dagegen, wenn du ...«

»Ich weiß nicht, wie das geht«, erwiderte Alice. »Ich meine, ich weiß nicht, wie man damit fährt«, fügte sie hinzu.

»Oh, na dann, spring auf.«

Alice hasste das. Wer hatte hier eigentlich das Sagen? Die alte oder die neue Alice? Warum verhielt sie sich so seltsam? Sie setzte sich auf das Motorrad, schlang die Arme um August und erwartete beinahe, einen elektrischen Schlag zu spüren.

Sobald sie ihn berührte, ging ein Ruck durch Augusts Körper. In seinem Schritt regte sich etwas, und er wurde erneut rot. Alice sah es dieses Mal zwar nicht, doch sie spürte die Hitze, die von seinem Körper ausging, und fragte sich einen Moment lang, ob er wohl Fieber hatte und sich in der nächsten Sekunde ebenfalls vor Schmerz krümmen würde.

Stattdessen gab August ein wenig zu energisch Gas und bog in die Via dei Coronari ein.

11

Hotel San Marco

»Wäre es nicht das größte aller Wunder, wenn der eine für einen Augenblick mit den Augen des anderen sähe?«

HENRY DAVID THOREAU,
WALDEN ODER LEBEN IN DEN WÄLDERN

Meg wachte auf und blickte blinzelnd auf das gebrochene Spiegelbild des Zimmers in den verchromten Lampen des siebenteiligen Lüsters, der ihr als extravagante Leselampe neben dem Bett diente. Sie war äußerst zufrieden mit dem Zimmer, der orangefarbenen Velourstapete und der seltsamen Mischung aus modernen schwedischen und spätbarocken Möbeln. Wenn es um Inneneinrichtung ging, war für sie oft weniger mehr, doch in diesem speziellen Zimmer traf »Mehr ist mehr« auf alle Fälle zu, und das war das Wunderbare an Rom – hier übte sich niemand in Zurückhaltung.

Meg lauschte der Dusche in dem Badezimmer, das dem Spiegelsaal von Versailles nachempfunden war, und ihr wurde klar, dass Alec schon bald in dem flauschigen weißen Bademantel mit dem Logo des Hotels auf der Brust heraustreten und Lust auf Sex haben würde. Nun, sie hatte ganz sicher nichts dagegen. Sie dachte kurz darüber nach, ebenfalls zu duschen, doch dann erinnerte sie sich, dass sie das bereits am Abend zuvor getan hatte, bevor sie zu Bett gegangen waren, und sie wollte den Moment nicht ruinieren.

Als Alec eingehüllt in den flauschig weißen Bademantel aus dem Bad trat, stellte er fest, dass seine Frau in dem gleichen Bademantel auf dem Bett lag. Er grinste das Grinsen eines Mannes, der wusste, dass er bald auf seine Kosten kommen würde, und legte sich neben sie. Sie rutschte ein wenig zur Seite, und ihr Bademantel öffnete sich. Seine Pupillen weiteten sich, während sein Blick über ihren Körper glitt, und die primitive Lust, die sie in ihm weckte, erregte sie. Er küsste ihren Hals, und sein minziger Atem strich über sie hinweg.

»Mein Atem«, hauchte sie, als ihr plötzlich einfiel, dass sie sich noch nicht die Zähne geputzt hatte.

»Das macht doch nichts«, erwiderte er heiser.

Alec zog Meg auf sich. Er wusste, dass sie es lieber mochte, wenn sie das Gefühl hatte, die Kontrolle zu haben. Sie wussten beide ganz genau, wie sie einander zufriedenstellen konnten, und so schob Meg ihr Becken vor und zurück, und sie liebten sich mit Leichtigkeit und vertrautem Geschick.

Meg erhaschte einen Blick auf ihr Spiegelbild in dem vergoldeten Spiegel über dem Bett, und ihr fiel auf, dass sie wie eine Verrückte aussah, wenn sie stöhnte, weshalb sie beschloss, lieber aus dem Fenster und über die Dächer Roms zu sehen.

»Ich habe irgendwie das Gefühl, dass sich dieses seltsame kleine Hotel hier irgendwo ganz in der Nähe befindet.«

Alec war sofort klar, dass Meg von dem Hotel sprach, in dem sie ihre Flitterwochen verbracht hatten. Das Hotel mit dem küssenden Concierge.

Er wusste genau, dass es eigentlich mehrere Kilometer weit entfernt war und sich irgendwo in der Nähe des Kolosseums befand, doch er meinte bloß: »Müssen wir jetzt darüber reden?«

»Wie bitte? Ach so, ja«, sagte sie. »Entschuldige.«

Meg fixierte einen Punkt an der Wand, etwas links von dem Spiegel, und bewegte sich lautlos vor und zurück.

»Ganz still musst du aber auch nicht sein.«

Also stöhnte sie. Zuerst, um ihm einen Gefallen zu tun, und schließlich vor Lust, bis ihr wieder einfiel, wie seltsam sie aussah, wenn sie diese Geräusche von sich gab. Als sie einen kurzen Blick in den Spiegel warf, sah sie plötzlich einen leuchtend blauen Schmetterling, der gerade am Fenster vorbeiflog und dessen Flügel dieselbe Farbe hatten wie …

Meg hielt inne und richtete sich auf. Sie konnte sich nicht mehr erinnern, ob die Fliese, die sie als Muster mitgenommen hatte, in ihrem Gepäck verstaut war oder ob sie sich in ihrer Umhängetasche befand. Dieses Muster war das Wichtigste an ihrer Unternehmung. Es handelte sich um die perfekte Fliese, und sie sollte als Vorlage dienen, um weitere zu produzieren. Und sie war doch sicher nicht so nachlässig gewesen, das Muster in ihrem großen Koffer zu verstauen, wo es verloren gehen oder gestohlen werden konnte, oder? Immerhin war ihr Gepäck immer noch nicht aufgetaucht.

»Was ist?«, fragte ihr Mann beunruhigt.

Meg sprang von Alec herunter und krabbelte aus dem Bett. Dann nahm sie ihre Umhängetasche und leerte den Inhalt auf den pinkfarbenen Egg-Chair von Arne Jacobson.

»Was tust du da?«

»Die Fliese. Das Fliesenmuster. Ich glaube, es ist in meinem Koffer.«

»*Was?*«

»Das Fliesenmuster!«, kreischte sie, als wäre das die Antwort auf alle Fragen, die jemals gestellt worden waren.

»Sie meinten, unser Gepäck käme heute Morgen«, schrie Alec zurück.

»Schrei mich nicht an!«, brüllte Meg.

Doch Alec wollte ohnehin mehr, als sie bloß anzuschreien. Er wollte ihren dämlichen Kopf gegen die Wand knallen.

Plötzlich hielt Meg das kleine, in Seidenpapier gewickelte Päckchen in der Hand.

»O Gott sei Dank!«, rief sie. »Hier ist sie. Ich habe sie!«, meinte sie in Richtung Alec, als hätte er auch nur das geringste Interesse gezeigt. Sie legte das Päckchen auf den gläsernen Couchtisch und atmete tief durch. Dann wandte sie sich wieder ihrem Ehemann zu, der den Kopf auf den Ellbogen gestützt hatte und immer noch erregt war, selbst wenn die Wut wie in Wellen von ihm auszugehen schien. Sofort begriff sie, was für eine Närrin sie war. *Dieser Mann muss so viel Mist mit mir durchmachen,* dachte sie.

Schlechtes Gewissen stieg in ihr hoch, doch sie schob es beiseite, und anstatt sich weiter zu geißeln, beschloss sie, es wiedergutzumachen.

Meg warf Alec ein verführerisches Lächeln zu, streifte sich den Bademantel von den Schultern und ließ ihn zu Boden gleiten, bevor sie auf das Bett kletterte und auf allen vieren auf ihn zukroch.

Alec schwang die Beine aus dem Bett und drehte ihr den Rücken zu. Sie legte ihre Hände auf seine Schultern und küsste seinen Nacken. Er nahm das Telefon zur Hand, während ihre Hände über seine Brust und zu seinen Brustwarzen glitten. Alec schüttelte sie ab und begann zu wählen.

»Was tust du da?«, fragte sie.

»Ich rufe ein Taxi«, erwiderte er geschäftsmäßig. »Wir sollten die Sache mit der Fliese so schnell wie möglich aus der Welt schaffen, damit wir endlich mit unserem Leben weitermachen können.«

»Willst du denn nicht mehr …?«, schnurrte sie ihm ins Ohr.

Alec stand auf. Er hielt noch immer das Telefon in der Hand, als er sich zu ihr umdrehte und sie bedrückt erkannte, dass sein Penis das Interesse an ihr verloren hatte. »Ich wollte schon«, erwiderte er. »Ich wollte es die letzten zehn Tage. Aber jetzt will ich nicht mehr.«

Meg griff nach seinem Bademantel.

»Megan!«, fuhr er sie an und trat einen Schritt zurück.

Sie hasste es, wenn er sie so nannte. So hieß sie nur, wenn sie in ernsthaften Schwierigkeiten steckte. Sie ließ sich geschlagen aufs Bett zurücksinken.

Er legte auf und wählte erneut. »Da geht niemand ran«, erklärte er.

»Ich gehe duschen«, meinte sie.

»Okay.«

»Ich weiß, ich übertreibe es ein wenig mit der Renovierung, aber ich verspreche dir, wenn erst einmal alles vorbei ist, dann …«

Alec unterbrach sie. »Dann wird es ein neues Sommerhaus geben«, erwiderte er. »Oder eine Themenparty zu Adelaides sechzehntem Geburtstag. Irgendetwas, was uns alle dazu bringt, wieder einmal nach deiner Pfeife zu tanzen.«

Meg spürte, wie ihr Tränen in die Augen stiegen, doch sie drängte sie zurück. »Warum tust du das?«, fragte sie.

»Ah«, meinte er. »Jetzt geht das wieder los.«

»Was geht wieder los?«

Alec schüttelte das Telefon und schrie, so laut er konnte:

»Verdammt nochmal! Geht jetzt vielleicht endlich jemand an das verdammte Telefon!«

In diesem Moment klopfte es an der Tür. Meg schlüpfte in ihren Bademantel, und Alec zog sich ins Badezimmer zurück. Es war ein Mann von der Fluglinie, der ihnen ihr Gepäck brachte.

Der Taxifahrer kroch die Straße hinunter und wich dabei Touristen in Flipflops und Einheimischen in Haute Couture aus. Diese Fahrt um diese Uhrzeit zu unternehmen war ein sinnloses Unterfangen, doch es wäre noch sehr viel sinnloser gewesen, in die Via dei Condotti zu fahren, wie es die *americana* auf dem Rücksitz verlangt hatte. Die Via dei Condotti war sogar noch verstopfter, denn dort waren alle großen Namen der europäischen Modebranche vertreten. Die Via della Croce hingegen war eine etwas weniger glamouröse Version der Condotti, wo die etwas weniger bekannten Designer ihre Läden betrieben und deshalb etwas weniger Menschen unterwegs waren. Dennoch war es schwer, sich einen Weg hindurchzubahnen.

Italo, der Taxifahrer, hatte einen Cousin namens Italo (der nach ihrem offensichtlich sehr beliebten Großvater Italo benannt worden war), und dieser führte einen Laden mit sorgsam gefertigter und preiswerter Herrenmode etwas weiter die Straße hoch auf der linken Seite. Italo (der Taxifahrer) bekam zehn Prozent des Umsatzes jedes Kunden, den er zu Italo (dem Schneider) schickte. Und manchmal bekam er im Ausverkauf sogar einen Mantel aus der vergangenen Saison geschenkt.

Und ein solcher Mantel, in den sich Italo (der Taxifahrer) unsterblich verliebt hatte, hing nun gerade im Schaufenster seines Cousins. Der Mantel war sehr gewagt, und auch wenn viele der Passanten einen Blick darauf warfen, war er – wie ihr Großvater Italo gesagt hätte – *molto particolare*, was bedeutete, dass das grasgrüne, dreiviertellange Kleidungsstück aus Kaschmir mit der himmelblauen Bordüre nicht für jedermann gemacht war.

Italo hatte jedoch beschlossen, dass der Mantel perfekt zu ihm passte, weshalb er auch den kleinen Umweg mit den beiden reichen *americanos* auf dem Rücksitz eingelegt hatte. Der Gentleman hatte ganz offensichtlich kein Interesse an einer Shoppingtour, doch seine Frau war ein gänzlich anderes Kaliber. Italo wusste, dass sie den halben Laden für ihren Mann leer kaufen würde, wenn er sie nur dazu brachte, ihn zu betreten.

Italo ließ seine Passagiere aus dem Fenster starren und die Magie Roms in sich aufsaugen, während er auf den richtigen Moment wartete, um ihnen die Geschichte von seinem Großvater Italo und dessen legendärer Leidenschaft für hochwertige Stoffe zu erzählen, die zur Eröffnung einer Boutique geführt hatte, die nun sein Cousin ... und so weiter und so fort.

Leider wurde sein Plan zunichtegemacht, als sich der amerikanische Gentleman plötzlich zu seiner Frau umdrehte und sagte: »Ich bin nicht glücklich.«

»Wie viele glückliche Menschen kennst du denn?«, fragte Meg.

Alec warf einen Blick aus dem Fenster.

»Wir haben doch Spaß zusammen«, meinte sie.

»Das nennst du Spaß?«, entgegnete er, denn er war der Meinung, dass das, was sie taten, eher Routine war. Als würden sie in ihrer eigenen, albernen Comedyshow auftreten.

Meg seufzte. »Was würde dich denn glücklich machen?«

»Keine Ahnung«, erwiderte Alec. »Ein Umzug nach Rom.«

Sie nickte bedächtig.

»Ich meine es ernst«, erklärte er. »Warum eigentlich nicht?«

Sie wussten beide, dass er es nicht ernst meinte, sondern dass ihm der Gedanke gerade erst gekommen war, doch Meg tat dennoch so, als würde sie ernsthaft darüber nachdenken.

»Weil wir Freunde haben. Und Kinder«, sagte sie. »Dinge, die wir nicht einfach so zurücklassen können.«

»Aber wir könnten es schaffen, wenn wir es wirklich wollten.«

Sie hätte ihm am liebsten eine verpasst, doch stattdessen wandte sie sich ab und warf einen Blick aus dem Fenster. »Das ist doch bloß eine Urlaubsfantasie«, meinte sie. »Es kommt ständig vor, dass Menschen an einen exotischen oder aufregenden oder entspannenden Ort reisen und sich dann denken: ›Hey, könnte ich bloß hierbleiben, dann wäre alles anders.‹ Das Problem ist aber, dass man sich selbst mitnimmt, wohin man auch geht. Und früher oder später lebt man auch dort wieder dasselbe eintönige Leben. Bloß dass man mittlerweile in Rom sitzt und nicht mehr in Kalifornien.«

»Mein Gott, du solltest dich einmal selbst hören.«

Sie sah aus dem Fenster und ermahnte sich, die Sache auf sich beruhen zu lassen. Sie hatte den Morgen ruiniert, und das war seine Art, es ihr heimzuzahlen. Sie hatte mehr oder weniger darum gebettelt. Doch stattdessen sagte sie: »Hör jetzt auf damit, okay? Genießen wir einfach die Zeit in Rom, ohne uns darüber zu streiten, ob wir hierherziehen sollen.«

Er wandte sich zu ihr um. »Du siehst mich nie an.«

»Wie bitte?«, entgegnete sie, ohne ihn anzusehen.

»Selbst wenn wir uns lieben, siehst du mich nicht an.«

Sie sprach ein stilles Gebet, dass er endlich aufhörte und die Klappe hielt.

Er sah, wie sie sich versteifte. Sie wollte doch andauernd, dass er mit ihr redete. Nun, jetzt redete er. »Du siehst ständig bloß aus dem Fenster oder über meine Schulter, als wären wir auf einer Hollywoodparty und du würdest hoffen, dass noch ein interessanterer Gast durch die Tür tritt.«

»Du willst uns diese Reise tatsächlich verderben, oder?«, erwiderte sie.

Alec wusste, dass er Meg verletzt hatte, denn nun wollte sie unbedingt einen Streit vom Zaun brechen. Doch er hatte gesagt, was er hatte sagen wollen, und würde nicht zulassen, dass es in einem banalen Streit unterging. Also schwieg er.

Am Vordersitz hätte sich Italo am liebsten in den Hintern getreten. Er hätte den Stier bei den Hörnern packen sollen, sobald die beiden ins Taxi gestiegen waren. Doch nun war es zu spät, und der Laden seines Cousins lag hinter ihnen. In den achtzehn Jahren als Taxifahrer hatte er gelernt, dass es zwei Arten des Schweigens gab: Die eine konnte gebrochen werden, die andere nicht. Und das Schweigen auf dem Rücksitz gehörte definitiv zur zweiten Kategorie.

Meg öffnete ihre Tasche und anschließend den Reißverschluss der seidenen Innentasche, aus der sie das kleine, in Seidenpapier gewickelte Päckchen zog. Dann stellte sie die Tasche wieder auf dem Rücksitz ab, legte das Päckchen in ihren Schoß und begann mit einer Ehrfurcht, die ihren Ehemann zutiefst verärgerte, Schicht für Schicht des Seidenpapiers liebevoll zurückzuschlagen, bis sie beide auf die kleine, schimmernde Fliese hinunterstarrten, deren Glasur in einem trügerischen Blau leuchtete, das sie an einen elektrischen Funken, an einen Blitz oder an eine vergessene

Lagune erinnerte, sodass Meg sich einen Augenblick lang fragte, ob sie wohl darin eintauchen könnte.

Alec war klar, dass er dieses verdammte Ding einfach packen und aus dem Fenster schleudern sollte, doch er schaffte es nicht. Diese Fliese hatte tatsächlich etwas Besonderes an sich, auch wenn er nicht genau wusste, was es war.

12

Kolosseum

»Tausende wilde Blumen blühen
In jeder Mauerritze, und die Vögel bauen ihre Nester
Inmitten der Ruinen, und vermitteln
Dem Architekten einen neuen Sinn der Herrlichkeit.«

HENRY WADSWORTH LONGFELLOW, MICHAEL ANGELO

*L*izzie und Constance saßen erneut in dem schmutzig weißen Mercedes und bogen gerade in die Via Cavour ein. Gianni hatte die beiden abgeholt, nachdem er die Klavierlehrerin seiner Nichte zur Maniküre in der Piazzale Montesquieu abgeliefert hatte. Es war zwar am anderen Ende der Stadt, doch das war ihm egal. Er hatte Gefallen an den beiden alten Hühnern aus England gefunden, und außerdem gaben sie genauso viel Trinkgeld wie die Amerikaner.

Direkt vor ihnen, am Ende der Via degli Annibaldi, erhaschte Constance einen kurzen Blick auf das Kolosseum. »Herrlich, nicht wahr?«, meinte sie.

»Was?«, fragte Lizzie.

Constance hörte an der Stimme ihrer Schwägerin, dass diese ziemlich verärgert war, und sie machte ihr keinen Vorwurf. Ihr war klar, dass sie sich seltsam verhielt. Sie waren immer ehrlich zueinander gewesen, denn Ehrlichkeit war eine der Regeln, die ihrer Beziehung zugrunde lagen. Eine Regel, an die sie sich jahrzehntelang gehalten hatten, bevor sie zu einer geheimnisvollen Diva mutiert war.

»Rom«, antwortete Constance.

»Ja, vermutlich«, erwiderte Lizzie, »auch wenn es schwerfällt, die Herrlichkeit angemessen zu würdigen, nachdem die Reisebegleitung beim Frühstück eine Bombe platzen ließ und sich seitdem weigert, die Sache näher auszuführen, bevor sie nicht in einer Kirche war, die sich am anderen Ende der Stadt befindet.«

Genau. Constance suchte fieberhaft nach einer passenden Antwort. »Du wirst es schon noch erwarten können.«

»Womöglich sterbe ich vor Neugierde, bevor wir dort sind«, erwiderte Lizzie. »Und du bist schuld.«

Constance lächelte und nahm Lizzies Hand, und die Intimität dieser Geste erschreckte Lizzie. Sie warf einen Blick auf die geäderten Finger, die ihre umklammert hielten, bevor sie erneut aus dem Fenster blickte. Sie bogen in die Via Imperiale, und da war es erneut: das Kolosseum, uralt und voller Geschichten.

Im Inneren des sonnendurchfluteten Kolosseums hob Alice gerade ihr Handy, um ein Foto zu schießen. Selbst die neue Alice, die bekanntlich eine Abneigung gegen fotografische Erinnerungen hatte, musste zugeben, dass dieses monumentale Bauwerk es wert war, es nicht nur zu erleben, sondern auch zu dokumentieren. Sie wusste, dass sie diese Fotos nie jemandem zeigen würde, nicht einmal Daniel. Sie waren nur für sie, um sie an eine Zeit zu erinnern, als plötzlich und unerklärlicherweise die Last von ihren Schultern gefallen war, die es mit sich brachte, es jedem recht machen zu müssen außer sich selbst. Gerade ihr, die sich ständig Gedanken darüber machte, was andere von ihr hielten. Sie fühlte sich so frei und glücklich, dass sie das Gefühl hatte zu schweben.

Alice richtete ihre Kamera aus, und August nutzte die Gelegenheit, sie zu mustern. Er verspürte den Wunsch, sein Gesicht in den tizianroten Haaren zu vergraben, das in Wellen auf ihre Schultern fiel. Er war sich sicher, dass sie nach Sonnenschein riechen würden. In seinem Schritt regte sich erneut etwas, und er hoffte bloß, dass es nicht zu offensichtlich war. Er versuchte, sich daran zu erinnern, wie sein Hund gestorben war. Mein Gott, sie war einfach unglaublich schön. Plötzlich sah er ihre runden, prachtvollen Brüste und die erwartungsvoll hervorstehenden Nippel vor sich. Was, wenn er sie einfach in die Arme nahm und küsste? Ihren Mund mit seiner Zunge in Besitz nahm? Was würde sie tun? *Nun, vermutlich würde sie die Polizei rufen.* Er versuchte erneut, an den Tod seines Hundes zu denken.

Eine Wolke schob sich vor die Sonne und riss Alice mit sich. Plötzlich spürte sie das wahre Alter dieses Ortes und reiste zweitausend Jahre in die Vergangenheit. Sie sah hinunter auf die Gänge mit den unterirdischen Zellen, in denen die wilden Tiere und die Gladiatoren gefangen gehalten wurden; sie hob den Blick und sah das Publikum, das der kostenlosen Vorführung entgegenfieberte. Zuerst die Tiere, die Zirkustricks vorführten, und schließlich die Gladiatoren, die so lange miteinander kämpften, bis einer getötet wurde oder schwer verletzt war. Ein erhobener Daumen des Kaisers, und der Verwundete wurde verschont. Ein Daumen nach unten, und er starb.

»Unvorstellbar grausam«, sagte sie, bevor ihr klar wurde, dass August nicht mit ihr zusammen durch die Zeit gereist war, sodass sie rasch weitersprach: »Ich meine die Männer, die sich hier gegenseitig umgebracht haben. Und die Tiere. Und ganz Rom kam, um zuzusehen, als wäre es … okay.«

Im vorletzten Semester hatte August für den Kurs 235 »Architekturgeschichte« eine umfangreiche Arbeit über das Kolosseum verfasst. Genauso wie seine Studienkollegen, wie ihm erst jetzt bewusst wurde. Das war vermutlich auch der Grund gewesen, warum Rick Alice hierherbringen wollte. Um anzugeben. Nun, Rick war im Moment anderweitig beschäftigt, also hatte August wohl den Jackpot geknackt. Er lächelte, doch Alice runzelte die Stirn, und er erkannte zu spät, dass ein Lächeln wohl kaum die angemessene Reaktion auf das war, was sie gerade gesagt hatte. Er zerbrach sich eilig den Kopf nach einem interessanten Detail, mit dem er seinen Fehltritt wieder wettmachen konnte.

»Es war wirklich schrecklich«, meinte er. »Und es gab noch viele andere Dinge. Wie etwa weibliche Gladiatoren, die gegen Zwerge kämpften.«

»Weibliche Gladiatoren?«, wiederholte sie. »Das hast du dir doch nur ausgedacht.«

»Und mit den Zwergen hast du kein Problem?«

»Dazu wollte ich gerade kommen«, erwiderte sie. »Aber ich habe noch nie gehört, dass es Gladiatorinnen gab.«

»Aber es stimmt!«, entgegnete er. »Ich glaube, sie stammten hauptsächlich aus Äthiopien.«

Das reichte vermutlich. Es wäre albern gewesen, den Besserwisser zu geben, doch sie sah ihn an, als wüsste sie, wovon er sprach. Und solange sie ihn so ansah, würde er einfach weiterreden, damit sie ja nicht damit aufhörte.

»Es ist das größte Amphitheater, das die Römer jemals gebaut haben. Aber eigentlich haben sie es gar nicht selbst gebaut. Es waren jüdische Sklaven.«

»Jüdische Sklaven. Wow«, erklärte sie und sah sich um.

War das ironisch gemeint gewesen, oder war sie ehrlich beeindruckt?

Das Mädchen, das er gestern auf dem Flughafen kennengelernt hatte, hätte es auf jeden Fall ironisch gemeint, doch das Mädchen, mit dem er sich nun unterhielt, schien irgendwie … weicher. August wurde sich mit einem Mal des kulturellen Grabens bewusst, der sie trennte. Wäre sie Britin gewesen, hätte er sofort gewusst, ob sie mit ihm spielte. Aber er hatte gehört, dass Amerikaner wenig Sinn für Ironie hatten, also beschloss er, einfach weiterzusprechen, als wäre sie tatsächlich an seinen Ausführungen interessiert.

»Und manchmal fluteten sie die Arena und hielten regelrechte Seeschlachten ab«, fuhr er fort. »Mit echten Schiffen.« Irgendwo im Hinterkopf erinnerte er sich daran, einmal gelesen zu haben, dass das nicht ganz stimmte und diese Schlachten eigentlich an einem anderen Ort stattgefunden hatten, doch Alice hatte den Blick geradeaus gerichtet und stellte es sich offensichtlich gerade bildlich vor, weshalb er einfach mit seiner Geschichte fortfuhr.

Alice hätte August am liebsten den ganzen Tag zugehört. War es der Klang seiner Stimme, der sie so in seinen Bann zog? Oder der englische Akzent, der etwas gehoben, aber doch irgendwie anders klang – vielleicht nach einer Stadt wie Liverpool oder Manchester? Was auch immer es war, es gefiel ihr. Und wo sie schon dabei war: Seine Unterarme gefielen ihr ebenfalls, sie waren nicht so knochig. Und sein Mund: die ein wenig zu schmalen Lippen, die sich aber immer wieder zu einem klugen Lächeln verzogen. Wenn sie ihm jetzt über den Hals lecken würde, würde er bestimmt salzig und unglaublich männlich schmecken. Sie stellte sich vor, wie er eine Hand auf ihren Bauch legte und sie langsam nach unten wandern ließ. Das plötzliche Kribbeln zwischen ihren Beinen beförderte sie schlagartig wieder in die Realität zurück.

»Ich werde heiraten«, sagte die alte Alice.

»Wie bitte?«, erwiderte er.

»Ich werde heiraten«, sagte die neue Alice, denn es stimmte. Und er musste es irgendwann erfahren.

»Nein, wirst du nicht.«

»Doch«, erwiderte sie. »Deshalb muss ich nach Florenz. Ich treffe mich dort mit meinem … mit *ihm*.«

Sowohl die alte als auch die neue Alice hatten das Gefühl, dass es wichtig war, ihm das zu sagen, bevor … bevor was? Es war doch noch gar nichts passiert. Absolut gar nichts …

Vor langer Zeit hatte Alice einmal den Versuch unternommen, eine Beziehung zu ihrem brillanten, aber äußerst reizbaren Bruder aufzubauen, und hatte mit ihm zusammen im Arbeitszimmer ihres Vaters Football-Matches angesehen. Dabei hatte sie einmal einen Spieler beobachtet, der über das gesamte Feld gerast war, um einen anderen, der Sekunden vor dem Touchdown stand, von der Seite niederzurammen. Die Kamera filmte alles in Nahaufnahme. Es war offensichtlich, dass der Spieler seinen Gegner nicht hatte kommen sehen, denn er wirkte schockiert und überrascht zugleich. Und genau diesen Blick sah sie nun auf dem Gesicht des Erbsengrünen.

Der *Erbsengrüne*. Sie kannte noch nicht einmal seinen Namen.

August hatte keine Ahnung, warum er so bestürzt war. Was spielte es für eine Rolle, was dieses Mädchen tat? Ja, er hatte sich in sie verliebt, aber er gab sich diesbezüglich keiner Täuschung hin. Oder besser gesagt: Er gab sich der Täuschung hin, wusste aber, dass sie niemals dasselbe für ihn empfinden würde. Und außerdem würde sie bald in den Zug nach Florenz steigen, und dann würde er sie nie mehr wiedersehen. Trotzdem fühlte es sich an, als hätte ihm jemand einen Schlag versetzt oder ihm das Herz herausgerissen. Er wollte sich irgendwo hinsetzen und den Kopf in den Händen vergraben.

»Du musst dir keinen imaginären Freund ausdenken«, sagte er schließlich und versuchte, weder verletzt noch bestürzt zu klingen, obwohl er unerklärlicherweise beides war.

»Das tue ich nicht«, erwiderte sie. »Es ist wahr.«

»Wie alt bist du?«, fragte er.

Es war eine berechtigte Frage, die Alice trotzdem unglaublich wütend machte. »In Afrika heiraten tagtäglich Neunjährige«, erwiderte sie, und die neue Alice übernahm die Zügel. »Ich menstruiere, seit ich elf bin. Ich bin also alt genug, um mich fortzupflanzen, und demnach auch alt genug, um zu heiraten.« Ihr gefiel sein entsetzter Gesichtsausdruck beim Wort »menstruieren«, obwohl sie die Wut, die sie plötzlich überkommen hatte, ziemlich verwirrte.

August fand sein schiefes Lächeln wieder und zauberte es eilig auf sein Gesicht. Er beschloss, die Themen Ehefähigkeit und Menstruation außen vor zu lassen und stattdessen wieder zu der Ankündigung zurückzukehren, dass sie bald heiraten würde.

»Okay, aber nach der ganzen Geschichte mit der falschen Italienerin am Flughafen gestern ist deine Glaubwürdigkeit eben nicht sehr groß«, meinte er.

»Ich hatte es eilig«, erklärte sie.

»Und jetzt hast du es eilig, mich loszuwerden«, erwiderte er.

»Wenn ich dich loswerden wollte, würde ich einfach das hier machen ...« Sie streckte ihm den Mittelfinger entgegen, wandte sich ab und stapfte über die riesigen Pflastersteine davon. Die alte Alice war entsetzt von ihrem Verhalten, doch die neue Alice drängte sie weiterzumachen.

August folgte ihr einigermaßen verwirrt. »Entschuldige, aber ich sehe dich einfach nicht als eine, die ...« Okay, das führte in die vollkommen falsche Richtung. »Du wirkst einfach nicht so, als hättest du einen *Verlobten*, das ist alles.«

»Er ist nicht mein Verlobter, er ist einfach ein Typ«, erwiderte Alice. »Und wir werden heiraten. Das ist keine große Sache.«

Aber natürlich war es sehr wohl eine große Sache. Es war jetzt zehn Tage her, seit sie Daniel erklärt hatte, dass sie den Sommer in Italien verbringen wollte. Eine Art Last-Minute-Idee, eine Aufgabe, die ihr einer ihrer Professoren gestellt hatte.

Alice hatte immer angenommen, dass sie mehr für Daniel empfand als er für sie, und ihr Herz daher stets unter Verschluss gehalten. Außerdem spürte sie natürlich, dass er von der Macht ihrer Mutter, seine Karriere in Schwung zu bringen, überaus angetan war. Als sie ihm also vorsichtig ihre Reisepläne unterbreitet hatte, war sie überrascht gewesen, wie verärgert er reagiert hatte.

Sie wollte ihn nicht enttäuschen. Sie mochte Daniel sehr. Er war viel vernünftiger als die anderen Männer, mit denen sie ausgegangen war, was vermutlich auf sein Alter zurückzuführen war. Aber er war nicht nur vernünftig, sondern auch einfühlsam und interessiert, was ihn im Gegenzug ebenfalls interessant machte. Und er versuchte ehrlich, sie bei ihren Projekten zu unterstützen. Natürlich war er manchmal herablassend, aber das war bloß seine Art, seine Frustration ihr gegenüber zum Ausdruck zu bringen, und daran war sie genauso schuld wie er, denn immerhin erlaubte sie ihm, sie so zu behandeln. Abgesehen von der Sache mit den Ohren, war er außerdem auch »ein Leckerbissen«, wie ihre Mutter irritierenderweise einmal festgestellt hatte, und er war ein angenehmer Liebhaber. Nein, nicht angenehm, sondern vielmehr bemüht. Ein guter Liebhaber.

Und er war ehrgeizig. Nicht auf rücksichtslose Art, aber er wusste, was er wollte, und hatte sich vorgenommen, es auch zu erreichen. Es war allseits bekannt, dass er auf dem besten Weg war, der jüngste Seniorpartner in der Kanzlei ihrer Mutter zu werden. Weshalb es eine ziemliche Überraschung gewesen war, als Daniel vorgeschlagen hatte, sie nach Rom zu begleiten.

»Das kannst du nicht machen«, meinte Alice. »Mom würde ausflippen.«

»Nicht, wenn es einen besonderen Grund dafür gäbe«, erwiderte Daniel. »Dann könnte ich sicher eine Woche weg.«

»Und was soll das für ein Grund sein?«

»Wir könnten uns zum Beispiel verloben.«

Sein letzter Satz hing über der schwarzen Granitarbeitsplatte in der Luft, während Alice Butter auf ihren Toast strich. Daniel lächelte und legte eine Hand auf ihre. »Wenn du möchtest«, sagte er leise.

Dieser wunderbare Mann fragt mich gerade, ob ich ihn heiraten will, dachte Alice. Sie hatte noch nie ernsthaft darüber nachgedacht, ob sie heiraten wollte. Es war etwas, das sie vielleicht vorhatte, wenn sie älter war – dreißig oder so –, und sie hatte nicht zu den kleinen Mädchen gehört, die ihr Tutu als Schleier über den Kopf zogen, um von ihrem großen Tag zu träumen. Allerdings war ihr natürlich bewusst, was sie gerade gefragt worden war und dass diese Gelegenheit vielleicht nie wiederkehren würde. Außerdem würde ihr Leben eine Art Sinn und Richtung bekommen, wenn sie jetzt Ja sagte. Und ihre Mutter wäre entzückt. Genauso wie Daniel. Dann wäre sie für niemanden mehr eine Enttäuschung.

»Bist du dir sicher?«, fragte sie.

Daniel sah ihr in die Augen. »Ja«, erwiderte er. »Vollkommen sicher.«

Sie liebte seine Gewissheit. Alice, die kaum jemals Gewissheit verspürte und eine solche Phobie davor entwickelt hatte, jemanden zu enttäuschen, dass sie nur noch Entscheidungen fällen konnte, nachdem sie eine ausführliche Pro-und-Kontra-Liste erstellt hatte, spürte, wie sie sich Daniel ergab. Ihm und seiner Gewissheit. Es war eine solche Erleichterung.

Seltsamerweise war es jedoch auch eine Erleichterung, dass Daniel nicht mit demselben Flugzeug nach Rom fliegen würde wie sie. Er hatte nur noch einen Flug nach Florenz ergattert, der erst am nächsten Tag landen würde, und außerdem auch nur drei Tage Urlaub bekommen. Alice wusste nicht, warum sie so erleichtert war, doch sie beschloss, nur ein einziges Mal nicht über die Gründe für ihre Gefühle nachzudenken.

Als August und Alice aus dem Kolosseum traten, winkte ihnen ein krankhaft fettleibiger Gladiator mit seinem Plastikschwert zu und lud sie aufgeregt in einer wilden Mischung aus Italienisch und Englisch ein, ein Foto mit ihm zu machen. Sie lächelten und lehnten das Angebot mit ausladenden, dankbaren Gesten ab, während ihnen beiden flau im Magen wurde. Es war einfach furchtbar, denn zwischen ihnen war etwas zerbrochen. Sie fühlten es beide und wussten, dass es der andere ebenfalls spürte.

Nicht, dass da irgendetwas gewesen war, was hätte zerbrechen können, ermahnte sich Alice, und sie beschloss, so schnell wie möglich zum Bahnhof zu fahren und dort auf ihren Zug zu warten.

Ein zerlumpter kleiner Junge mit dunkler Haut und einem frechen Grinsen trat auf sie zu und sagte mit rauer Stimme: »*Scusi*, Foto? Foto? Ihr zwei, du und du.«

August schüttelte lächelnd den Kopf, während Alice in ihre Tasche griff und einige Euro hervorkramte. Der Junge wirkte beleidigt. Er wollte sich sein Geld ehrlich verdienen.

»Foto, Foto«, forderte er.

Also gaben August und Alice nach und nahmen nebeneinander Aufstellung.

»Kamera?«, fragte der Junge.

Einen Moment fragte sich Alice, ob er wohl vorhatte, mit ihrem Handy abzuhauen, doch sie gab es ihm trotzdem. Der Junge stellte die Kamera ein und brachte das Telefon in Position. Dann senkte er es und warf einen erfahrenen, aber auch missbilligenden Blick auf seine hölzern dastehenden Modelle.

»*Baci. Baci.*«

»Wie bitte?«, fragte August und musterte den Jungen blinzelnd.

»Er will, dass wir uns küssen«, übersetzte Alice und meinte dann an den Jungen gewandt: »Mach einfach bloß ein Foto.«

Also machte der Junge ein Foto, und als Alice ihm dieses Mal zwei Euro in die Hand drücken wollte, nahm er sie an und verschwand ohne ein weiteres Wort. (Natürlich habe ich ihn geschickt. Sollten Sie jemals in Rom auf einen zerlumpten kleinen Jungen treffen, der ein Foto von Ihnen machen möchte, seien Sie nett zu ihm. Es ist anzunehmen, dass er einen wichtigen Auftrag ausführt.)

August und Alice betrachteten das Foto auf dem Display,

und ihre Köpfe berührten einander einen Moment lang, ehe es ihnen beiden gleichzeitig bewusst wurde und sie sich voneinander lösten.

»Ich schicke es dir. Gibst du mir deine Nummer?«, fragte sie.

August spürte, dass sie sich vor ihm zurückzog und gehen wollte. Er wusste, dass er sie loslassen musste, auch wenn er sich mit dem Ausdruck »loslassen« selbst etwas vormachte, denn er hatte sie nie wirklich besessen.

Während eine Stimme in seinem Kopf ihn dazu aufforderte, den Moment nicht ungenützt verstreichen zu lassen und zu versuchen, irgendwie zu ihr durchzudringen, listete eine andere Stimme die Probleme auf, die sich ergaben: Erstens war sie mit einem anderen verlobt, und zweitens spielte sie nicht in seiner Liga.

August war klar, dass es der Anfang vom Ende sein würde, wenn er Alice jetzt seine Telefonnummer gab. Sie würde ihm das Foto schicken, und damit hätte sie ihre kurze Begegnung zu den Akten gelegt und würde ihn nie wieder kontaktieren. Natürlich bestand die Möglichkeit, dass er sie anrief, doch seine bisherigen Erfahrungen auf diesem Gebiet sagten ihm, dass er ein Zögern in ihrer Stimme hören, sich albern fühlen, etwas Dummes sagen und sich am Ende wünschen würde, er hätte nie ihre Nummer gewählt.

Nun hieß es: Jetzt oder nie. Also beschloss er, ihr seine Telefonnummer nicht zu geben, sondern sie stattdessen auf eine andere Idee zu bringen. »Kennst du das, wenn du die ganze Nacht unterwegs warst und am Ende total hinüber mit einem vollkommen Fremden zusammensitzt und dich mit ihm über dein Leben unterhältst? Man tauscht Nummern aus, doch wenn man am nächsten Morgen aufwacht, erkennt man, dass das, was man für einen lebensverändernden intellektuellen Erguss gehalten hat, bloß zwei Idioten waren, die betrunken Scheiße verzapften?« Er spürte einen leichten Windhauch, und die Inspiration traf ihn genau im richtigen Moment. »Man fühlt sich verpflichtet, den anderen anzurufen, auch wenn man eigentlich nicht will. Und am Ende ruiniert man etwas, das bloß die Erinnerung an einen netten Abend gewesen wäre, hätte man es einfach dabei belassen.«

Alice hatte so etwas noch nie erlebt, aber sie wusste, was er meinte. Und ihr gefiel die humorvolle Art, in die er es verpackt hatte.

»Und was willst du mir damit jetzt genau sagen?«, meinte sie trocken.

Er erkannte an der gespielten Langeweile in ihrer Stimme, dass er sie am Haken hatte. Es war eine Einladung, das Spiel zu beginnen.

»Lass uns lieber keine Telefonnummern oder E-Mail-Adressen austauschen«, schlug August vor. »Ich habe noch zwei Stunden in dieser unglaublichen Stadt mit diesem wundervollen amerikanischen Mädchen, das mein Herz gebrochen hat, als es mir erzählte, dass es mich bald stehenlassen würde, um einen Vollpfosten zu heiraten …«

»Er ist kein Vollpfosten, was auch immer das ist«, unterbrach sie ihn grinsend.

»Woher willst du wissen, dass er das nicht ist, wenn du nicht weißt, was es bedeutet?«

Alice verdrehte die Augen.

»Wie auch immer, in zwei Stunden steigst du in den Zug nach Florenz, und ich kehre zu meinen furzenden, stinkenden Kameraden zurück …«

»Igitt. Danke für die Erinnerung.«

»Gern geschehen. Also, was hältst du davon, wenn wir

die nächsten beiden Stunden einfach genießen? Sie einfach erleben und so. Und dann trennen sich unsere Wege, und das war es dann.«

Vermutlich klang sein Vorschlag ein wenig lahm, aber er hoffte, dass sie erkennen würde, dass er durchaus Sinn ergab.

»Redest du immer so viel?«, fragte Alice.

»Ja, tut mir leid. Das ist das Leiden vieler jüngerer Geschwister. Ich habe einen brillanten, aber sehr schweigsamen älteren Bruder. Ich bin eben der redselige von uns beiden. Es ist wie Gehirndurchfall.« Der letzte Satz war um einen Hauch zu viel gewesen, das wusste er genau, doch es war ihm egal. Er fühlte sich beschwingt und glücklich. Siegreich und herrlich.

Alice beschloss, dass sie ihn tatsächlich gern hatte. Sie konnten vielleicht sogar Freunde werden. Denn es war möglich, dass Männer und Frauen befreundet waren. Bloß weil er ein Mann war, musste das nicht bedeuten, dass ihre Beziehung eine sexuelle Komponente haben musste, merkte die neue Alice an. Und was konnte es schon schaden, zwei Stunden lang mit diesem humorvollen Fremden durch diese magische Stadt zu ziehen? Sie spürte, wie sie innerlich losließ.

Dann lächelte sie.

»Wirklich? Super!«, meinte er.

Schweigend gingen sie nebeneinander her und bemerkten die vielen anderen Touristen um sie herum gar nicht. Sie waren zufrieden mit ihrer neuen Abmachung und lächelten unsicher. Schließlich hielten sie vor den Ruinen des Tempels der Venus und der Roma vor dem Forum Romanum.

»Und was machen wir jetzt?«, fragte sie.

»Ich habe nicht die geringste Ahnung«, erwiderte er.

Alice lachte ihr wunderschönes Lachen, das wie Musik

in seinen Ohren klang. Und in diesem Moment beschloss August, dass er, falls er vor seinem Tod noch einen Wunsch frei hätte, sich wünschen würde, dieses Lachen noch einmal zu hören.

Alice genoss das Glücksgefühl, das sich nach dem Lachen einstellte. Sie konnte sich nicht erinnern, seit ihrer Kindheit jemals wieder so unbeschwert gelacht zu haben. Sie erinnerte sich vage daran, dass jemand sie gekitzelt hatte – vielleicht ihr Vater? – und dass sie gekichert hatte, bis sie keine Luft mehr bekam. Damals hatte sie sich vollkommen unbekümmert, sicher und glücklich gefühlt. Doch einen Moment später war die Erinnerung bereits wieder verblasst.

13

Arco di Santa Margherita

»Die Seele hat die Farbe deiner Gedanken.«

MARC AUREL, SELBSTBETRACHTUNGEN

Italo fuhr die Via del Pellegrino hinunter und beobachtete dabei die beiden *americani,* die gerade ausgestiegen
waren, im Rückspiegel. Der *americano* hielt sich am Rand
der schmalen Straße, während die *americana* in der Mitte
der Fahrbahn dahinstapfte, als wollte sie es darauf anlegen,
überfahren zu werden. Er hatte eine gute Meinung von den
beiden, denn immerhin hatten sie ihm zwanzig Euro Trinkgeld gegeben, doch er machte sich keine großen Hoffnungen, was sie betraf.

Der Fliesenhersteller hatte Meg eine genaue Wegbeschreibung zu seinem Laden gegeben, doch sie hatte den
Ausdruck im Hotel vergessen.

Sie hatte zwar versucht, seine E-Mail in ihrem Telefon
ausfindig zu machen, doch irgendwie war sie verschwunden. Daraufhin hatte Alec gemeint, dass E-Mails nicht verschwinden würden und sie noch irgendwo sein musste, und
sie hatten sich erneut gestritten.

Sie konnte sich nur noch erinnern, dass sich der Laden

in einer schmalen Seitengasse der Via del Pellegrino und gegenüber einer Tür mit der Aufschrift *The Conspiracy Club* befand, denn sie hatte sich gefragt, welche Verschwörungen in dem Club wohl ausgeheckt wurden.

Sie beschlossen, das Problem wissenschaftlich zu lösen und die Via del Pellegrino entlangzugehen und darauf zu vertrauen, dass Meg den Namen wiedererkannte, wenn sie das Straßenschild las. Sie kamen an einer Eisenwarenhandlung vorbei, und Alecs Blick fiel auf eine tomatenrote Schubkarre. Sie wirkte äußerst robust, hatte dicke Luftreifen und war genau die Art von Gefährt, das er sich für seinen Gemüsegarten in ihrem Haus in Silver Lake wünschte. Die Griffe waren aus Hartholz und lehnten an der Wand, direkt unter einer antiken Tafel mit einer lateinischen Inschrift. Die beiden ersten Worte ließen Alec innehalten: *I, Claudius ...*

Alec musterte die Tafel und rief sich die letzten Reste seines Schullateins in Erinnerung. Scheinbar bedeutete die Inschrift in etwa: *Ich, Claudius, erkläre dies zur äußersten Grenze Roms.* Er wusste nicht mehr, wann genau Claudius Kaiser gewesen war, aber er war sich sehr wohl bewusst, dass er gerade etwas gelesen hatte, das schon seit etwa zweitausend Jahren existierte. Er erschauderte.

Meg ging weiter, ohne zu merken, dass er stehen geblieben war. Alec wollte ihr nachrufen, um seine aufregende Entdeckung mit ihr zu teilen, doch dann überlegte er es sich anders und beschloss, den Moment nicht zu ruinieren und es deshalb lieber für sich zu behalten. Er eilte hinter ihr her, bis er nur noch wenige Schritte zurück war. Meg ging voraus und plapperte lautstark über die Schulter. *Wie eine dieser lauten Amerikanerinnen*, dachte er und wünschte sich, er würde ein Schild mit der Aufschrift »Eigentlich stammt sie aus Australien« um den Hals tragen. Meg merkte von alldem nichts, sondern nahm stattdessen erneut das Gespräch auf, das sie vor zehn Minuten im Taxi so abrupt beendet hatten.

»Ich weiß gar nicht, warum du so eine große Sache daraus machst«, sagte sie. »Zwischen uns war es doch noch nie leicht. Es ist seit jeher ein ständiger Kampf. So sind wir nun mal.«

Alec beschloss, sich auf nichts einzulassen.

Nachdem sie keine Antwort erhielt, ging Meg davon aus, dass er sie nicht gehört hatte, und begann noch einmal von vorn: »Ich sagte …«

»Ich habe dich durchaus verstanden«, unterbrach er sie.

Sie gingen eine Zeit lang schweigend hintereinander.

»Und?«, sagte sie schließlich. »Wie lautet deine Antwort?«

Alec musterte seine neuen Schuhe, die noch nicht ganz eingelaufen waren und ziemlich wehtaten. »Ich bin es einfach leid, dass ständig Krieg zwischen uns herrscht.«

»Ich bin es leid, dass ständig Krieg zwischen uns herrscht«, äffte sie ihn über die Schulter hinweg nach.

Alec dachte auf einmal, dass er sie umbringen, ihren Körper irgendwo entsorgen und zurück in Kalifornien sein könnte, ehe noch jemand bemerkte, dass sie verschwunden war.

Meg spürte den Hass, der ihr von hinten entgegenschlug. Sie blieb stehen und wandte sich zu ihrem Mann um, ohne ihn jedoch anzusehen. »Okay, dann schließen wir einen Waffenstillstand«, sagte sie. »Es tut mir leid.« Und sie meinte es tatsächlich vollkommen ehrlich.

Alec blieb jedoch gänzlich unbeeindruckt von der plötzlichen und sicher auch ernst gemeinten Reuebekundung seiner Frau, denn er wusste, dass es unwahrscheinlich war, dass sie auch ihr Verhalten dementsprechend ändern würde.

»Ich will keinen Waffenstillstand«, sagte er. »Ich will nicht heile Welt spielen. Ich will nicht so tun, als ob.«

Wenn es etwas gab, das Meg an ihrem Mann am meisten verachtete, dann die Tatsache, dass er sich selbst als fortwährendes Opfer ihrer willkürlichen Launen darstellte. Er verhielt sich wie ein kleines Kind. »Mein Gott, werde endlich erwachsen«, meinte sie und sprang einem Motorino aus dem Weg, das direkt auf sie zugefahren war. Sie deutete auf das Mädchen auf dem Rücksitz, das sich verzweifelt an den Fahrer klammerte. »Dieses Mädchen dort tut so, als wäre es nicht zu Tode verängstigt.« Das Motorino wich einem dicken Mann aus, der sich gebückt hatte, um den kläffenden Pudel einer jungen Frau in einem geblümten Minirock zu streicheln. »Der Mann dort tut so, als würde er den Hund mögen.« Die Frau in dem Minirock schwankte bedrohlich auf ihren hochhackigen, grell gestreiften Schuhen. »Und sie tut so, als würden ihre Schuhe zum Kleid passen. So überleben wir Erwachsene nun mal, ohne uns gegenseitig umzubringen. *Wir tun so, als ob!*«

Sie wandte sich auf dem Absatz um und ging weiter.

»Du bist echt furchteinflößend«, rief Alec ihr nach.

»Na und?«, erwiderte sie. »Es hat sich doch nichts geändert. *Ich* habe mich nicht geändert.«

Meg hätte es beinahe übersehen, doch als sie sich erneut zu ihm umwandte, fiel ihr Blick auf einen Torbogen und auf das Straßenschild an der Ziegelmauer, von der bereits der Verputz abbröckelte. Das Schild war mit leuchtend rotem Graffiti übersprüht, sodass es schwer zu lesen war, doch als sie genauer hinsah, konnte sie erkennen, dass die Straße *Arco degli Agetari* oder *Acetari* hieß.

Das war es! Arco degli Acetari.

Meg trat durch den Torbogen in einen zauberhaften

mittelalterlichen Innenhof. Außentreppen führten, begleitet von dicken Weinreben, die Gebäude empor, die in satten Terrakottatönen verputzt waren, die von dunklem Gelb bis zu Pflaumenviolett reichten. An einigen Stellen war der Verputz bereits abgebröckelt, sodass das Mauerwerk darunter zum Vorschein kam, doch anstatt chaotisch zu wirken, trug auch das zu dem harmonischen Gesamtbild der vielen verschiedenen Farben bei. Alec sah sich staunend um.

Meg wusste, dass sie am Ziel angekommen war, denn sie hatte die ramponierte Tür mit dem kleinen Glasfenster und der Sicherheitskamera darüber bereits entdeckt. Daneben stand auf einem winzigen Schild *The Conspiracy Club*. Jetzt erinnerte sie sich wieder. Sie wandte sich um und ging zwanzig Schritte über den Innenhof auf eine Doppelflügeltür zu, von der die bunte Farbe vieler Jahrhunderte abblätterte. Sie klopfte, und die Tür schwang auf.

Alec gesellte sich zu ihr, und sie warfen einen Blick ins Innere, wagten es jedoch nicht, ohne Aufforderung einzutreten. Eine gewölbte Ziegeldecke spannte sich über einen großen Lagerraum, der randvoll mit Paletten war, auf denen zahllose verschiedene Fliesenarten lagerten.

Es war niemand zu sehen oder zu hören.

»Hallo?«, rief Meg laut.

»*Buongiorno?*«, versuchte es Alec.

Meg warf ihm einen vernichtenden Blick zu.

»Was denn?«, fragte er.

»Als würde niemand antworten, bloß weil ich nicht auf Italienisch gegrüßt habe.«

Alec sog die Luft ein und beschloss, ab sofort den Mund zu halten.

Sie warteten. Meg reckte den Kopf und sah zwei Türen am anderen Ende des düsteren Gewölbes. Durch die eine glaubte sie, eine Art Ofen zu erkennen, die andere schien zu einer Treppe zu führen. Sie rief erneut, bekam jedoch keine Antwort. Dann erinnerte sie sich, dass ihr der Fliesenhersteller die genauen Öffnungszeiten des Ladens gemailt hatte, und sie beschloss, diese neue Erkenntnis nicht mit ihrem Mann zu teilen, denn er hätte sie ohnehin nur wieder gegen sie verwendet. Außerdem befand sich der Mann vermutlich irgendwo in der Nähe, denn immerhin war die Tür nicht versperrt gewesen.

Während sie schweigend auf der Schwelle standen, packte Alec wieder die Wut über dieses alberne Projekt. Wie hatte sie es genannt? Eine *Mission*. Sie könnten jetzt das Pantheon erkunden oder einen Kaffee auf der Piazza Navona trinken. Das hier war bloß eine verdammte Zeitverschwendung.

»Ich will einfach nicht mehr streiten«, sagte er und nahm ihre Diskussion damit erneut auf. »Ich bin nämlich nicht der Meinung, dass es dazugehört. Und es macht mir auch keinen Spaß.«

Okay, dann fassen wir also einmal zusammen, dachte Meg. *Er will nicht mehr streiten, und er will nicht so tun, als ob.* »Aber wenn wir streiten, dann tun wir wenigstens nicht so, als gäbe es keine Meinungsverschiedenheiten zwischen uns«, meinte sie. »Und außerdem ist es unsere Art, Probleme zu bewältigen, oder etwa nicht?«

In diesem Moment hörten sie Schritte auf dem gepflasterten Innenhof hinter ihnen.

Sie wandten sich um und standen einem schielenden Mann mit einem blauen und einem braunen Auge gegenüber. Er trug einen dicken, speckigen grünen Mantel, der überhaupt nicht zu der Hitze passte. Seine dunklen Haare und das Gesicht wirkten ungewaschen, und er roch penetrant nach Rasierwasser.

»Sie suchen den Fliesenmacher?«, fragte er mit starkem Akzent.

»Ja«, erwiderte Alec. »Wir suchen den Fliesenmacher.«

Der Mann nickte, sagte jedoch nichts.

»Wissen Sie, wo wir ihn finden?«, fragte Alec. »Wir haben einen Termin.«

Genau genommen hatten sie keinen richtigen Termin. Der Besitzer hatte bloß gesagt, dass er zu bestimmten Zeiten in seinem Laden war. Doch das wusste nur Meg. Alec hingegen hatte keine Ahnung.

Der schielende Mann musterte sie und schien zu überlegen, ob sie seine Hilfe wert waren. Meg warf ihm ein Lächeln zu, von dem sie hoffte, dass es möglichst einnehmend wirkte.

»Er ist ganz in der Nähe«, erklärte der Mann. »Ich kann Sie hinbringen, wenn Sie wollen.«

»*Si, grazie*«, bedankte sich Alec.

Der Mann wandte sich ab und überquerte den gepflasterten Innenhof. Meg und Alec sahen zu, wie er kurz in der Dunkelheit unter dem Torbogen verschwand und schließlich im hellen Sonnenschein der Via del Pellegrino wieder auftauchte. Er wandte sich um und bedeutete ihnen, ihm zu folgen. Rasch eilten sie ihm nach.

Lizzie und Constance befanden sich nur einen Häuserblock weiter in der Via Cappellari, die nach den Hutmachern – den *cappellari* – benannt worden war, die einst die Straße säumten. Mittlerweile trugen die beiden die Harrods-Tasche mit Henrys Karton zwischen sich, um sich die Last zu teilen.

Sie waren auf der Suche nach der winzigen Kirche Santa Barbara dei Librai. Constance wusste noch, dass sie sich auf einem kleinen Platz in der Nähe des geschäftigen Lebensmittelmarktes auf dem Campo de' Fiori befand, doch sie hatte keine Ahnung, dass sie sich gerade genau in die entgegengesetzte Richtung bewegten.

Das Taxi hatte die beiden auf der Piazza Farnese vor dem symmetrisch kompakten Renaissancepalast abgesetzt, der von einigen der berühmtesten Architekten des sechzehnten Jahrhunderts geplant worden war, darunter auch Michelangelo. Über dem gewaltigen Haupteingang wehte eine riesige rot-weiß-blaue Flagge in der Hitze und wies darauf hin, dass der Palazzo derzeit als französische Botschaft genutzt wurde. Das Gebäude stellte für Constance eine Art architektonische, aber auch geografische Markierung dar, die ihr in den letzten fünfzig Jahren geholfen hatte, sich in diesem Viertel der Stadt zurechtzufinden.

Constance führte Lizzie in eine Ecke des Campo de' Fiori und hoffte, auf diese Weise dem Wahnsinn des mit Menschen vollgestopften Marktplatzes zu entkommen. Schließlich zogen sie sich in eine kleine Gasse neben der berühmten Bäckerei Forno Campo de' Fiori zurück, vor der es wunderbar nach frischem Brot roch, und wanderten eine Weile weiter, ohne den kleinen Platz mit der winzigen Kirche zu finden.

»Wir haben uns verlaufen, nicht wahr?«, fragte Lizzie schließlich. Sie trug genauso wie Constance zweckmäßige Laufschuhe, doch die Pflastersteine waren trotzdem mörderisch.

»Nein, sie ist gleich dort drüben«, erwiderte Constance und versuchte, überzeugt zu klingen.

»Der Taxifahrer meinte aber, sie befände sich gleich hinter dem Campo«, entgegnete Lizzie.

»Dann hat er sich eben geirrt.«

»Ja klar, was weiß ein Römer auch schon über Rom.«

»Ich habe ebenfalls hier gelebt und gearbeitet«, erwiderte Constance.

»Ja, vor dreiundfünfzig Jahren«, konterte Lizzie. »Du kennst die Straßen hier wie die Rückseite deiner mit Altersflecken übersäten Hand.«

Constance blieb stehen und lachte ihr lautes Piratenlachen. Es fühlte sich gut an. Und es tat gut, sich wieder auf ihre lange und tiefe Freundschaft zu besinnen, die auch auf ihrer Fähigkeit basierte, die andere aus der Reserve zu locken und zu schockieren. Bloß ein oder zwei Mal in all den Jahren hatten ihre kleinen Streitgespräche einen gehässigen Ton angenommen, und es waren Gefühle verletzt worden. Doch das Schweigen hielt nie lange an, und ihre Beziehung war bald wieder die alte.

»Böses altes Weib«, meinte Constance zu Lizzie.

Sie stellte die Harrods-Tasche ab, um sich ein wenig auszuruhen. Lizzie spreizte die Finger und betrachtete die roten Striemen auf ihrer Handfläche, die die Riemen der Tasche hinterlassen hatten. Constance warf einen Blick zurück und gestand sich endlich ein, dass sie in die falsche Richtung unterwegs waren.

Plötzlich erschien Henry vor ihr. Als Mann, nicht als Karton voller Asche. »Giordano Bruno«, sagte er. »Gleich hinter seiner rechten Schulter.«

Constance sah sich um. Lizzie hatte Henry nicht bemerkt. Natürlich wusste Constance, dass sie sich ihn bloß einbildete, aber er schien so *real*. Vor über einem halben Jahrhundert hatte sie sich einmal bei Henry darüber beschwert, dass sie sich auf dem Weg zur Kirche Santa Barbara verlaufen hatte. Darauf hatte er erwidert, dass sie einfach zum Marktplatz zurückgehen und sich vor die Statue des Giordano

Bruno stellen sollte, wenn sie nicht mehr weiterwusste. Die Straße zur Kirche befand sich direkt dahinter auf der rechten Seite.

»Komm«, sagte Constance, nahm die Harrods-Tasche und machte sich auf den Weg zurück zum Campo. Lizzie schloss zu ihr auf, und nach kurzem Gerangel übernahm sie erneut die Hälfte des Gewichts, das sie mit sich schleppten.

»Meinst du nicht, wir sollten vielleicht jemanden nach dem Weg fragen?«, schlug Lizzie vor.

»Aber dann macht es doch keinen Spaß mehr«, erwiderte Constance und beschloss, die seltsame Erscheinung für sich zu behalten.

Dieses Mal ließen sie das Gedränge zwischen den Marktständen links liegen und steuerten direkt auf die Statue des Giordano Bruno zu, die in der Mitte des Campo de' Fiori genau an jener Stelle emporragte, an der er vor vierhundert Jahren auf dem Scheiterhaufen verbrannt worden war.

Giordano war ein Dominikanermönch, Philosoph, Wissenschaftler und Poet gewesen. Ich habe ihn nie persönlich kennengelernt, doch zu Lebzeiten war er sehr bekannt für seine radikalen Ansichten, darunter etwa die Vorstellung, dass unsere Sonne nur eine von vielen sei, die im ganzen Universum verstreut waren, und dass um diese Sonnen womöglich Planeten kreisten, auf denen es anderes Leben gab. Die vorherrschende religiöse Meinung zu dieser Zeit besagte jedoch, dass Gott die Erde ins Zentrum des Universums gestellt und den Menschen zum Herrscher über das gesamte Erdenreich ernannt hatte (beim Gedanken daran muss ich immer noch lachen). Und als Giordano sich weigerte, seine seltsamen Ideen zu widerrufen, wurde er hingerichtet.

Hätten Constance und Lizzie sich nicht Hilfe suchend

an Giordano Bruno gewandt, sondern wären weiter die Via dei Cappellari entlanggelaufen, wären sie irgendwann auf ein amerikanisches Ehepaar gestoßen, das einem schielenden Mann in einem speckigen grünen Mantel folgte. Vermutlich wäre es zu einem kurzen Moment des gegenseitigen Wiedererkennens gekommen, und man hätte einander gefragt, was einen nach Rom verschlug, doch das wäre bloßer Zufall und nicht in meiner Absicht gewesen. Es bestand keine Notwendigkeit, dass sie sich trafen. Ein Treffen hätte ganz im Gegenteil vielleicht sogar den gesamten Verlauf der Geschichte maßgeblich beeinflusst. Und daher trafen sie einander nicht.

Langsam bekam Alec ein ungutes Gefühl. Es war ohnehin nicht einfach, in den Gassen und Straßen Roms den Überblick zu behalten, doch mittlerweile kam es ihm vor, als würden sie dem schielenden Mann in einem großen Kreis wieder zu ihrem Ausgangspunkt folgen.

»Ich dachte, der Fliesenmacher wäre irgendwo in der Nähe«, meinte Alec leise.

»Vielleicht verstehen die Römer unter ›ganz in der Nähe‹ etwas anderes als wir«, flüsterte Meg zurück. »Lass uns lieber zum Laden zurückkehren.«

»Ich hoffe, du hast eine Spur Brotkrumen gestreut, Gretel«, erwiderte Alec, »denn ich habe keine Ahnung, wie wir dorthin zurückfinden sollen.«

»Ich habe irgendwie das starke Gefühl, dass bald etwas Schlimmes passieren wird«, verkündete Meg.

In diesem Moment wurde vor ihnen eine Tür geöffnet. Heraus trat Dr. Stephanie, die gerade damit beschäftigt war, ihr Stethoskop wieder in ihre Tasche zu stopfen, und daher mehr oder weniger in Alec hineinlief. Sie war so überrascht, dass sie nach hinten stolperte und Alec beide Arme um sie schlingen musste, um sie aufzufangen.

»Alec!«, rief Stephanie, bevor sie seine Frau bemerkte und meinte: »Und …«

Nichts.

Sie hatte Megs Namen schlichtweg vergessen. Meg konnte sehen, dass Stephanie ehrlich keine Ahnung hatte, was sie irgendwie noch wütender machte. Vermutlich, weil es bedeutete, dass sie ein Mensch war, den man schlichtweg vergessen konnte.

»Meg«, sagte sie säuerlich.

»Meg. Ja. Tut mir leid«, erwiderte Stephanie.

Alec ließ Stephanie los, und sie lächelte ihn dankbar an. »Was um alles in der Welt machen Sie hier?«, fragte sie.

»Was um alles in der Welt machen *Sie* hier?«, erwiderte Meg schnell, bevor ihr Mann die Gelegenheit hatte zu antworten.

»Ich? Ach, ich führe hier eine kostenlose Klinik für Romakinder«, erwiderte Stephanie und tat ihre wohltätige Arbeit einfach ab, als wäre es das Unwichtigste auf der ganzen Welt. »Ich wollte gerade …«

»Eine kostenlose Klinik?«, unterbrach sie Alec.

»Ja«, erwiderte Stephanie. »Aber ich wollte gerade Pasta essen gehen, wenn Sie vielleicht mitkommen …«

»Das würden wir wirklich sehr gern«, unterbrach sie Meg und klang unglaublich begeistert, »aber der Gentleman da vorn« – sie deutete auf den schielenden Mann, der etwa zehn Schritte entfernt auf sie wartete – »will uns zu einem Fliesenmacher bringen, und wir dürfen ihn nicht warten lassen. Aber es war wirklich schön, Sie wiederzusehen!«

Stephanie warf einen Blick auf den schielenden Mann und runzelte die Stirn, bevor sie auf Italienisch rasend schnell auf ihn einredete. Er erwiderte etwas, doch in dem Moment nahm Meg Alec am Arm und eilte mit ihm die Straße hinunter, während sie sich über die Schulter hinweg von Stephanie verabschiedeten.

Stephanie sah ihnen eine Weile lang nach, bevor sie um die Ecke bog, um sich eine frische Pasta zu gönnen.

Alec und Meg folgten dem Mann durch einen Torbogen in eine schmale Gasse. Sicherheitshalber beschloss Alec, sich den Namen der Gasse zu merken. Arco di S. Margherita. Sie kamen an einem liegen gebliebenen Holzkarren vorbei und traten auf einen kleinen Platz, auf dem jeder Zentimeter der umliegenden Wände mit farbenfrohen Graffiti bedeckt war. Es stank beißend nach faulem Gemüse. An einer Wand befand sich eine Reihe von Gaszählern, die mit einem komplexen Gebilde aus Bleirohren miteinander verbunden waren, und seltsamerweise war auf jedem der Zähler in schwarzen, handgeschriebenen Buchstaben das Wort »Fisch« vermerkt. Zu beiden Seiten der Gasse sahen sie große Öffnungen in den Wänden, die etwa die Breite und Höhe eines Garagentors hatten und mit alten Metall- oder noch älteren Holzrollläden verschlossen waren, die allesamt bunt bemalt, dann jedoch mit vulgären Sprüchen und obszönen Motiven besprüht worden waren.

Der schielende Mann bückte sich und schob einen der Rollläden nach oben. Dieser fuhr klappernd und protestierend hoch und gab den Blick auf die gähnende Finsternis dahinter frei. Der Mann bedeutete den beiden einzutreten.

Meg warf Alec einen besorgten Blick zu, doch dieser zuckte bloß mit den Schultern. Sie waren bereits so weit gekommen …

Nachdem sich ihre Augen an die Dunkelheit gewöhnt hatten, erkannten Meg und Alec am anderen Ende des dunklen Raumes eine halb geöffnete Tür, die in einen kärglich beleuchteten Raum führte. Ein Mann tauchte auf. »*Buongiorno.*«

Alec nahm seine Frau an der Hand und ging auf den Mann zu: »*Buongiorno,* endlich lernen wir Sie kennen!« Meg gefiel es gar nicht, dass er das Reden übernommen hatte. »Wir haben Ihnen wegen dieser blauen Fliese gemailt. Ich bin Alec, und das ist meine …«

Der Mann hob die Hand und drückte etwas Scharfes an Alecs Kehle, dem schlagartig bewusst wurde, dass es sich um ein Messer handelte.

»Geld her!«, befahl der Mann in einem kaum verständlichen Englisch.

Bevor sie überhaupt begriff, was vor sich ging, packte der schielende Kerl Meg von hinten. Sie wollte schreien, doch er presste ihr eilig die Hand auf den Mund, und dann spürte auch sie ein Messer an ihrer Kehle.

»Tasche«, flüsterte der schielende Mann ihr ins Ohr. Er war so nah, dass sie erneut den süßlichen Gestank seines Rasierwassers wahrnahm. Ihr gesamtes Leben befand sich in dieser Tasche, doch es gab nur eine Sache, die ihr wirklich etwas bedeutete.

Alec zog seine Brieftasche aus seiner Hosentasche. In einem mit Reißverschluss verschlossenen Fach in der Mitte befanden sich etwa fünfhundert US-Dollar und in dem Fach dahinter etwa tausend Euro, von denen der Großteil als Anzahlung für den Fliesenmacher gedacht gewesen war.

»Bitte, in der Tasche …«, sagte Meg zu dem schielenden Mann, »… befindet sich eine Fliese. Eine blaue Fliese, eingewickelt in …«

Der Mann presste Meg erneut die Hand auf den Mund und zerrte sie rückwärts. Panik erfasste sie. Sie war noch nie so behandelt worden, außer vielleicht als Kind beim Spielen. Einen Moment lang erinnerte sie sich an die Abschiedsparty auf der Farm ihrer Eltern im australischen Outback, bevor sie ins Internat nach Toowoomba abgereist war. Einer der jungen Farmarbeiter hatte sie nach hinten gegen einen Heuballen gedrückt. Er hatte ihr ebenfalls die Hand auf den Mund gepresst, aber bloß, weil sie so laut gelacht hatte.

Adrenalin schoss durch Alecs Adern, als er sah, was gerade mit seiner Frau passierte. Trotz des Messers an seiner Kehle begann er sich gegen die Umklammerung des Mannes zu wehren und rief: »Hey!« Er hörte, wie Meg stolperte und im Dunkeln zu Boden ging. Kurz darauf traf ihn ein Schlag gegen die Schläfe, und er landete ebenfalls auf dem harten Beton. Sie hörten, wie die Tür hinter ihnen verschlossen wurde, und kurz darauf schloss sich auch der Rollladen. Sie blieben in der Dunkelheit zurück und hörten nur noch Schritte, die sich entfernten.

Alecs Ohr klingelte. Er tastete nach dem Verband, den Stephanie an seiner Stirn angebracht hatte. Er war noch an Ort und Stelle. Er fragte sich, ob die Naht womöglich aufgeplatzt war. Er glaubte nicht, dass er blutete, aber es war schwer zu sagen.

»Alles in Ordnung?«, fragte er.

Meg richtete sich auf und versuchte, die Orientierung wiederzufinden. Sie war zu schockiert, um irgendetwas zu sagen. Sie streckte die Hand nach Alec aus, doch sie bekam ihn nicht zu fassen.

14

Die Spanische Treppe

»*Dem Wagemutigen hilft das Glück.*«

VERGIL, AENEIS

August und Alice hatten beschlossen, die Hitze der Stadt hinter sich zu lassen, und wanderten stattdessen durch den schattigen Park auf dem Monte Pincio mit seiner Vielzahl an Palmen und immergrünen Bäumen.

August spürte ein seltsames Gefühl im Magen, auch wenn er nicht krank war. Es war dasselbe Gefühl, wie wenn man in der Schule den Preis für das beste Kunstprojekt erhalten hatte und kurz darauf auch noch eine Auszeichnung in Physik überreicht bekam. Es war ein Gefühl, das sich immer dann einstellte, wenn man sein Glück selbst nicht fassen konnte.

Alice blickte zu den riesigen Baumkronen empor, die sich wie ein Schirm über sie spannten. Diese Bäume waren überall in Rom zu sehen, und sie fand ihre plastischen Formen einfach bewundernswert. Sie stellte sich vor, wie Gärtner mit Flügeln auf dem Rücken zwischen den Bäumen umherflogen, um die ausladenden Baumkronen in dichte, grüne Wolken zu verwandeln, und während sie die Hand auf einen der rauen Stämme legte, fragte sie August, wie diese Bäume hießen.

»Beverly«, antwortete er überzeugt. »Sie heißen Beverly.«

Alice lachte.

»Ich habe ehrlich keine Ahnung«, fuhr er fort und sah ebenfalls nach oben. »Es ist vermutlich irgendeine Kiefernart.« Als er den Blick wieder senkte, hatte sich Alice bereits auf den Weg zu einer der zweihundertachtundzwanzig Steinbüsten berühmter Italiener gemacht, die die Pfade des Parks am Monte Pincio säumten.

Alice wusste natürlich nicht, dass sie sich ausgerechnet den jesuitischen Astrophysiker Angelo Secchi ausgesucht hatte, dessen Abbild nicht nur zufällig genau über dem Meridian von Rom positioniert worden war. Angelo war der Vorsitzende der Sternwarte gewesen und hatte das Glück gehabt, dass sich die intellektuelle Stimmung in Rom wesentlich verändert hatte, seit sein Kollege Giordano Bruno zweihundertfünfzig Jahre zuvor auf dem Campo de' Fiori gegrillt worden war. Tatsächlich wurde Angelo für seine Arbeit auf den Gebieten der Sonnenphysik und der Spektroskopie so sehr geschätzt, dass er sogar hier gemeinsam mit anderen italienischen Prominenten aus Wissenschaft, Kunst, Philosophie und Politik Aufstellung beziehen durfte.

»Kennst du den da?«

Alice hätte beinahe »Nicht persönlich« geantwortet, doch sie beschloss, dass es seinem »Beverly«-Scherz wohl zu nahe gekommen wäre. Also schüttelte sie bloß den Kopf.

August beobachtete Alice, wie sie die Statue musterte, als hätte etwas ihre Aufmerksamkeit erregt, aber er hatte keine Ahnung, was es war.

»Warum siehst du dir die Statue so genau an?«, fragte er.

»Wegen der Farben.«

Er lachte, denn er glaubte, sie hätte einen Scherz gemacht. Die Büste war aus weißem Stein, da gab es keine Farben. Bis sie es ihm erklärte: ausgebleichtes Treibholz, knochiges Weiß, Milchweiß, Creme, Blauweiß, Warmweiß, gelbliches Weiß, Kreideweiß. Ihm eröffnete sich eine bisher unbekannte Welt.

»Ist das so eine komische Inselbegabung?«, fragte er, um sie aus der Reserve zu locken.

Alice hatte noch nie jemandem vom vollen Ausmaß ihrer seltsamen Besessenheit erzählt, denn es schien ihr so verrückt, dass sie es lieber für sich behielt. Aber nachdem sie übereingekommen waren, dass sie einander niemals wiedersehen würden, konnte sie es ihm wohl verraten. Sie erzählte ihm, wie sie als Kind die Kleiderschränke der Familie nach Farben sortiert hatte. Sie erzählte ihm von ihrer Arbeit in der Boutique, wo sich die Kundinnen vollkommen auf ihre perfekte Wahrnehmung verlassen hatten, und davon, wie sehr sie den Job geliebt hatte und ihn noch immer vermisste. Sie erzählte ihm, dass sie die Welt zuerst in Farben und erst später in Formen wahrnahm.

»Wenn du mir ins Gesicht siehst, fällt dir also zuerst auf, dass meine Augen grün sind?«, fragte er.

»Sie sind nicht grün«, erwiderte sie und zählte alle siebzehn Farbtöne auf, die sie bis jetzt in seiner Iris entdeckt hatte.

Er stand vor ihr und lächelte.

»Was?«, fragte sie. »Sag bloß, an dir gibt es nichts Seltsames. Ich sehe doch, dass auch in dir ein kleiner Verrückter wohnt.«

»Ich hüpfe gerne durch die Gegend«, sagte er.

Und das stimmte auch. Augusts Vater produzierte wiederverwertbare Kartons für biologische Freilandeier, doch davor war er kurze Zeit als professioneller Boxer aufgetreten. Seilspringen hatte zu seinem täglichen Fitnessprogramm gehört, und er hatte auch nach seiner Karriere daran festgehalten und seinen kleinen Sohn ebenfalls dazu gebracht.

August sprang bis zur Highschool regelmäßig Seil und wäre dafür wohl ordentlich verprügelt worden, wäre er nicht ein Meister im Hakenschlagen gewesen. Eines Tages nahm er nach einem Streit mit einem Freund das Seil zur Hand, um beim Springen Dampf abzulassen, doch es half nicht. Also ließ er das Seil liegen und sprintete über das Football-feld. Ein kleiner Sprung mit dem linken Fuß gefolgt von einem großen Satz mit dem rechten, ein kleiner Satz mit dem rechten Fuß, gefolgt von einem großen Sprung mit dem linken. Und schon hüpfte und sprang er in kleinen und großen Sätzen über das matschige Gras. Es war seltsam, verrückt und wahnsinnig befreiend. Er liebte es.

August erklärte Alice, wie sehr er es genossen hatte und dass er immer noch regelmäßig hüpfte und sprang, mittlerweile jedoch ohne Seil. Es half ihm nachzudenken, wenn er irgendwo feststeckte, etwa bei einem Entwurf für sein Studium.

Nun lächelte Alice ebenfalls. »Weißt du, was das wirklich Furchteinflößende daran ist?«, fragte sie. »Dass ich dir tatsächlich glaube.«

»Mach es nicht runter, bevor du es ausprobiert hast«, erwiderte er und griff nach ihrer Hand.

Sie zog sie zurück. »Ich werde sicher nicht mit dir herumhüpfen«, sagte sie.

»Ach, komm schon«, erwiderte er. »Was hast du schon zu verlieren?«

»Meine Würde.«

»Abgesehen davon.«

»Ich hüpfe sicher nicht mit dir herum«, meinte sie bestimmt.

Er warf ihr ein enttäuschtes Lächeln zu.

»Auch wenn ich mir die Idee vielleicht abschauen werde«, sagte sie.

»Wofür?«, fragte er.

»Für meine Skulpturen«, antwortete sie. »Ich bin Bildhauerin.« Das klang irgendwie ziemlich überheblich, und sie hatte das Gefühl, es näher erklären zu müssen. »Ich besuche ein Kunstcollege, und mein Hauptfach ist Bildhauerei.« Selbst das klang lächerlich, und sie fühlte sich wie eine Hochstaplerin.

»Welche Art Skulpturen machst du denn?«

»Hauptsächlich Durchschnittskram«, erwiderte sie.

»Dann bist du also eine dieser narzisstischen Amerikanerinnen, die denken, sie wären einfach in allem brillant«, meinte er.

Sie lächelte und erzählte ihm von Professor Stoklinsky und seinem unbegründeten Glauben in sie, von ihrer mittelmäßigen Arbeit, von Daniels Hilfe und von dem Auftrag ihres Professors, etwas Außergewöhnliches zu tun, das sie mit sich riss.

Danach drehte sich ihr Gespräch ganz allgemein darum, was sie studierten und warum. Alice versuchte, August eine Antwort zu entlocken, warum er sich für Architektur entschieden hatte.

»Ich habe eine dieser vornehmen Schulen besucht«, erwiderte er, »an der man nur zwischen Medizin, Zahnmedizin und Rechtswissenschaften wählen konnte. Oder Architektur, wenn man künstlerisch begabt war.«

»Dann bist du also künstlerisch begabt?«, fragte sie.

»Sieht man das etwa nicht?«

»Und gefällt es dir?«

»Es ist besser als Medizin, Zahnmedizin oder Rechtswissenschaften.«

»Was würdest du tun, wenn du alles tun könntest, was du wolltest?«, fragte sie.

»Ich würde auf dem Meeresgrund leben. Mit einer wunderschönen Meerjungfrau, die mit den Augenlidern atmet und drei Vaginas hat.«

Alice lachte, und August zuckte mit den Schultern. Er konnte einfach nichts mit dieser Frage anfangen. »Aber in Wahrheit«, fügte er hinzu, »kann man ohnehin nie das tun, was man will, nicht wahr?«

»Aber *wenn* du es könntest?«

»Dann würde ich gerne als Maler in Paris leben«, sagte er, bloß um irgendetwas zu sagen, und hätte sich am liebsten in den Hintern getreten, weil ihm nichts Besseres eingefallen war.

Sie spazierten eine Weile schweigend nebeneinander her. Alice warf einen Blick auf die Uhr auf ihrem Telefon. August fragte nicht, wie lange sie noch Zeit hatten, bevor sie zum Bahnhof musste, denn er wollte es gar nicht wissen.

»Lass uns etwas tun, das dich mit sich reißt«, sagte er.

Es gefiel ihr, dass er sich daran erinnerte. »Was denn?«

Er hatte keine Ahnung, aber er wusste, dass er sie erneut am Haken hatte. Und jetzt musste er sich etwas Außergewöhnliches, Mutiges und Unvergessliches einfallen lassen.

Die Spanische Treppe führt von der imposanten Kirche Santa Trinità dei Monti hinunter auf die lebhafte Piazza di Spagna, in deren Mitte Berninis hübscher, bootsförmiger Brunnen, die Fontana della Barcaccia, inmitten der Touristenmassen vor sich hin plätschert. Die Treppe besteht aus insgesamt einhundertfünfunddreißig, in einem seltsamen Winkel angelegten und von mehreren Absätzen unterteilten Travertinstufen und ermöglicht einen Panoramablick auf das belebte Geschäftsviertel, das sich hinter der Piazza erstreckt. Mehr oder weniger zu allen Tages- und Nachtzeiten belegten Touristen und Einheimische die Treppenstufen, und an diesem Tag waren sie aufgrund des herrlichen Wetters in Scharen gekommen.

Alice saß hinter August auf dem rumpelnden Motorino und ging in Gedanken die Liste möglicher Folgen des Plans durch, dem sie vorhin zugestimmt hatte: Tod, bleibende Verletzungen, Verhaftung und Ausweisung waren die absoluten Highlights. Die neue Alice ermahnte sie, sich am Riemen zu reißen. Wenn sie tatsächlich vorhatte, ihr Leben maßgeblich zu verändern, dann war jetzt der Zeitpunkt, um ihre Frau zu stehen und sich abenteuerlustig zu zeigen. Außerdem wusste sie sehr gut, dass es der alten Alice viel zu peinlich gewesen wäre, jetzt noch einen Rückzieher zu machen.

August hingegen war so verliebt, dass er keinen klaren Gedanken mehr fassen konnte. Er war davon überzeugt, dass er und Alice unsterblich waren, und dachte nicht eine Sekunde darüber nach, was womöglich passieren konnte. Hätte er in einer anderen Epoche gelebt, hätte er die Monstrosität seiner Gefühle vermutlich dadurch ausgedrückt, indem er jemanden zum Duell aufforderte oder auf der Suche nach einem verlorenen Schatz das Mittelmeer durchsegelte, doch das hier war alles, was er auf die Schnelle bewerkstelligen konnte.

Er hatte viele Sommer auf der Farm seines Cousins verbracht und war dort mit dem Motocross-Motorrad unterwegs gewesen, und das, was er jetzt vorhatte, war nicht viel schwieriger. Er brachte den winzigen Motor auf Touren und hob das Vorderrad auf den Bürgersteig. Einen Moment lang war die Beschleunigung unglaublich. Die Fußgänger stoben auseinander. Das Motorino schoss die weiße Steintreppe hinunter.

Alice wäre wohl entsetzt gewesen, wenn sie bemerkt hätte, dass sie lauthals schrie, doch glücklicherweise war sie viel zu verängstigt, um es zu hören. Die Räder des Motorinos holperten die Treppe hinunter, und ihr Körper wurde so gewaltig durchgeschüttelt, dass sie das Gefühl hatte, ihre Knochen würden sich aus den Gelenken lösen, sodass am Ende nur noch ein Sack loser Gebeine übrig blieb. Sie spürte ihre Arme nicht mehr, gab ihrem Gehirn aber dennoch den Befehl, ihnen zu sagen, dass sie sich festhalten mussten. Gesichter schossen an ihnen vorbei. Manche wirkten entsetzt, andere lächelten, und eines schrie wütend.

Das Vorderrad kam mit einem Poltern auf dem ersten Treppenabsatz auf, und die Erschütterungen hörten einige gnädige Sekunden lang auf, in denen sie quer über den Absatz schossen, um von der linken auf die rechte Seite der Treppe zu gelangen. Alice entspannte sich einen Moment lang und hätte beinahe den Halt verloren, als sie auf die nächste Treppe fuhren. Das Motorino schoss hinunter, und sie klammerte sich noch fester an August. Zumindest nahm sie an, dass sie sich an ihn klammerte, denn immerhin fiel sie nicht hinunter. Sie schloss die Augen und spürte, wie die Zeit plötzlich gleichzeitig schneller und langsamer wurde. Das war nicht sie auf dem Motorrad, sondern jemand anders, so unwirklich war das Gefühl. Sie spürte, wie sie ihren Körper verließ und sich selbst von oben herab betrachtete.

August konnte keinen klaren Gedanken fassen, während das Motorino die Treppe hinunterschoss. Er spürte überhaupt nichts. Er hatte keine Zeit, denn er musste sich auf das konzentrieren, was genau in diesem Moment geschah, und sein Gehirn war vollends damit beschäftigt, Berechnungen anzustellen und mögliche Reaktionen auf Gefahren vorherzusehen, die sich ihm unermüdlich und im Sekundentakt in den Weg stellten.

Auf dem zweiten Treppenabsatz entdeckte er schließlich einen Mann in einer dunkelblauen Uniform und weißen Handschuhen, der in eine Trillerpfeife blies und winkend auf sie zulief. Er lenkte das Motorino um den Mann herum und schoss weiter die Treppe hinunter. Er ließ gerade den Blick auf der Suche nach einer Fluchtmöglichkeit über die Piazza unter ihnen schweifen, als er plötzlich zwei Blaulichter sah, die die Via dei Condotti entlangschossen. Dann richtete er seinen Blick wieder auf die Treppe und entdeckte im letzten Moment eine Frau mit einem Eiswagen, die sich direkt vor ihm befand. Die Frau hatte ihn ebenfalls gerade erst gesehen, und ihr Gesicht war vollkommen ausdruckslos. Sie hatte noch keine Zeit gehabt, um die plötzliche Katastrophe, die auf sie zuraste, zu verarbeiten, geschweige denn, sie zum Ausdruck zu bringen.

August riss den Lenker ruckartig nach links, was dazu führte, dass der Hinterreifen des Motorrades über den Treppenabsatz schlitterte und Alice zur Seite geschleudert wurde. Sie riss die Augen auf und sah, wie der weiße Steinboden auf sie zuraste. Dann spürte sie, wie sie aus dem Sitz gehoben wurde, und ihr wurde klar, dass bald das denkbar Schlimmste passieren würde. Sie versuchte, sich an Augusts Oberkörper festzuklammern, doch die Fliehkraft zog sie immer weiter von ihm fort. Die Welt verlor jegliche Farbe, und plötzlich nahm Alice alles nur noch in verschwommenem Schwarz und Weiß wahr. Die Zeit schien beinahe stillzustehen, und alles war seltsam unwirklich. Alice erkannte, dass sie gleich ohnmächtig wurde und außerdem vergessen hatte zu atmen. Sie befahl ihrer Lunge, sich zu öffnen und Luft zu holen, doch diese hatte scheinbar einen Pakt mit der Angst geschlossen und verkrampfte sich weiterhin.

Im nächsten Augenblick fand der Reifen doch noch Halt, und das Motorino hörte auf zu rutschen. Alices Lunge öffnete sich. Die Farben kehrten zurück. Sie packte Augusts T-Shirt und zog sich entschlossen daran hoch, obwohl die Schwerkraft sie nach unten zog. Die Zeit nahm wieder ihren gewohnten Gang, und Alice presste die Lider aufeinander, denn sie hatte das Gefühl, ihre Sinne besser unter Kontrolle bringen zu können, wenn sie einen davon ausschloss.

August umklammerte den Lenker des Motorinos und fand endlich das Gleichgewicht wieder. Nachdem das Fahrzeug erneut eine senkrechte Position eingenommen hatte, schaffte er es in letzter Sekunde, der Frau mit dem Eiswagen auszuweichen und die letzten Stufen zur Piazza hinunterzuholpern. Das Herz schlug ihm bis zum Hals, und er wich einer Gruppe Schuljungen aus, ohne überhaupt zu merken, dass sie ihm zujubelten und applaudierten.

Sobald das furchtbare Rumpeln ein Ende genommen hatte, öffnete Alice die Augen und sah und hörte gleichzeitig, dass zwei Polizeiautos mit Blaulicht und Sirene auf sie zurasten. Sie wandte den Blick nach links und entdeckte noch einen dritten Wagen. *Das ist so unwirklich*, dachte sie. Es war, als sähe sie einen Film über sich selbst, in dem sie das Leben einer anderen lebte.

August riss das Motorino nach rechts und raste auf die

Via del Babuino zu, änderte dann jedoch kurzerhand seine Meinung und bog nach links in die Via delle Carrozze.

Sie tauchten in den Schatten zwischen den Gebäuden ein, und August merkte, wie die Temperatur mit einem Mal sank. Sein Magen zog sich zusammen, denn plötzlich hatte er das Gefühl, Alice irgendwo verloren zu haben. Er nahm die linke Hand von der Lenkstange und griff nach hinten, um zu überprüfen, ob sie sich immer noch an ihm festhielt.

Alice hatte keinen Bezug mehr zur Realität und sah die Fußgänger, an denen sie vorbeifuhren, bloß als Kaleidoskop an Farben. Ihr Blick fiel auf eine Reihe großer Sonnenschirme und Menschen, die darunter zu Mittag aßen, ein Kind in einem blau-weiß gestreiften Kleid, ein bernsteinfarbenes Schild auf einer Terrakottawand, auf dem das Wort *Greco* stand.

August wurde bewusst, dass Tonlage und Lautstärke der Sirenen sich verändert hatten. Es waren mehr, und sie waren näher gekommen. In diesem Moment entdeckte er zu seiner Rechten einen kleinen Torbogen, der etwa so breit wie eine normale Tür war und von einem stabilen Eisentor versperrt wurde, das einen Spalt offen stand. Er bremste, drehte um und drückte das Tor mit dem Vorderreifen nach innen auf. August lenkte das Motorino in eine kleine Mauernische. Vor ihnen führten drei Marmorstufen zu einer erhöhten Veranda, auf der sich eine Art Trennwand aus Ziegelsteinen mit einer etwas aus der Mitte geratenen Tür befand, die den Blick auf etwas freigab, das wie ein Waschbecken aussah. Dieser Ort schien irgendwie keinen Sinn zu ergeben, doch das war im Moment egal.

Plötzlich strahlte ein blaues Licht auf die weiß getünchten Wände und wurde schnell immer heller. Eine Sirene heulte und wurde lauter und lauter. Pulsierendes Blaulicht füllte die kleine Nische, und die Sirene kreischte in ihren Ohren. Dann raste sie weiter. Ein weiteres Blaulicht folgte und dann noch eines und noch eines.

August und Alice blieben wie versteinert hintereinander sitzen, und schließlich verklang auch die letzte Sirene zu einem Heulen in der Ferne.

Endlich erwachte August aus seiner Starre, wandte sich zu Alice um und löste ihre Arme von seiner Mitte. Er grinste. »Ich nehme an, das hat dich mitgerissen, oder?«

Alice sah ihn ausdruckslos an. Ihr System musste gerade zu viele Daten auf einmal verarbeiten und hatte einen Moment lang den Betrieb eingestellt.

August lehnte sich zu ihr. »Alles in Ordnung?«, fragte er.

Sie spürte seinen heißen Atem auf ihrem Gesicht. Er war so nahe, dass sie glaubte, er wollte sie küssen. Plötzlich legte ihr System einen Neustart hin, und sie fühlte sich wie berauscht. Wenn er sie jetzt küsste, würde sie ihn zurückküssen.

In diesem Moment begann etwas furchtbar laut und eindringlich zu piepen. Die beiden zuckten zusammen, und Alice zog ihr Mobiltelefon aus der Tasche. August nahm es ihr ab und warf einen Blick auf das Display. Es wurde Zeit, zum Bahnhof zu fahren. Er lächelte traurig, dann gab er ihr das Gerät zurück.

Der Moment, in dem sie sich beinahe geküsst hätten, war vorüber.

15

Die Kunst der Cappuccini

»Ein Mensch lässt sich oft mehrere Jahre lang alles gefallen, er demütigt sich und erduldet die grausamsten Strafen, bricht aber plötzlich bei irgendeiner Kleinigkeit, einer Bagatelle, eines nichtigen Anlasses wegen los.«

FJODOR DOSTOJEWSKI,
AUFZEICHNUNGEN AUS EINEM TOTENHAUS

Dr. Stephanie Cope saß an einem Tisch vor einem kleinen Ristorante in der Via del Pellegrino und wartete auf ihre Bucatini all'amatriciana. Sie nippte an ihrem Cappuccino, was ihren Kellner Pietro zur Weißglut brachte, weil man in Italien – wie er ihr jedes Mal erklärte, wenn sie eine Tasse bestellte – dem Kaffee nur bei einer einzigen Gelegenheit Milch beifügte. Und zwar beim Frühstück. Stephanie hatte jedoch zu viel Zeit in Kriegsgebieten verbracht, sodass sie mittlerweile wusste, wie wichtig es war, sich das, was man wollte, sofort zu beschaffen. Sie wollte Kaffee mit Milch, und zwar *vor* dem Mittagessen – und deshalb hatte sie genau das bestellt. *Denn morgen könnten wir alle tot sein.*

Sie bezweifelte nicht, dass die Angestellten des Ristorante vor der Kaffeemaschine standen und allesamt verzweifelt den Kopf schüttelten, doch das war ihr egal.

Sie hob die Tasse an die Lippen und legte den Kopf in den Nacken, um sich auch noch den letzten Rest des köstlichen Milchschaums in den Mund zu kippen. Hätte sie nicht in diesem Augenblick den starken Geruch nach Rasierwasser wahrgenommen, hätte sie den schielenden Mann und seinen verstohlenen Begleiter vermutlich gar nicht bemerkt. Die beiden waren auf dem Weg zu einem klapprigen, silberfarbenen Peugeot, der etwas weiter die Straße hinunter parkte. Stephanie war sich sicher, dass es derselbe Kerl war, der vorhin mit dem Amerikaner und seiner Frau zusammen gewesen war. Sie hatte ihn bei ihrem kurzen Wortwechsel gefragt, ob er in der Romasiedlung La Barbuta Unterschlupf gefunden hatte, denn eines der kleinen Mädchen, die dort wohnten, war heute nicht zur Behandlung in der Klinik erschienen. Er hatte erwidert, nichts über die Roma oder das kleine Mädchen zu wissen, und auch wenn sie die Vermutung gehegt hatte, dass er log, hatte Stephanie das Thema fallen gelassen. Mittlerweile fragte sie sich allerdings, ob sie womöglich einen Fehler gemacht hatte.

Das silberfarbene Auto fuhr an ihr vorbei, und Dr. Stephanie sah, wie der Beifahrer in einer Tasche wühlte, die jener der Frau – Wie war nochmal ihr Name? *Meg* – verdächtig ähnlich sah. Als Pietro schließlich mit ihren perfekten Bucatini al dente an den Tisch trat, war Stephanie bereits verschwunden.

Nicht weit entfernt waren Alec und Meg noch immer in dem stockdunklen Lagerraum gefangen. Alec war mittlerweile zur Tür gekrochen, doch er hatte sofort erkannt, dass diese von außen verriegelt worden war. Er hatte an die Tür gehämmert und um Hilfe gerufen, doch es hatte nichts genützt. Dann hatte er versucht, die Bolzen aus den Türangeln zu ziehen, hatte sich dabei aber nur die Fingernägel abgebrochen. Als Nächstes hatte er vor, brutale Gewalt anzuwenden und die Tür mit der Schulter aus den Angeln zu heben.

Meg krabbelte ebenfalls am Boden herum und suchte tastend nach etwas, das ihnen nützlich sein konnte. *Wie etwa eine Raketenabschussrampe, um diesen schielenden Mistkerl auf den Mond zu schießen.* Bis jetzt war sie allerdings nur auf einen Aschenbecher, einige Zigarettenstummel und einen Karton gestoßen, der vermutlich getrocknete Schinkenknochen enthielt. Sie hörte den dumpfen Knall, als Alecs Schulter gegen die Tür prallte, und kurz darauf ein schmerzerfülltes Grunzen.

»Was machst du da?«, fragte sie schnippisch.

»Es klingt vielleicht verrückt«, antwortete er, »aber ich dachte mir, ich versuche, uns zu befreien.«

Ein zweiter Knall ertönte, gefolgt von einem weiteren Grunzen. Meg beschloss, dass es Alecs Problem war, wenn er sich unbedingt die Schulter ausrenken wollte.

»Du hast nicht zufällig Zündhölzer dabei, oder?«, fragte Alec.

»Doch, habe ich«, erwiderte Meg. »Bloß für den Fall, dass meine Tasche gestohlen wird und ich in einem finsteren Verlies lande, stecke ich mir immer eine Kerze und eine Packung Zündhölzer in den Hintern.«

In diesem Moment berührten ihre Finger etwas Glattes, und sie befühlte es genauer. Es war ein kleines Plastikröhrchen mit einem Zahnrad am Ende. Ein Feuerzeug.

Sie betätigte den Mechanismus, und eine winzige Flamme tauchte Meg in schwaches Licht. Alec wandte sich um und sah seine Frau im Lichtschein stehen.

»Kerzen!«, rief er und stolperte auf sie zu. Und tatsächlich stand neben Meg ein Karton weißer Kerzen, wie sie in Kirchen verwendet wurden.

Die Flamme erlosch, und Meg fluchte im Dunkeln. Alec tastete nach einer Kerze und drückte sie ihr in die Hand. Meg machte das Feuerzeug noch einmal an, und die winzige Flamme erschien erneut. Der Kerzendocht wehrte sich zunächst, doch schließlich fing er widerwillig Feuer. Alec nahm eine zweite Kerze und entzündete sie an der ersten.

Meg drehte sich langsam im Kreis. Im schwachen Licht konnte sie die Schinkenknochen nun deutlicher sehen. Bloß dass es keine Schinkenknochen waren. Es sah eher so aus, als wären es menschliche Knochen.

Alec stemmte sich hoch und hielt die Kerze in die Höhe, um nach weiteren Türen oder einem anderen Fluchtweg Ausschau zu halten. Dabei flackerte das Licht über die Wand neben ihnen. Alec erlitt einen derartigen Schock, dass er seine Kerze fallen ließ. In dem Sekundenbruchteil, bevor die Kerze erlosch, sah auch Meg, was ihr Mann gerade entdeckt hatte … und begann zu schreien.

Am anderen Ende der Stadt, gleich in der Nähe der Piazza Barberini, stand Pater Bernardino Bassi gerade in einer der Krypten unter der Kapuzinerkirche Santa Maria della Concezione dei Cappuccini und überwachte die Arbeiter, die den Feuchtigkeitsschutz an den Wänden anbringen sollten. Insgesamt gab es sechs Krypten, von denen fünf vom Fußboden bis zur Decke mit den Gebeinen und Totenköpfen von etwa dreitausendsiebenhundert Glaubensbrüdern des

Paters ausgekleidet waren. Kapuzinermönche, die zwischen 1528 und 1870 ins Himmelreich aufgestiegen waren.

Die Gebeine waren in komplizierten Mustern und Szenen arrangiert, um die Lebenden an die Endlichkeit ihres Daseins auf dieser Welt zu erinnern. Und bloß für den Fall, dass diese es danach immer noch nicht begriffen hatten, wies sie auch noch ein Schild in mehreren Sprachen darauf hin, was sie erwartete: *Das, was ihr jetzt seid, waren wir. Und das, was wir sind, werdet ihr sein.*

Jede der fünf kleinen, mit Skeletten ausgekleideten Krypten war einem eigenen Thema gewidmet. Es gab die Krypta der Auferstehung, die Krypta der Totenköpfe, die Krypta der Becken, die Krypta der Ober- und Unterschenkel und die Krypta der drei Skelette. Pater Bernardino hatte die Krypta der Ober- und Unterschenkel nur widerstrebend geschlossen, nachdem Feuchtigkeit in die Wände gestiegen war, doch es hatte die Gefahr bestanden, dass die Knochen beschädigt wurden.

Im Zuge der Instandhaltungsarbeiten waren die Ober- und Unterschenkelknochen vorsichtig von den Wänden der Krypta genommen und sorgsam auf fahrbaren Holzrahmen wieder zusammengestellt worden. Ein freundliches Gemeindemitglied hatte Pater Bernardino einen Lagerraum in der Nähe des Campo de' Fiori angeboten. Der Raum stand mittlerweile leer, war zuvor jedoch viele Jahre von einem Marktstandbetreiber genutzt worden. Im Inneren war es kühl und trocken, also ideal, um Gemüse zu lagern, das lange frisch bleiben sollte – und somit auch ideal für alte Knochen.

Und so kam es, dass die Krypta der Ober- und Unterschenkel vorübergehend in dem dunklen, abgeschiedenen Lagerraum in der Nähe des Arco di Santa Margherita wieder aufgebaut worden war, in dem Meg und Alec im Moment gefangen gehalten wurden.

Dr. Stephanie ging gerade zum zweiten Mal den Arco di Santa Margherita entlang, als sie plötzlich eine Frau schreien hörte. Das Geräusch schien aus einem Lagerraum hinter einem der Metallrollläden zu kommen. Als Stephanie darauf zueilte, sah sie auch schon das aufgebrochene Vorhängeschloss auf dem Boden liegen. Sie schob das Rolltor nach oben, und die Schreie wurden lauter. Offensichtlich befand sich die Frau in dem Raum hinter der Tür am anderen Ende des leeren Lagerraums. Stephanie lief darauf zu und klopfte. Das Schreien verstummte.

»Hallo?«, rief Stephanie.

Eine männliche Stimme antwortete. Es war Alec.

Meg begann auf die Tür einzuhämmern und Stephanie in einem seltsamen Wehklagen anzuflehen, sie zu öffnen, als hätte diese nicht ohnehin genau das im Sinn gehabt. Während sie mit dem schweren Riegel kämpfte, hörte sie, wie Alec vergeblich versuchte, Meg zu beruhigen. Stephanie zog und zerrte, doch der Riegel bewegte sich nicht. Also rief sie den beiden zu, dass sie schnell nach einem Gegenstand suchen wolle, um ihn auszuhebeln. Meg flehte sie an, nicht zu gehen, doch Stephanie versicherte ihr, dass sie nicht lange fort sein würde. Während sie nach einem geeigneten Werkzeug suchte, hörte sie eine kaum verständliche, hysterische Schimpftirade, die vermutlich an sie gerichtet war, und danach Alecs tiefe, ruhige Stimme, die um Zurückhaltung bat.

In weniger als einer Minute hatte Stephanie einen zerbrochenen Ziegel gefunden, mit dem sie den Riegel bearbeitete, der sich daraufhin endlich hob, sodass sie die Tür öffnen konnte. Meg schoss an ihr vorbei, durch den offenen Rollladen und hinaus an die frische Luft. Alec folgte ihr und wirkte dabei besorgt und dankbar zugleich. Nachdem er seine Frau beruhigt hatte, kehrte er zu Stephanie zurück, erklärte ihr, was passiert war, und bedankte sich, dass sie ihnen zu Hilfe gekommen war.

Meg saß zusammengesunken in der Tür, während Alec und Stephanie zurückgingen, um sich die mysteriöse und erstaunliche Anordnung der Knochen anzusehen, wobei ihm die Ärztin bestätigte, dass diese tatsächlich menschlichen Ursprungs waren. Stephanie holte ihr Telefon aus der Tasche und wollte gerade die Polizei alarmieren, als Pater Bernardino eintraf. Eine Nachbarin hatte ihn angerufen und ihm von dem Tumult in seinem Lagerraum erzählt, weshalb er hergekommen war, um nachzusehen.

Während Alec ihm alles erklärte und Stephanie für ihn übersetzte, trat die sechsundachtzigjährige Nachbarin Teresa schüchtern in den Lagerraum. Sie hatte eine Flasche Grappa für alle dabei, um die Nerven zu beruhigen, und gab zu, die Schreie gehört zu haben. Sie hatte jedoch zu große Angst gehabt, um persönlich nachzusehen. Pater Bernardino versicherte ihr, genau das Richtige getan zu haben. Dann warteten sie alle gemeinsam auf die Polizei.

Meg war seltsam still, und Alec brachte seine Sorge Stephanie gegenüber zum Ausdruck, die daraufhin Megs Puls maß, der zwar ein wenig höher als gewöhnlich, aber nicht besorgniserregend hoch war, wenn man bedachte, was sie gerade durchgemacht hatte. Stephanie versicherte Meg, dass die Schuldigen sicher bald gefasst werden würden, und erklärte, dass sie sich ziemlich sicher war, dass die beiden zu einer Bande Roma gehörten, die in einer berüchtigten Siedlung am Rand der Stadt Unterschlupf gefunden hatte, die unter dem Namen La Barbuta bekannt war. Die Polizei würde Megs Tasche sicher im Handumdrehen wiederfinden.

Als Stephanie ihre Tasche erwähnte, erwachte Meg zu neuem Leben. »Meine Tasche ist mir egal«, sagte sie. »Ich will bloß die Fliese wiederhaben.« Sie zog die Beine an und wiederholte: »Ich will bloß die Fliese wiederhaben.«

Alec spürte, dass sie dabei war, in einen seltsamen Zustand abzugleiten, und erklärte ruhig: »Diese Dinge sollten wir am besten der Polizei überlassen.«

Meg ignorierte ihn und verlangte von Stephanie, ihr noch einmal zu sagen, wo sich das Lager befand. Widerwillig erzählte Stephanie es ihr, und Meg bat sie, ihr den Weg aufzuschreiben. Sie wusste, dass die stets optimal vorbereitete Stephanie einen Stift und etwas Papier in der Tasche haben würde, und zwar genau für Situationen wie diese hier.

Als die Ärztin Meg schließlich die Wegbeschreibung nach La Barbuta überreichte, meinte Alec bestimmt: »Wir werden ganz sicher keine sinnlose Verfolgungsjagd quer durch Rom veranstalten. Wir warten auf die Polizei.«

»Du kannst ja auf die Polizei warten«, erwiderte Meg und stemmte sich hoch. »Aber ich hole mir meine Fliese zurück.«

»Du weißt ja nicht einmal, wo sie ist«, sagte er.

»Nein, aber ich weiß, wo ich mit der Suche beginnen muss.«

»Vielleicht hat der Fliesenmacher ja genau die gleiche Art in seiner Werkstatt.«

»Ja, vielleicht«, sagte sie. »Das wäre meine Alternative, wenn ich in La Barbuta nichts erreiche.«

»Meg, das ist doch verrückt.«

Meg ignorierte seinen Einwand und meinte: »Wir treffen

uns um drei Uhr bei dem Fliesenmacher. Es sei denn, du kommst mit mir.«

»Ich komme sicher nicht mit dir«, erwiderte er. »Und außerdem gehst du nirgendwohin.«

Meg wandte sich um und begann davonzugehen.

»Wo willst du hin?«, rief er ihr nach.

Sie antwortete nicht, denn er wusste immerhin ganz genau, wo sie hinwollte.

»Und wie willst du überhaupt dorthin kommen?«, fragte er.

»Mit dem Taxi«, rief sie über die Schulter.

»Du hast aber kein Geld.«

Meg blieb stehen und kam wieder zurück.

Sie wandte sich an Stephanie. »Könnten Sie mir vielleicht ein paar Euro leihen?«

Stephanie warf einen schnellen Blick auf Alec, der kaum merklich den Kopf schüttelte.

»Brauchen Sie wirklich jedes Mal die Zustimmung eines Mannes, bevor Sie etwas tun?«, fragte Meg, die natürlich genau wusste, worauf sie abzielen musste. »Ich zahle es Ihnen doppelt zurück«, fügte sie hinzu. »Darauf können Sie sich verlassen.«

Stephanie hasste es, auf solche Art in die Falle gelockt zu werden. Sie wusste, dass sie Megs leichtsinniges Vorhaben nicht unterstützen durfte, und ihr war klar, dass Meg sie zu einer Schwesternschaft drängte, die in diesem Fall wirklich nicht angebracht war. Trotzdem gab sie ihr das Geld. Es waren beinahe achtzig Euro. »Ich wünschte, Sie würden nicht dorthin gehen«, sagte sie. »Es ist wirklich gefährlich.«

»Ich will bloß die Fliese wiederhaben«, erklärte Meg. »Den Rest können sie behalten.«

Wenn er seine Frau wieder einmal hasste – was regelmäßig vorkam –, dann hasste Alec genau das am meisten an ihr: ihre Fähigkeit, vernünftig zu klingen, obwohl sie sich vollkommen unvernünftig verhielt. Sie zog ihn in eine Sache hinein, auf die er sich aus eigenen Stücken nie eingelassen hätte, und am Ende gab sie ihm die Schuld, weil er die Angelegenheit nicht für sie aus der Welt schaffen konnte. Und nun passierte es schon wieder, doch dieses Mal würde er nicht mitspielen. Er baute sich vor ihr auf.

»Du gehst nirgendwohin«, sagte er.

Meg schnaubte verächtlich und trat an ihm vorbei. Er packte ihren Arm, um sie zurückzuhalten, und sie entzog sich ihm. Daraufhin folgte ein äußerst peinliches Gerangel, das mit einem Sieg für Meg endete, die Alec auf den Fuß trat. Sie warf einen Blick auf den Priester und die Ärztin, als würden solche körperlichen Auseinandersetzungen zwischen ihnen zum Alltag gehören. Das machte Alec aus vielerlei Gründen wütend, doch vorherrschend war die Tatsache, dass er im Lauf von achtzehn Ehejahren kein einziges Mal gewalttätig geworden war.

Auch wenn er es sich regelmäßig ausgemalt hatte. Tatsächlich gab er sich auch jetzt seinen Vorstellungen hin, während er in der Gasse auf und ab humpelte.

Er hoffte von ganzem Herzen, dass Meg die Romabande aufspüren würde. Er hoffte, dass sie sich ihnen gegenüber genauso unausstehlich verhalten würde wie immer. Und er hoffte, dass sich die Roma angegriffen fühlen, ihr die Kehle aufschlitzen, sie in kleine Stücke zerteilen, durch den Fleischwolf drehen und sie an die Ratten verfüttern würden.

16

Santa Barbara dei Librai

»Ich musste dich mit meinen Händen berühren. Ich musste dich mit meiner Zunge schmecken. Man kann nicht lieben und nichts tun.«

GRAHAM GREENE, DAS ENDE EINER AFFÄRE

Nachdem sie den Menschenmengen auf dem Markt getrotzt und sich Hilfe suchend an den großen Giordano Bruno gewandt hatten, brachte Constance sich selbst und Lizzie endlich auf den richtigen Weg. Sie drängten sich durch die Unmengen von Menschen im Shoppingfieber durch die Via dei Giubbonari bis ins jüdische Viertel. Im heißen Tageslicht kam sich Constance plötzlich albern vor, weil sie ein solches Theater veranstaltete, und sie bereute es, ihre Schwägerin durch die Hitze und das Gedränge gezerrt zu haben, bloß um ihr begreiflich zu machen, dass … nun, das wusste sie selbst nicht mehr genau.

Sie bogen nach links ab und gelangten auf den Largo dei Librari, einen trichterförmigen, drei Häuser tiefen Innenhof, an dessen Ende sich die winzige Kirche Santa Barbara dei Librai befand. Sie war zwischen zwei großen weltlichen Gebäuden eingeklemmt, und das angrenzende Wohnhaus war mittlerweile scheinbar erweitert worden, sodass es über das linke Seitenschiff ragte und es so aussah, als wollte das bullige Gebäude die kleine Kirche aus dem Weg drängen.

»Sie ist ein lustiges kleines Ding, nicht wahr?«, meinte Constance.

Lizzie war müde, durstig und hungrig, und ihr war heiß, sodass sie einfach nicht in der Stimmung war, irgendetwas sonderlich *lustig* zu finden. Sie schlug vor, eine Pause zu machen, um etwas zu trinken und zu essen, und ließ sich in einen Aluminiumstuhl vor einer kleinen Bar am Eingang des *largo* sinken.

Während sie im Schatten auf ihr Mineralwasser und ihre Panini warteten, berichtete ihr Constance von sämtlichen Namensänderungen, die die kleine Kirche in ihrer tausendjährigen Geschichte bereits mitgemacht hatte. Lizzie bewunderte Constances Fähigkeit, sich an solche Dinge zu erinnern, auch wenn es offensichtlich war, dass sie ihr Wissen nutzte, um den Zeitpunkt, an dem sie zum Kern der Geschichte vordrang, hinauszuzögern.

»Constance, warum sitzen wir hier vor dieser Kirche?«, brach es schlussendlich ungeduldig aus Lizzie hervor.

»Hab noch ein wenig Geduld mit mir«, erwiderte ihre Schwägerin. »Ich bin fast am Ende angekommen.«

Sie erklärte, dass die Kirche zwar im Moment ein Ort des Gebetes war, dass sie aber einen Gutteil des zwanzigsten Jahrhunderts säkularisiert gewesen und als Lagerraum genutzt worden war. Irgendwann Anfang der 1960er-Jahre war schließlich ein Stapel Kirchengestühl in sich zusammengebrochen und hatte einen der Altäre beschädigt. »Und ich gehörte zu dem kleinen Team, das den Schaden wieder reparieren sollte«, erklärte Constance und brachte nun endlich auch sich selbst ins Spiel.

»Ah, das hast du also gemacht, als du Henry kennenlerntest«, sagte Lizzie. »Du hast dieses Mosaik wieder zusammengeklebt, ich erinnere mich.«

»Es war kein Mosaik, es war eine *Pietra dura*«, erwiderte Constance und rollte die beiden R wie eine echte Italienerin. »Der Altar war ein ganz außerordentliches Exemplar. Der Künstler verwendete geschnittene, geschliffene Steinstücke, um das Bild zu erschaffen. Elfenbein, Perlmutt, Achat …«

»Ja, ja«, unterbrach Lizzie, »das ist ja alles sehr interessant, aber komm jetzt bitte zum Punkt, bevor ich noch sämtlichen Lebenswillen verliere.«

»Gut.«

»Gut.«

»Okay, also …«, begann Constance. »Es gehörten noch zwei weitere Leute zu meinem Team. Sie waren Bruder und Schwester und beide in Rom geboren und aufgewachsen. Gina und ich waren gute Freunde, bis sie mich eines Tages ihrem Freund vorstellte …«

Ein warmer Wind wehte die Via dei Giubbonari hinunter und ließ Papiertüten und anderen Müll über den *largo* tanzen. Er hob Constance empor und trug sie mehr als ein halbes Jahrhundert zurück auf die Ponte Sant'Angelo.

Sie sah vor sich, wie sie Arm in Arm mit Gina auf die Brücke zuging. Sie fühlte sich ein wenig eingeschüchtert von Ginas Sinnlichkeit, der Leichtigkeit, wie sie mit ihrem Körper umging, und der Tatsache, dass ihr Kleid unglaublich perfekt geschnitten war. Constance war klar, dass sie selbst auch nicht gerade zu verachten war, und sie war sich durchaus bewusst, dass sich viele nach ihnen beiden umdrehten, wenn sie vorübergingen, doch sie hielt sich trotzdem für blasser und weniger exotisch als ihre Freundin, die einfach allen den Kopf verdrehte.

In diesem Moment winkte Gina einem Mann auf der Brücke zu. Dann ließ sie Constance los und lief auf ihn zu, um in seine Arme zu sinken. Constance fiel sofort auf, dass er ziemlich blass war, vermutlich stammte er aus dem Norden, womöglich aus Venedig oder Mailand. Sie musterte ihn, während er ihre Freundin küsste, und ihr fiel auf, dass er sehr gut aussah. Er hatte dicke, gewellte Haare und einen herabhängenden Schnurrbart, der sie ein wenig an den *Sterbenden Gallier* erinnerte, eine klassische Statue eines nackten Mannes in den Kapitolinischen Museen, der sie mit ungeziemender Regelmäßigkeit einen Besuch abstattete. Sie wartete respektvoll ein wenig abseits, bis sich die beiden wieder voneinander gelöst hatten.

Gina winkte Constance zu sich, um ihr ihren Freund vorzustellen. Zu ihrer Überraschung sprach er Englisch und nicht Italienisch.

»Henry, das ist meine Freundin Constance«, meinte Gina mit ausgeprägtem Akzent.

Henry streckte Constance die Hand entgegen. »Sehr erfreut«, sagte er auf äußerst wohlsituierte Art, was die nächste Überraschung war. Als Gina ihr erzählt hatte, dass sie jemand Besonderen kennengelernt hatte, hatte Constance nachgebohrt, doch ihre Freundin hatte bloß erwidert: »Du musst ihn kennenlernen.«

Constance schüttelte Henrys Hand. »Ebenfalls sehr erfreut.«

»Sie kommen aus Großbritannien«, stellte Henry fest und hätte am liebsten noch hinzugefügt: *Und Sie klingen wie eine Piratin, wie wunderbar!* Aber natürlich ließ er es bleiben.

Constance wollte schon erwidern: »Ja, und Sie ebenfalls«, doch das schien ihr eine zu fade Entgegnung für diesen interessanten Mann. Also ließ sie es bleiben.

»Gut beobachtet«, sagte sie stattdessen.

»Danke«, meinte Henry. »Wenn es um das Offensichtliche geht, bin ich ein wahres Genie.«

Und so standen sie voreinander und lächelten sich dümmlich an.

Durch ein Wurmloch im Raum-Zeit-Kontinuum hörte Constance plötzlich ihre Schwägerin Lizzie nach ihr rufen, und ihre Stimme brachte sie wieder zurück auf den Largo dei Librari.

»Du hast ihn ihr ausgespannt! Du hast Henry diesem armen, italienischen Mädchen ausgespannt«, rief sie. »Das wusste ich ja gar nicht. Mein Gott, wie unglaublich *liederlich* von dir!«

»Bevor du vor lauter Freude noch ohnmächtig wirst«, sagte Constance, »gibt es noch mehr zu erzählen.«

Lizzie drehte die Harrods-Tasche, die auf dem Stuhl zwischen ihnen stand, in ihre Richtung. Sie klappte die beiden Griffe auseinander und sprach direkt zu Henrys Karton. »Und du hast mir auch nie etwas davon erzählt, du alter Hund. Du dreckiger alter Hund.« Sie nahm einen Schluck Wasser und sagte: »Nun, das ist wirklich bemerkenswert. Und ich bin jetzt wieder hellwach.«

»Ja, das merkt man«, erwiderte Constance.

»Also, sprich weiter.« Lizzie nahm einen riesigen Bissen von ihrem Panino und bereitete sich innerlich auf die Fortsetzung der Geschichte vor.

»Na ja, Henry und ich haben geheiratet, bla, bla, bla …«, begann Constance. »Und zwanzig Jahre später kehrten wir schließlich als eine Art zweiter Flitterwochen nach Rom zurück, und was glaubst du, wem wir über den Weg liefen …?«

Das Pantheon war seit jeher Henrys Lieblingsgebäude in Rom gewesen. Er liebte es, während eines Gewitters im Inneren der großen Rotunde unter der Kuppel zu stehen und zuzusehen, wie das Wasser durch die kreisrunde Öffnung in der Mitte schoss und in den versteckten Abflüssen im Marmorboden verschwand. Er liebte es, dass dieses Gebäude den Regen einzuladen statt abzuweisen schien, ebenso wie er den Gedanken liebte, dass dies schon seit zweitausend Jahren der Fall war. In jenen himmlischen Momenten war es seiner Meinung nach einfach unmöglich, nicht an Gott – oder die Götter – zu glauben.

Constance hatte den Großteil ihrer Reise zum zwanzigsten Hochzeitstag damit verbracht, nach einem Kleid für den Abschlussball ihrer Tochter Marina Ausschau zu halten. Henry hatte sich damit zufriedengegeben, ihr nachzulaufen, doch eines Nachmittags sammelten sich Sturmwolken über ihnen, und er packte einfach ihre Hand und sprintete los. Sie wusste, wohin er wollte, und beschwerte sich lauthals – sie war zum Einkaufen angezogen und nicht für einen hektischen Lauf durch die Stadt –, doch Henry ließ sich nicht abbringen.

Als sie in die Via del Corso einbogen, erregte plötzlich ein purpurnes Samtkleid Constances Aufmerksamkeit, und sie blieb von einem Moment auf den anderen stehen, um es sich anzusehen, wobei sie vergaß, vorher die Hand ihres Ehemannes loszulassen. Henry wurde vollkommen unerwartet zurückgerissen und stieß mit einer Frau zusammen, die ebenfalls stehen geblieben war, um das Kleid zu bewundern. Er wollte sich gerade bei ihr entschuldigen, als er sie wiedererkannte.

»Gina?«

Gina hatte die zwanzig Jahre, die seit ihrer letzten Begegnung vergangen waren, bei Weitem am besten von ihnen überstanden. Sie war mittlerweile Anfang vierzig und am Höhepunkt ihrer außergewöhnlichen Schönheit. Sie sah ihn einen Moment lang fragend an und meinte schließlich: »Henry?«, ehe sie die keuchende Frau neben ihm musterte und wesentlich kühler hinzufügte: »Und Constance.«

Constance war von dem Moment an, als Henry ihr gesagt hatte, dass er sie zu ihrem Hochzeitstag nach Rom einladen wollte, klar gewesen, dass es womöglich zu einem solchen Wiedersehen kommen würde. Sie hätte besser darauf vorbereitet sein sollen, doch das war sie nicht. Also beschloss sie, bei der Wahrheit zu bleiben.

»Gina«, sagte sie. »Du siehst fabelhaft aus.«

»Ja, das stimmt!«, bestätigte Henry enthusiastisch. »Du siehst wirklich fabelhaft aus!«

Etwas später kehrten sie in ihr Hotelzimmer zurück. Es war dasselbe Zimmer, in dem sie sich vor all den Jahren auf dem blau gefliesten Boden zum ersten Mal stürmisch geliebt hatten. Henry hatte es als Überraschung für Constance gebucht, und sie hatte sich bemüht, erfreut zu wirken, auch wenn sie sich eine etwas opulentere Bleibe gewünscht hätte, um den Meilenstein ihrer Ehe zu feiern, den sie gerade gemeinsam erreicht hatten.

Henry begann, sie auszuziehen, doch Constance erkannte an seinem verträumten Blick, dass er nicht sie, sondern Gina vor sich sah, und erstarrte. Henry blieb das natürlich nicht verborgen, und er fragte sie nach dem Grund. Constance erwiderte, dass alles in Ordnung war, doch er bohrte weiter. Sobald sie ihm von ihren Bedenken erzählt hatte, stritt Henry den Vorwurf so vehement ab, dass es für Constance sofort offensichtlich war, dass sie recht gehabt hatte. Der Streit eskalierte. Die Tatsache, dass sich Henry tatsächlich empört zeigte, machte Constance furchtbar wütend. Sie war keine gewalttätige Frau und hatte ihrem Mann noch nie eine Ohrfeige verpasst, doch in Rom schien ihre Leidenschaft jedes Mal wie entfesselt. Gegenstände wurden durchs Zimmer geschleudert, und ein Teller verfehlte Henrys Kopf nur knapp und zersprang an der Wand hinter ihm.

Henry stürmte aus dem Zimmer und wanderte mehrere Stunden ziellos durch Rom, bis er sich schließlich vor dem Palazzo wiederfand, in dem Ginas Familie lebte. Er klingelte, und bald darauf stand Gina in einem roten Seidenmorgenmantel vor ihm. Er hatte keine Ahnung, was er sagen sollte.

»Henry«, sagte Gina, »was willst du hier?«

»Darf ich reinkommen?«, fragte er.

Lizzies ungläubiger Aufschrei beförderte Constance erneut durch das Wurmloch zurück auf den Largo dei Librari.

»Die Affäre dauerte nicht sehr lange«, erklärte Constance. »Wir durchlebten gerade eine schwere Zeit. Henry war ...«, sie hielt inne und suchte nach dem richtigen Wort, »... verloren. Und dann war da plötzlich Gina. So voll mit weiblichem Mitgefühl und mehr als bereit, ihm den Weg zu weisen.« Constance zuckte lächelnd mit den Schultern.

Lizzie saß schweigend da, in ihrem Kopf drehte sich alles. Constance seufzte schwer.

»Und gestern auf der Brücke ...«, begann sie, »... ist mir der Gedanke gekommen, dass die Affäre womöglich länger gedauert haben könnte, als ich geahnt habe. Vielleicht wollte er nach den Jahren ...«

»Mein Gott, mein Mädchen!«, unterbrach Lizzie sie. »Er hat *dich* geliebt. Und *dich* geheiratet.«

»… vielleicht wollte er nach Rom«, fuhr Constance unbeirrt fort, »um in ihrer Nähe zu sein.«

So. Nun hatte sie es ausgesprochen. Es klang genauso albern und kläglich, wie sie es sich vorgestellt hatte, aber sie war trotzdem froh, dass sie es Lizzie gegenüber eingestanden hatte. Tränen der Erleichterung stiegen ihr in die Augen.

Seit sie sich kannten, hatte Lizzie Constance noch kein einziges Mal weinen gesehen. Sie holte ein Taschentuch aus dem Ärmel ihrer Bluse und reichte es ihrer Schwägerin.

Constance nahm es und schnäuzte sich. »Ignorier mich einfach«, sagte sie. »Ich bin eine alberne alte Schachtel.«

»Nein, Schätzchen«, erwiderte Lizzie. »Aber dein Verstand spielt dir einen Streich. Das ist nicht real. Es ist …«

»Ich weiß, ich weiß«, unterbrach Constance sie. Sie wollte Lizzie das Taschentuch zurückgeben und merkte noch rechtzeitig, dass es feucht war. »Aber Tatsache ist doch, dass ich nichts dagegen tun kann. Ich werde die Wahrheit nie erfahren. Denn Henry ist nicht mehr da, um Licht in die Angelegenheit zu bringen.« Sie steckte das Taschentuch ein.

Lizzie griff über den Tisch hinweg nach Constances Hand. »Aber *ich* kann es«, erklärte sie. »Ich kann dir sagen, dass mein Bruder dich von ganzem Herzen und mit jeder Faser seines Körpers und seiner Seele liebte.« Sie wusste, dass sie viel zu theatralisch war und dass Constance Sentimentalität unter normalen Umständen als abstoßend empfand, doch das hier waren keine normalen Umstände.

»Komm schon«, sagte Lizzie. »Lass uns jetzt einen Blick auf dein Mosaik werfen.«

»Auf die *Pietra dura*«, korrigierte Constance sie.

»Ja, wie auch immer«, erwiderte Lizzie und erhob sich umständlich. Constance verlangte nach der Rechnung und kam ebenfalls nur schwer auf die Beine. Sie waren beide steif, weil sie viel zu lange gesessen hatten. Lizzie beglich die Rechnung, dann nahmen sie die Harrods-Tasche und machten sich über den *largo* hinweg auf den Weg zu den Stufen, die zur Kirche hinaufführten, wobei Constance einigermaßen verärgert feststellte, dass sie sich sehr viel weniger elegant und energisch fortbewegten als zuvor.

17

Stazione di Roma Termini – Giovanni Paolo II

»Ich bin kein Ding – kein Substantiv. Ich scheine ein Verb zu sein, ein evolutionärer Prozess – eine integrale Funktion des Universums.«

R. BUCKMINSTER FULLER, I SEEM TO BE A VERB

Alice und August kehrten in die Pension zurück, um Alices avocado- und limonengrünen Rucksack zu holen. August sah nach den Jungs, die noch immer unpässlich waren, während Alice sich auf die Suche nach Florentina machte, die schließlich mit geröteten Wangen und ein wenig atemlos aus der Küche stürzte.

»Offensichtlich habe ich mich geirrt, was den Jungen betrifft«, meinte sie.

»Was für einen Jungen?«

»Du wirst ihm nicht das Herz brechen«, erwiderte Florentina. »Sondern er dir.«

Als Florentina sie zum Abschied umarmte, fiel Alice auf, dass ihre Vermieterin ziemlich offensichtlich nach Sex roch. Womit sie durchaus recht hatte, denn wenn sie nur sechs

Schritte nach rechts gemacht und die Tür in die Vorratskammer geöffnet hätte, wäre sie auf Florentinas Webdesigner gestoßen, der in seiner nackten Herrlichkeit darauf wartete, eine weitere, äußerst kreative Sitzung mit seiner Klientin zu Ende zu bringen.

Vor dem Haus hatte August sein Motorino mittlerweile gegen Ricks eingetauscht. Sie waren beide unscheinbar beige, doch Ricks Fahrzeug war größer – wie Alice vorhin richtig erkannt hatte – und hatte außerdem ein anderes Nummernschild – was noch wichtiger war. August hatte etwas Bedenken, Alice mit ihren auffallend roten Haaren quer durch Rom zu kutschieren, doch sie löste das Problem, indem sie ihre roten Locken unter einem Helm verbarg.

Sie fuhren noch einmal durch das Centro Storico und erreichten den Bahnhof Roma Termini ohne weitere Zwischenfälle. Sie hielten vor der monumentalen Glaswand, die die Abfahrtshalle entlang verlief, und August betrachtete ihr Spiegelbild, während Alice abstieg, den Helm abnahm und ihm zurückgab.

»Danke«, sagte sie.

Nachdem er nicht wusste, was er sonst tun sollte, streckte er ihr seine Hand entgegen. Als sie sie schüttelte, hatte er plötzlich das Gefühl, sich in einem alten Schwarz-Weiß-Film zu befinden. »Ich werde dich nie vergessen.«

»Ich dich auch nicht«, erwiderte Alice. »Wie auch immer du heißt.« Sie ließ seine Hand los. »Wie heißt du eigentlich?«

August hatte ihr bereits sein Herz geschenkt. Und irgendwie schien es wichtig, dass sie nicht auch noch seinen Namen erfuhr.

»Lass uns das hier durchziehen, wie es sich gehört«, meinte er. »Du gehst jetzt einfach durch diese Tür und schaust nicht zurück.«

Alice nickte. Dann schob sie ihren Rucksack ein wenig nach oben, sodass er etwas bequemer saß. »Aber vielleicht würdest du mir noch einen kleinen Gefallen tun.«

»Sicher.«

»Geh nach Paris und male«, sagte sie.

»Das sind zwei Dinge«, erwiderte er. »Aber klar, mache ich.«

Alice lächelte, und er lächelte zurück. Dann wandte sie sich ab und ging. August sah ihr nach, wie sie in der anonymen Menge der Reisenden verschwand, und ihm kam der Gedanke, dass *sie* es war, die nach Paris gehen sollte, um zu malen. Sie war diejenige, die siebzehn Farben in dem Grün seiner Augen sah. Sie war diejenige, die das Universum als Kaleidoskop an Farben wahrnahm. Sie war diejenige mit der besonderen Gabe. Und er hoffte, dass sie sie eines Tages nutzen würde.

Alice trat unter dem frei schwebenden Betondach hindurch, das sich über den Eingang spannte, drängte sich durch die Menschenmassen in der Abfahrtshalle und ging zum Ticketschalter, um ihre bereits vorbestellte und bezahlte Fahrkarte nach Florenz abzuholen. Danach machte sie sich wie in Trance auf den Weg zu Bahnsteig 22, wo sie schließlich in den silbernen Zug mit den schnittigen roten und dunkelgrauen Streifen einstieg, der aussah wie eine Patronenhülse. Im Waggon Nummer 4 verstaute sie schließlich ihren Rucksack in dem Gepäckfach über ihrem Kopf und ließ sich in den braunen Ledersitz fallen. Sie wünschte, sie hätte den Erbsengrünen niemals kennengelernt, und verfluchte die in tausend Scherben zerbrochene Gewissheit, die nun nie wiederhergestellt werden konnte.

Sie blickte aus dem Fenster und betrachtete abwechselnd ihr dumpfes Spiegelbild und die Menschen, die vollkommen unbeeindruckt von ihrem Kummer an ihr vorbeizogen. In diesem Moment ging ein junger Mann vorbei. Er sah genauso aus wie der Erbsengrüne. Alice setzte sich ruckartig auf. Der junge Mann wandte sich um und blickte zum Fenster herein. Es *war* der Erbsengrüne.

Er winkte, und sie winkte zurück. Sie wartete, während er in den Zug stieg und zu ihrem Platz eilte. Ihr Herz pochte so laut, dass sie schon glaubte, die anderen Passagiere würden es hören. Der Erbsengrüne ließ sich auf den leeren Platz gegenüber sinken.

»Okay, hör zu«, begann August. »Stell dir dein Leben in zehn oder fünfzehn Jahren vor. Du bist glücklich mit dem Vollpfosten verheiratet und …«

»Er ist kein Vollpfosten«, unterbrach ihn Alice.

Doch August fuhr unbeirrt fort: »Okay, dann nennen wir ihn eben nicht so. Also, du bist verheiratet und eine berühmte Künstlerin – weil nämlich *du* nach Paris gegangen und Malerin geworden bist, nicht ich –, und plötzlich bekommst du eine Blockade und kannst nicht mehr malen. Also versuchst du, durch die Gegend zu hüpfen, und es hilft ein wenig, aber es ist nicht die Lösung. Aber das Hüpfen erinnert dich an diesen jungen Engländer, den du vor all den Jahren in Rom getroffen hast, und plötzlich … *rumms* … weißt du ganz genau, warum du unter dieser Blockade leidest. Du fragst dich unbewusst noch immer, was passiert wäre, wenn du aus dem Zug gestiegen wärst und noch einen weiteren Tag mit ihm in Rom verbracht hättest.«

Alice schluckte, und August erkannte, dass seine kleine Rede Wirkung zeigte. Also sprach er weiter: »Wäre es nicht wunderbar, ganz sicher zu sein, dass ich der Falsche bin und er der Richtige? Wäre es nicht schön, wenn du in fünfzehn Jahren in deinem Atelier sitzen und dir die Seele aus dem

Leib malen könntest, ohne ständig im Zweifel zu sein, ob du die richtige Entscheidung getroffen hast?«

»Wir treffen uns bereits in zwei Stunden in Florenz«, sagte sie.

August zuckte mit den Schultern und starrte sie an.

»Wir wollen dort unsere Verlobungsringe kaufen«, fügte sie hinzu.

»Weißt du, es gibt da eine wirklich tolle Erfindung. Sie nennt sich Telefon«, erklärte August.

Vor dem Zug blies der Schaffner in seine Pfeife, und eine verzerrte Lautsprecherstimme kündigte auf Italienisch die bevorstehende Abfahrt an.

August wagte noch einen letzten Versuch. »Weißt du, wenn man es als Gesamtbild betrachtet …«

Einen Moment lang sah Alice ihn vor sich, wie er als kleiner Junge ausgesehen haben musste.

»Wir treffen uns draußen«, erklärte die neue Alice. »Dort, wo du mich vorhin abgesetzt hast.«

August hastete zum Parkplatz. Er hatte vergessen, wo er das Motorino abgestellt hatte, denn er hatte es in einem Moment der plötzlichen Entschlossenheit einfach irgendwo stehen gelassen. Vermutlich sah er ziemlich komisch aus, wie er wie ein kopfloses Huhn über den Parkplatz hetzte und zwischen den Autos und Motorrädern hin und her hüpfte. Seine Notlage war wohl weithin sichtbar. Er befahl sich, sich wieder ein wenig zu beruhigen. Sie würde nicht gleich in den nächsten Bus steigen, bloß weil er nicht da war. Endlich entdeckte er sein Motorino. Er hatte es einfach zu einer Reihe anderer, ebenfalls wahllos und vermutlich illegal geparkter Motorräder gestellt.

Er steckte die Hand in seine Hosentasche, doch da war

kein Schlüssel. Er versuchte es auf der anderen Seite, doch auch hier fand er nichts, außer ein paar englischen Pence-Münzen und einem leeren Kaugummipapier. Er sah im Zündschloss nach, aber dort steckte der Schlüssel ebenfalls nicht. Hatte er ihn irgendwo im Bahnhof verloren oder ihn im Zug vergessen?

Er hatte sich bereits auf den Weg zurück zum Bahnhofsgebäude gemacht, als er merkte, dass er etwas in der Hand hielt. Es war der Schlüssel. *Beruhig dich jetzt endlich, verdammt nochmal!*, ermahnte er sich.

August eilte zu seinem Motorino zurück und fuhr schließlich zu der Stelle, an der Alice abgestiegen war. Allerdings konnte er dort nicht parken, weil ein riesiger Touristenbus mit Seitenspiegeln, die wie die Fühler einer Raupe in die Straße ragten, genau an der Stelle haltgemacht hatte. Er hielt ein wenig dahinter. Das musste genügen.

Alice war noch nicht da. Er richtete seinen Blick an seinem eigenen Spiegelbild in der Glaswand vorbei auf die Unmengen an Reisenden. Er wusste, dass er zuallererst ihren grünen Rucksack sehen würde, der durch die Menge hüpfte.

Er wartete. Er wartete, bis der Bus seine Passagiere ausgespuckt hatte, diese ihr Gepäck aus seinem Bauch geholt hatten und der Bus fortgefahren war. Dann rollte er ein Stück nach vorn. Nun befand er sich exakt an der gleichen Stelle. Es kam ihm nicht in den Sinn, dass Alice vielleicht ihre Meinung geändert haben könnte. Dass sie womöglich ihren Rucksack aus dem Gepäckfach geholt und ihn bereits bis zur Tür geschleppt hatte, ehe ihr plötzlich bewusst geworden war, dass sie einen Fehler beging. Er dachte nicht einen einzigen Augenblick daran, dass sie tatsächlich zu ihrem Sitzplatz zurückgekehrt sein könnte und nun bereits die Außenbezirke Roms an ihrem Fenster vorbeizogen, während sie auf dem Weg nach Florenz und in die Arme ihres Verlobten war.

Alice stand erneut auf Bahnsteig 22. Sie hatte versucht, Daniel aus der Abfahrtshalle anzurufen, doch der Lärm der anderen Reisenden und die ständigen Ankündigungen über die Lautsprecher hatten es unmöglich gemacht, auch nur ein Wort zu verstehen. Der Zug nach Florenz war mittlerweile abgefahren, und auf dem Bahnsteig war es verhältnismäßig ruhig, obwohl auch hier ständig eine Stimme aus den Lautsprechern dröhnte.

Die alte Alice war fest entschlossen, sich nicht in dieses Abenteuer zu stürzen, ohne vorher mit Daniel gesprochen zu haben, während die neue Alice endlich loslegen wollte und die alte Alice darauf hinwies, dass der Engländer sicher nicht ewig warten würde. Doch sie wusste, dass das nicht stimmte. Sie war sich sicher, dass er auf sie wartete.

Alice versuchte, sich vorzustellen, wo Daniel gerade war. Ihr erster Anruf war durchgestellt worden, was bedeutete, dass er bereits aus dem Flugzeug ausgestiegen und vermutlich auf dem Weg ins Hotel war. Vielleicht war er aber auch schon dort. Oder er hatte es doch noch geschafft, einen Flug nach Rom zu bekommen, und war nun hier, um sie zu überraschen. Heiße Panik überkam sie, und sie wirbelte in der Erwartung herum, dass er jeden Moment hinter ihr auftauchen und mit ausgestreckten Armen auf sie zukommen würde.

Aber er war natürlich nicht da. Schließlich war er auch nicht der Typ, der seine Pläne einfach änderte, ohne ihr etwas davon zu sagen. Obwohl sie das bis vor Kurzem ebenfalls nicht gewesen war.

Beim sechsten Versuch wurde endlich eine Verbindung hergestellt. Sie hatten beide amerikanische Telefonanbieter, und Alice stellte sich vor, dass ihr »Hi!« von Rom zu ihrem Anbieter in New York, zu Daniels Anbieter in New York und schließlich weiter nach Florenz geschickt wurde. Und dann trat Daniels entferntes »Hi!« die umgekehrte Reise an.

Sie brachte die Lüge, die sie ihm auftischen wollte, mit erstaunlicher Leichtigkeit über die Lippen. Sie erklärte ihm, dass sie den Zug verpasst hätte, und mitten in der Hauptsaison war es vor morgen früh unmöglich, einen Sitzplatz zu bekommen. Sie war erleichtert, als sie hörte, wie wütend er war, denn es bedeutete, dass er ihr glaubte.

Hatte sie denn vergessen, dass er nur drei Tage frei bekommen hatte? Oder sollte vielleicht er versuchen, einen Zug nach Rom zu erwischen?

Alice schlug vor, dass er stattdessen ins Hotel gehen und ein wenig Zeit für sich genießen sollte. Sie zuckte zusammen, weil es so albern klang, doch der Vorschlag schien ihm zu gefallen. Er überlegte sogar, sich bis zu ihrer Ankunft schon einmal nach einem Verlobungsring umzusehen.

»Super Idee«, erwiderte Alice und zog dabei schuldbewusst die Schultern bis zu den Ohren hoch.

Endlich entdeckte August den grünen Rucksack, der durch die Menge auf ihn zuhüpfte. Dann sah er Alices ernstes Gesicht. Sie musste ihm nicht sagen, was sie gerade getan hatte, er wusste es ohnehin.

»Wie ist es gelaufen?«, fragte er.

»Gut.«

»Was hat er gesagt?«

»Hör zu, wenn das hier funktionieren soll, dann reden wir besser nicht über ihn«, erwiderte sie.

Er reichte ihr den Helm. Sie beugte sich so weit nach vorn, wie es mit dem Rucksack möglich war, fasste ihre Haare zusammen und stopfte sie in den Helm, bevor sie sich wieder aufrichtete.

»Und worüber *dürfen* wir reden?«, fragte er.

»Tu das nicht«, erwiderte sie.

»Was denn?«

Alice schob ihren Rucksack ein wenig nach oben, damit sie bequemer auf dem Motorino sitzen konnte. »Wolltest du mehr Zeit mit mir verbringen, damit wir uns streiten können?«, sagte sie.

»Das ist es also?«, fragte er. »Haben wir gerade unseren ersten Streit?«

Alice versetzte seiner linken Schulter einen Schlag. So fest, wie es früher nur ihr Bruder getan hatte. Sie hatte noch nie in ihrem ganzen Leben jemanden derart fest geschlagen, nicht einmal als Vergeltung.

»Aua!«, rief August, als hätte es gar nicht wehgetan, obwohl es das sehr wohl getan hatte.

Alice stieg auf das Motorino und schlang die Arme um ihn. Dann flüsterte sie ihm direkt ins Ohr: »Ich habe ihn angelogen, okay?«

Es war kein Geständnis, das war August sehr wohl bewusst. Es war vielmehr eine Ankündigung. *Ich bin die Art von Frau, die jemanden belügt, der sie liebt. Also nimm dich in Acht.* Er wusste, dass sie ihm klarmachen wollte, dass sie durchaus unehrlich sein konnte, und er wusste auch, dass er sich zumindest einen kurzen Moment lang Gedanken über diese Tatsache hätte machen sollen. In Wahrheit hätte sie ihm allerdings genauso gut gestehen können, dass sie ihren Verlobten *umgebracht* hatte. Er hätte dennoch einen Weg gefunden, damit zu leben. Denn genau in diesem Moment

war sie bei ihm, bei August Clutterbuck, und diese erstaunliche, wundervolle Tatsache war alles, was zählte. Er startete
das Motorino.

»Also, wohin fahren wir?«, rief er ihr über die Schulter zu.

»Keine Ahnung«, erwiderte sie. »Ich dachte, du hättest
dir etwas überlegt.«

18

La Barbuta

»Er hatte, ohne es zu wissen, ein wichtiges Gesetz des menschlichen Handelns entdeckt, dass man nämlich etwas nur schwer erreichbar machen muss, damit ein Mann oder ein Junge es begehrt.«

MARK TWAIN, TOM SAWYERS ABENTEUER

Auf dem Campo de' Fiori winkte sich Meg schließlich ein Taxi heran, warf einen Blick auf Stephanies kaum leserliches Gekritzel und wies den Fahrer an, sie zum Flughafen Ciampino zu bringen. Sie hatte beschlossen, ihm nicht zu verraten, dass sie eigentlich nach La Barbuta wollte, bloß für den Fall, dass er womöglich kalte Füße bekam. Sie würde sich einfach an Stephanies Wegbeschreibungen halten, bis es zu spät war und ihm nichts mehr übrig blieb, als sie ins Lager zu fahren.

Aldo, der Taxifahrer, sprach sechs Sprachen und hatte seinen Master in amerikanischer Literatur am Trinity College in Dublin erworben. Er hatte Megs amerikanischen Akzent natürlich sofort richtig eingeordnet und ging nun davon aus, dass die Fahrt, inklusive Trinkgeld, genügend einbringen würde, um seine Freundin Rosa, mit der er eine ständige On/Off-Beziehung unterhielt, heute Abend auszuführen. Er war zwar ein wenig überrascht, dass Meg kein Gepäck, ja nicht einmal eine Handtasche bei sich hatte, aber er wusste, dass sie es ihm bald erklären würde. Amerikaner waren im Allgemeinen sehr gesprächig und liebten es, Geschichten zu erzählen. Vor allem über sich selbst.

Deshalb überraschte es ihn umso mehr, dass Meg die ganze Zeit über stumm wie ein Fisch auf der Rückbank saß. Um ein Gespräch in Gang zu bringen, fragte Aldo Meg nach ihrem amerikanischen Lieblingsautor des neunzehnten Jahrhunderts, doch Meg erwiderte, dass sie keinen hatte. Danach fragte er sie, ob sie auch Romane in anderen Sprachen außer Englisch las, um die Gelegenheit zu bekommen, mit seiner Mehrsprachigkeit anzugeben, doch Meg meinte bloß, sie hätte einen schlechten Tag, und wenn es ihm nichts ausmachte, würde sie sich lieber nicht unterhalten.

Allora, dachte Aldo verärgert, denn es machte ihm sehr wohl etwas aus. *Grazie, dass Sie nachfragen.* Welchen Sinn hatte es, sechs Sprachen zu beherrschen und sieben Jahre lang zu studieren, wenn man nicht darüber sprechen durfte? Er biss die Zähne aufeinander und schwor, nichts mehr zu sagen, es sei denn, er wurde angesprochen. Und selbst dann wollte er sich nur auf einsilbige Antworten beschränken. Er machte das Radio aus, sodass nur noch das Brummen des Motors zu hören war. Dieses Spiel konnte man auch zu zweit spielen.

Meg hatte allerdings gar keine Ahnung, dass sie ein Spiel spielten. Sie sah aus dem Fenster und war dankbar für die Stille. Mittlerweile näherten sie sich den Außenbezirken, und das antike machte dem modernen Rom Platz. Zahllose Wohnsiedlungen aus der Mitte des vorigen Jahrhunderts zogen an ihnen vorbei, und die schaurige Ähnlichkeit der Häuser zeugte nicht von *grande bellezza*, sondern von täglicher Schwerstarbeit. Frisch gewaschene Wäsche hing von abgeblätterten Balkonen, die Bürgersteige waren aufgebrochen und die Randsteine von Unkraut und abgestorbenen Pflanzen überwuchert. Natürlich gibt es in jeder Stadt hässliche, ungeliebte Orte, doch Meg war noch nie in einer dieser Gegenden Roms gewesen und vollkommen unvorbereitet darauf, dass ihre idealisierte Vorstellung der ewigen Stadt hier so schnell zerplatzte.

Die Landschaft verwandelte sich in eine unheimliche Mischung aus ländlichen und industriell genutzten Gebieten, wie es so oft in der Nähe von Flughäfen der Fall war, die sich in der Nähe der Stadtgrenze befanden. Allmählich sahen sie auch bereits kleinere Linienflugzeuge, die vor ihnen landeten.

Meg erklärte Aldo, dass sie nicht direkt zum Flughafen, sondern bloß *in die Nähe* des Flughafens wollte. Dann nahm sie Stephanies Notizen zur Hand und wies ihm den Weg in die Via Giovanni Ciampini.

Mithilfe seines Navigationsgerätes fand Aldo den Weg von der Via Appia Nuova in die Via di Ciampino, die parallel zu einer der Rollbahnen verlief. Sie fuhren an einem ausgebrannten Auto vorbei und bogen dann in die Via Giovanni Ciampini, die lediglich aus einem schmalen Streifen aufgebrochenem Asphalt bestand, auf dem gerade einmal ein Auto Platz hatte. Zu beiden Seiten der schmalen Straße wuchs buschiges, hohes Gras, das mit Bauschutt und Plastiktaschen übersät war.

Zu ihrer Linken sah Meg einige heruntergekommene Wohnwagen mit angeschlossenen Baustellenklos. Es waren leuchtend rote kleine Würfel mit geschwungenen, weißen Dächern und grauen Türen, die voller Graffiti waren. *Das kann es doch nicht sein,* dachte sie.

Bald endete die Straße im Nichts. Aldo drehte sich für weitere Anweisungen zu ihr um.

»Ich will nach La Bar-buta«, erklärte Meg, die nicht wusste, ob die erste oder die letzte Silbe betont werden musste.

»Ins Romalager?«, fragte Aldo, und Meg war erleichtert, dass keinerlei Angst in seiner Stimme zu hören war.

Aldo sah sich um und deutete aus dem Fenster. Megs Blick folgte ihm. Hinter einer brachliegenden, mit Müll übersäten Ebene sah sie zahllose Reihen weißer Metallhütten mit roten Dächern hinter einem Maschendrahtzaun. Über der Siedlung ragten Flutlichter auf hohen Stahlsäulen auf, auf denen teilweise auch Überwachungskameras montiert waren. Das Lager lag eingekeilt zwischen der achtspurigen Autobahn, der Flughafenrollbahn und den Bahngleisen und hatte nichts mit dem lustigen Haufen bunt bemalter Wohnwagen gemein, den Meg sich vorgestellt hatte. Es sah eher aus wie ein Gefängnis. Oder ein Konzentrationslager.

Aldo wendete das Taxi und fuhr die Via Giovanni Ciampini hinunter, bevor er nach links in eine andere Straße einbog, die ebenfalls Via Giovanni Ciampini hieß, was ihm ziemlich verwirrend vorkam. Sie fuhren direkt auf den Maschendrahtzaun zu, bis sie zu einem Kiesweg kamen, der zur Siedlung führte. Aldo stellte klar, dass er nicht mehr weiterfahren würde.

Meg hatte zwar gehofft, dass er sie bis zum Tor bringen würde, aber sie beschloss, nicht darauf zu beharren, denn sie musste sich nun um Wichtigeres kümmern. Außerdem war es unerlässlich, dass er auf sie wartete, bis sie wiederkam. Sie gab ihm ihr gesamtes Geld – Stephanies achtzig Euro – und versprach ihm, den Betrag zu verdoppeln, wenn sie wieder zurück in der Altstadt waren.

Meg stieg aus dem Taxi und marschierte entschlossen den Kiesweg entlang. Aldo sah ihr nach, bis sie zwischen den offenen Toren hindurchgetreten und schließlich hinter einem kleinen Haufen aufgeplatzter Müllsäcke verschwunden war. Dann rief er Rosa an, um ihr von dem aufregenden Abenteuer zu erzählen, das gerade vor seinen Augen seinen Anfang nahm.

Dabei handelte er nach dem Grundsatz seines Großvaters, dass nur eine langweilige Geschichte eine schlechte Geschichte war. Außerdem hatte Aldo nicht umsonst sieben Jahre lang Literatur studiert, und so begann er, seinen Bericht ein wenig auszuschmücken. Er erzählte Rosa, dass er mit einer *americana* unterwegs war, die mit ziemlicher Sicherheit die Geliebte eines Mafiacapos war. Vermutlich war sie in das Romalager unterwegs, um die Ermordung eines anderen Capos zu organisieren, der Giftmüll in den Masten der Autobahnbrücken versteckte, die seine Firma errichtete.

Rosa, die nicht einmal im besten aller Fälle als stabile Persönlichkeit bezeichnet werden konnte – was auch der Grund für ihren unsicheren Beziehungsstatus war –, war bald nicht mehr bloß besorgt, sondern regelrecht hysterisch. Wusste Aldo denn nicht, in welche Gefahr er sich begeben hatte?

Inzwischen war die Polizia di Stato im Arco di Santa Margherita eingetroffen. Nachdem sich Assistente Capo Domenico Cilento die etwas lückenhaften und teilweise verworrenen Berichte des Paters, der Ärztin und des *americanos* angehört hatte, begann er, ihre Aussagen aufzunehmen. Während der vierzig Minuten, die sie auf die Polizei in ihrem Alfa Romeo mit den schnittigen weißen Streifen gewartet hatten, hatte sich Alec ein wenig beruhigt. Sein Ärger war verflogen, und mittlerweile machte er sich furchtbare Sorgen, denn er wusste, dass sich seine starrköpfige Frau womöglich gerade eine Menge Ärger einhandelte.

Als Generaldirektor eines Unternehmens mit mehreren hundert Mitarbeitern war Alec es gewohnt, Befehle zu erteilen, die daraufhin sofort ausgeführt wurden. Also bat er Stephanie, für ihn zu übersetzen, während er den Assistente Capo anwies, ihn umgehend in das Romalager zu begleiten, wo sie seine Frau hoffentlich noch in einem Stück vorfinden würden.

Als Assistente Capo der Polizia di Stato war Domenico Cilento der Tonfall, mit dem Alec ihm entgegentrat, äußerst zuwider. Die englische Ärztin bemühte sich zwar redlich, die Befehle des Amerikaners in angemessen höflichem Italienisch zu formulieren, doch Domenico wusste sehr gut, dass er herumkommandiert wurde, und es gefiel ihm überhaupt nicht.

Stephanie übersetzte für Alec, während der Assistente Capo die weitere Vorgehensweise langsam und ausführlich erklärte: Niemand ging irgendwohin, bevor nicht alle Beteiligten ihre Zeugenaussage abgegeben hatten und sämtliche Umstände geklärt waren. Sobald dies passiert war, würde er dementsprechend reagieren. Falls er zu der Überzeugung gelangte, dass besagte Dame in Gefahr war, würde er allerdings keine Zeit damit verschwenden, quer durch die ganze Stadt zu fahren. Stattdessen würden ein oder mehrere Streifenwagen von einer Polizeistation in der Nähe des Flughafens zu ihr geschickt. Er wusste nicht, wie die Polizei in Amerika solche Situationen handhabe, aber hier in Italien war es nicht üblich, Zivilisten in Gefahr zu bringen, indem man sie in eine Ermittlung mit einbezog. Und falls

der Gentleman sich wirklich Sorgen um den Zustand seiner Frau machte, dann wäre es wohl das Beste, er würde
unverzüglich und in sämtlichen Belangen mit der Polizei
kooperieren, damit Assistente Capo Domenico Cilento seine Arbeit erledigen konnte.

Auf dem Platz hinter dem Maschendrahtzaun parkte etwa
ein Dutzend alte Autos, und überall lagen alte Autoteile
und zerfetzte Möbel. Immer wieder wehte der Geruch von
Abwasser durch die heiße Luft.

Meg blieb stehen und sah sich um. Die Sonne brannte auf
eine Gruppe dunkelhaariger Kinder, die zusammengekauert auf einer verdreckten Matratze saßen und das flauschige
Innere aus dem Baumwollüberzug zogen. Drei kleine Mädchen mit Zöpfen spielten auf einem großen Haufen Kies,
ihre braune Haut war weiß vom Staub. Eines der Mädchen
kletterte von dem Haufen und lief auf Meg zu. Dann sah es
mit ernsten, braunen Augen zu ihr hoch und wirkte dabei
weder freundlich noch unfreundlich.

»Warum du hier?«, fragte das kleine Mädchen, das bereits
genügend erlebt hatte, um zu wissen, dass sie die Frau vor
ihr auf Englisch ansprechen musste.

Und sie hatte eine wirklich gute Frage gestellt.

Meg hatte sich den Großteil ihres Lebens eingeredet, dass
Armut nicht existierte. Auch wenn sie natürlich regelmäßig Geld aus dem Treuhandfonds, der aus dem Vermögen
ihres Unternehmens eingerichtet worden war, an wohltätige Organisationen spendete und daher der Meinung war,
genug für die Unterprivilegierten zu tun. Wenn Meg die
Sonne in ihrem eigenen Sonnensystem war, befanden sich
die Armen dieser Erde irgendwo weit hinter dem äußersten
Planeten, der sie umkreiste. Und so sollte es auch sein.

Meg ließ den Blick über den Kopf des ernsten kleinen Mädchens hinweg zu den zahllosen Reihen weißer Hütten schweifen, zwischen denen nicht eine einzige Pflanze wuchs. Sie nahm an, dass die Hütten ziemlich praktisch eingerichtet waren. Vermutlich gab es eine Küche, ein Bad und ein Schlafzimmer, doch es schien auch, als würden sie den Menschen, die in ihnen lebten, sämtliche Hoffnung rauben. Plötzlich hatte Meg Angst. Nicht vor den Menschen in den Hütten, sondern vor etwas, das viel größer war. Vor etwas, das sie nicht definieren konnte und das dadurch nur noch furchteinflößender wurde.

Das kleine Mädchen griff nach ihrer Hand. Meg zuckte zusammen, riss die Hand zurück und warf dem Kind einen anklagenden Blick zu. Die Kleine rührte sich nicht. Stattdessen blieb sie einfach stehen und hielt Megs Blick stand, während diese langsam vor ihr zurückwich.

Meg wollte ihre blaue Fliese unbedingt wiederhaben. Aber es gab etwas, das ihr noch wichtiger war. Sie wollte auf keinen Fall die Überzeugung verlieren, dass sie ein Recht auf das Leben hatte, das sie führte, und sie wusste, dass sich diese Gewissheit in Luft auflösen würde, wenn sie zu lange in diesem Lager blieb. Sie wollte kein schlechtes Gewissen haben, weil sie reich war. Oder sich fragen, was sie sonst mit dem Geld tun konnte, das sie in die Umgestaltung ihres Hauses investierte. Oder über ihre Möglichkeiten im Leben nachdenken, von denen die Menschen hier nur träumen konnten. Oder sich die Frage zu stellen: *Warum ich und nicht sie?* Es gab so viele Fragen. Sie drangen aus einem tiefen Loch, aus dem es kein Entrinnen gab. Und wenn sie einmal hineinfiel, würde sie immer weiter fallen.

Plötzlich bogen zwei dunkelhäutige Männer um die Ecke. Einer der beiden rief den Kindern etwas zu, und diese eilten sofort in alle Richtungen davon. Dann bewegten sich die beiden Männer auf Meg zu, und sie spürte, wie ihr das Blut in den Adern gefror.

Mit einem Mal wurde ihr bewusst, dass sie sich tatsächlich in großer Gefahr befand und dass sie sich selbst in diese Situation gebracht hatte, weil sie verwöhnt, eigensinnig und dumm war. Vielleicht wollten die beiden Männer sie bloß fragen, was sie hier zu suchen hatte. Vielleicht wollten sie sie aber auch vergewaltigen und ermorden. Sie würde es erst erfahren, wenn sie vor ihr standen. Und dann würde es zu spät sein. Sie hatte ihr bisheriges Leben gelebt, als wäre es ein Spiel, dessen Ausgang sie bestimmen und dessen Regeln sie selbst festlegen konnte. Doch in diesem Moment hatte sie die Kontrolle verloren.

Die Erkenntnis, wie überheblich sie in Wahrheit war, traf Meg wie ein Schlag ins Gesicht, und sie drehte sich um und rannte davon. Sie bog gerade noch rechtzeitig auf den Kiesweg, um zu sehen, wie ihr Taxi davonfuhr, und ihre Kehle schnürte sich zusammen. Sie winkte und schrie, doch Aldo sah und hörte nichts.

Sein Abenteuer mit der Geliebten des Mafiacapos und die große Gefahr, in die er sich begeben hatte, hatten seine Freundin Rosa in eine tiefe Krise gestürzt, sodass sie auf die Balustrade des Steinbalkons ihrer Großmutter mit Blick auf die Kirche Santa Maria in Trastevere geklettert war. Unter ihr hatte sich bereits eine Menschenmenge versammelt, die auf Rosas Wehklagen aufmerksam geworden war, und nun drohte sie zu springen. Also raste Aldo in vollem Tempo zurück nach Rom, um das Problem zu lösen.

»Nein!«, brüllte Meg dem immer kleiner werdenden Taxi hinterher. »Nein!«

Doch das Auto verschwand bereits in einer Staubwolke,

die von der unbefestigten Straße aufstieg, und obwohl Aldo keine Anstalten machte, doch noch anzuhalten, lief Meg trotzdem so schnell sie konnte hinter ihm her. Sie stolperte und stürzte beinahe, doch sie behielt ihr Tempo bei. Sie wandte sich auch nicht um, denn sonst hätte sie gesehen, dass keiner der beiden Männer die Verfolgung aufgenommen hatte. Stattdessen rannte sie einfach weiter, bis sie den Kiesweg hinter sich gelassen und auf dem Asphalt angelangt war, wo sie direkt vor einen gelben Citroën-Lieferwagen lief.

Auf der anderen Seite des Flusses hatte Assistente Capo Domenico Cilento mittlerweile alle Zeugenaussagen aufgenommen und zwei Streifenwagen des Commissariato Romanina nach La Barbuta geschickt, um dort – in zufälliger Reihenfolge – nach einer Vintagehandtasche von Gucci, einer blauen Fliese, einem schielenden Mann in einem grünen Mantel und einer Amerikanerin zu suchen, die der Beschreibung zufolge ziemlich attraktiv war. Der Assistente Capo versicherte dem Ehemann besagter Amerikanerin, dass sie ihm Bescheid geben würden, sobald es neue Informationen gab.

»Wollen Sie vielleicht mit zu mir?«, fragte Stephanie. »Um dort auf Neuigkeiten zu warten?«

Alec warf einen Blick auf sein Telefon, um nachzusehen, wie spät es war. »Es ist beinahe drei Uhr«, meinte er. »Ich glaube, ich sollte zurück zu dem Fliesenladen, für den Fall, dass sie dort auftaucht.«

»Wollen Sie, dass ich mitkomme?«, fragte Stephanie.

»Nein, danke. Ich komme schon zurecht«, erwiderte er.

Sie trennten sich in der Via del Pellegrino, wo die Ärztin ihm alles Gute wünschte und ihn zum Abschied innig umarmte. Alec gefiel es, diese Frau zu umarmen, sie war so weich und sanft, und ihr Körper schien perfekt zu seinem zu passen. Sobald ihm bewusst wurde, was er gerade gedacht hatte, löste er sich von ihr und wich langsam zurück, während er ihr seltsam steif zuwinkte. Dabei kam ihm der Gedanke, dass seine Frau angesichts seiner unfreiwilligen Parodie eines verliebten kleinen Schuljungen wohl herzhaft gelacht hätte.

Signor Horatio Zamparelli, der Fliesenmacher, war es gewohnt, dass ihm die Kunden, die seinen höhlenartigen Laden am Arco degli Acetari betraten, die erstaunlichsten und auch dramatischsten Geschichten erzählten. Tatsächlich waren solche Kunden die einzigen, die sich zu ihm verirrten. In den ersten Jahren hatte sich Horatio furchtbar gesorgt, ob er womöglich etwas falsch machte und diese Leute magisch anzog. Manche seiner Vorgänger hatten sich sogar ihr ganzes Leben lang über die Dramen gewundert, die sie scheinbar ständig verfolgten. Und einige hatte es in den Wahnsinn getrieben. Doch nachdem ich keinen Mund habe, um zu sprechen, und keine Hände, um zu schreiben, konnte ich nichts tun, um ihre Verwirrung aus der Welt zu schaffen.

Aber wenn ich dazu in der Lage gewesen wäre, hätte ich ihnen Folgendes gesagt: Die meisten Menschen schaffen es meistens, ihrem Herzen zu folgen, doch manche sind nicht sonderlich gut darin, und wieder andere hatten die Fähigkeit, haben sie aber aus irgendeinem Grund verloren. Diese Menschen brauchen Hilfe, denn sie geraten leicht aus der Bahn. Es ist meine Aufgabe, ihnen zu helfen. Natürlich kann ich nicht allen zur Seite stehen, und diejenigen, die zu mir kommen, bringen oft Chaos mit sich.

Horatio hatte glücklicherweise schon vor langer Zeit meine Anwesenheit in seinem Laden gespürt und sie mit den seltsamen Dingen in Verbindung gebracht, die ihm regelmäßig zustießen. Auch wenn es in seinen Augen wenig Sinn ergab, hatte er beschlossen, sich keine weiteren Gedanken darüber zu machen, und so war es ihm letztlich gelungen, nicht den Verstand zu verlieren. Als nun also Alec Schack vor ihm stand und ihm die vollkommen verrückte Geschichte von den diebischen Romas und dem Lager voller Knochen erzählte, konnte Horatio ihm tatsächlich ruhig und gelassen zuhören.

Alec versuchte, die Fliese zu beschreiben, von der er und seine Frau gerne einige Kartons bestellt hätten. Blau. Wunderschön. Schimmernd. Magisch. Die Worte klangen ein wenig seltsam aus dem Mund eines erwachsenen Mannes, doch das Leuchten in Alec Schacks Augen ließ keinen Zweifel aufkommen, dass er an der richtigen Adresse war. Horatio schlug Alec vor, ein wenig in seinem Laden zu stöbern und nachzusehen, ob er vielleicht eine Fliese fand, die der gestohlenen Vorlage ähnelte.

Alec bedankte sich und begann seinen Rundgang. Dabei erregte eine bestimmte Fliese seine Aufmerksamkeit. Als er sie hochhob, fiel plötzlich ein Sonnenstrahl in den Laden, und die winzige Silhouette einer Frau erschien auf der glänzenden Oberfläche der Fliese. Alec wandte sich zur Tür um, in der tatsächlich eine Frau stand. Einen Moment lang dachte er, Meg sei zurückgekommen.

»Ich fühle mich schrecklich schuldig«, meinte die Silhouette. Es war Dr. Stephanie. »Es war dumm von mir, ihr den Weg nach La Barbuta zu verraten.«

»Sie hat Sie dazu gezwungen«, erwiderte Alec.

»Haben Sie denn schon etwas von ihr gehört?«, fragte Stephanie.

Es war jetzt mindestens eine halbe Stunde her, seit Assistente Capo Domenico Cilento sich auf den Weg gemacht hatte und die beiden Streifenwagen zu dem Lager aufgebrochen waren. Alec warf einen Blick auf sein Handy, um sicherzugehen, dass er genug Empfang und keine Anrufe verpasst hatte.

»Ich hätte sie begleiten sollen«, sagte er.

»Ich kann Sie hinfahren, wenn Sie möchten«, bot Stephanie an.

»Danke«, erwiderte Alec. »Aber wenn Sie auch noch verschwinden, dann brechen vermutlich die Gesundheitssysteme mehrerer Länder gleichzeitig zusammen.«

»Machen Sie sich nicht über mich lustig«, entgegnete Stephanie. »Ich weiß, dass ich wie eine armselige Ausgabe von Mutter Teresa wirke, aber in Wahrheit bin ich gar nicht so langweilig.«

Alec fühlte sich schrecklich. »Aber das sind Sie doch gar nicht«, erwiderte er. »Tatsächlich glaube ich, dass Sie …«, er hielt inne, denn er hatte rechtzeitig erkannt, dass sämtliche Superlative, die ihm zu ihr einfielen, vollkommen unangebracht waren, »… überhaupt nicht langweilig sind.«

»Mein Auto steht draußen«, erklärte Dr. Cope.

19

Santa Barbara

*»Von so betörter Furcht ist Schuld erfüllt,
Dass, sich verbergend, sie sich selbst enthüllt.«*

WILLIAM SHAKESPEARE, HAMLET

Der Legende nach wurde Barbara, eine Heilige und Märtyrerin des dritten Jahrhunderts, beinahe ihr ganzes Leben lang von ihrem übervorsichtigen Vater Dioscorus in einem Turm eingesperrt. Als er schließlich eine lange Reise antreten musste, die ihn weit von zu Hause fortführen sollte, ließ er ein Badehaus bauen, in dem seine Tochter verharren musste, um sie von den durchs Land ziehenden Christen fernzuhalten, deren Geschichten über einen Mann namens Jesus sie scheinbar faszinierten. Offensichtlich erfüllte das Badehaus jedoch nicht seinen gewünschten Zweck, denn Barbara trat nicht nur zum Christentum über, sondern ließ als Symbol der Dreifaltigkeit auch noch ein drittes Fenster in ihre Unterkunft einbauen, die bis dahin lediglich über zwei Fenster verfügt hatte.

Barbaras Vater war offensichtlich ein mit übermäßiger Scharfsinnigkeit gesegneter Mann, denn als er von seiner Reise zurückkehrte, erkannte er sofort, was es mit dieser Symbolik auf sich hatte, und schloss daraus, dass seine Tochter zum Christentum übergetreten war. Als er Barbara damit konfrontierte, gab sie zu, Christin zu sein, und weigerte sich, ihren neuen Glauben wieder abzulegen. Somit blieb Dioscorus natürlich keine andere Wahl, als sie zum Tode zu verurteilen. Barbara gelang die Flucht, doch ihr Vater spürte sie auf und schlug ihr den Kopf ab.

Die Rache ließ allerdings nicht lange auf sich warten, denn als Strafe dafür, dass er sein eigenes Kind getötet hatte, wurde Dioscorus von einem Blitz getroffen und getötet, und vermutlich war es jener Blitz, der Barbara ihre Funktion als Schutzpatronin der Militäringenieure, Artilleristen, Waffenschmiede, Minenarbeiter und vieler anderer Berufsgruppen, die mit explosiven Stoffen arbeiten, einbrachte.

Das Hauptproblem an Barbaras Geschichte – und zugegebenermaßen gibt es in diesem Fall so *einige* Probleme – ist die Tatsache, dass ihr Name erst im siebten Jahrhundert in einem offiziellen Kirchentext auftaucht. In den frühchristlichen Aufzeichnungen fand sich hingegen kein Hinweis auf sie, und dieses doch recht bedeutende Versäumnis ließ Zweifel an der historischen Gültigkeit ihrer Geschichte aufkommen. Das ist auch der Grund, warum die heilige Barbara gemeinsam mit anderen Heiligen aus dem römischen Generalkalender gestrichen wurde, als die Kirche diesen 1969 neu überarbeiten ließ. Damit befindet sie sich allerdings in bester Gesellschaft, denn auch der heilige Christophorus befand sich unter den Betroffenen, und obwohl allgemein davon ausgegangen wird, dass Barbara und ihm ihre Titel aberkannt und sie sozusagen »entheiligt« wurden, ist das nicht der Fall. Sie erscheinen noch immer im *Martyrologium Romanum*, einer umfangreichen Sammlung der meisten (aber bei Weitem nicht aller), von der katholischen

Kirche anerkannten Heiligen. Ihre Geschichten konnten zwar nicht nachgewiesen werden, sie sind allerdings trotzdem anerkannte Heilige und Märtyrer.

Die beiden alten Damen aus England saßen vor dem Pietra-dura-Altar der heiligen Barbara, der ein halbes Jahrhundert nach seiner Restaurierung noch immer in bester Verfassung war, und Constance hatte das seltsame Gefühl, dass Barbara wütend auf sie war. Sie hatte Barbaras Streichung aus dem Generalkalender natürlich mitverfolgt und sogar als junge Mutter von zwei anstrengenden Kleinkindern die Zeit gefunden, einen Protestbrief an den örtlichen Bischof zu schreiben. »Bloß weil die Geschichte unwahrscheinlich klingt«, hatte sie damals zu Henry gesagt, »muss das doch nicht bedeuten, dass es nicht wirklich passiert ist, oder?«

Jetzt saß Constance vor dem Altar, den sie vor all den Jahren restauriert hatte, und spürte ganz deutlich, dass sich Barbara mehr von ihr erwartet hätte.

Was um alles in der Welt hätte ich denn tun sollen?, fragte sich Constance. *Wer hätte mir schon zugehört? Und was hätte ich überhaupt sagen sollen?*

Lizzie spürte, dass Constance langsam den Boden unter den Füßen verlor. »Alles in Ordnung, Mädchen?«, fragte sie. »Du sagst es doch, wenn du bereit bist, um zur Brücke zu fahren, nicht wahr?«

»Ich habe gerade über Gina und Barbara nachgedacht.«

»Wer ist Barbara?«

»Die heilige Barbara«, erwiderte Constance. »Ich habe mich gefragt, ob sie wohl etwas unternommen hat, als sie degradiert wurde.«

»Wer?«, fragte Lizzie.

»Gina.«

»Warum wurde Gina degradiert?«

»Nein, nicht Gina. Barbara.«

Lizzie fragte sich, ob sie womöglich gerade einen dieser kleinen Schlaganfälle erlitten hatte, bei denen man einfach Teile des Gespräches nicht mehr wahrnahm.

In diesem Moment erstarrte Constance.

»Was ist denn?«

»Gina«, meinte Constance. »Ich könnte mit *Gina* reden.«

»Aber wozu denn?«, fragte Lizzie, doch dann verstand sie, was Constance gemeint hatte. »Du willst sie doch nicht etwa fragen, ob sie eine Affäre mit Henry hatte?«

»Warum denn nicht?«

»Und wie?«, wollte Lizzie wissen, die sich langsam für das Thema erwärmte. »Willst du hingehen und sagen: ›Hallo, hattest du zufällig die letzten dreißig Jahre über eine Affäre mit meinem Mann?‹«

»Nein, nicht ganz.«

»Du ziehst es doch nicht ernsthaft in Betracht, oder?«

»Warum denn nicht?«

»Weil es Schwachsinn ist«, erwiderte Lizzie. »Woher willst du wissen, ob sie noch lebt? Und wo würdest du denn die Suche nach ihr beginnen?«

Constance überlegte. Das waren durchaus berechtigte Fragen. »Na ja, wenn sie tot ist, dann wäre das auch eine Art Antwort. Und wenn sie noch lebt, dann wohnt sie vermutlich immer noch in dem Palazzo ihrer Familie. Das tat sie zumindest vor dreißig Jahren. Und Römer ziehen so gut wie nie um. Ich werde kein Aufhebens machen. Ich werde sie einfach bloß fragen.«

»Und was, wenn sie zugibt, dass sie die letzten dreißig Jahre eine Affäre mit deinem Mann hatte?«, fragte Lizzie.

»Dann kenne ich wenigstens die Wahrheit«, erwiderte Constance. »Und kann es hinter mir lassen.«

»Wirklich?«, rief Lizzie. »Wie überaus erwachsen von dir!«

Lizzie spürte, wie ihr Herz raste, und sah, dass Constances Wangen gerötet waren. Constance schob Henrys Tasche vor ihren Füßen von einer Seite zur anderen, als würde sie eine Blumenvase zurechtrücken. Die Kirchentür wurde geöffnet, und eine Gruppe Touristen trat ein. Sie sprachen leise in einer Sprache mit sehr vielen harten Konsonanten miteinander. Die beiden alten Damen lauschten, um zu erraten, woher sie kamen.

»Deutschland?«, flüsterte Constance.

»Nein, ich würde sagen, etwas weiter nördlich«, erwiderte Lizzie. »Es ist eine dieser Smorgen-Vorgen-Sprachen.«

»*Smorgen-Vorgen?*«

»Du weißt schon, wie diese Ikea-Länder.«

Dann kehrten sie wieder zum eigentlichen Thema zurück.

»Ich nehme an, dir ist die Sache unangenehm?«

»Unangenehm?«, fragte Lizzie. »Was soll das? Was meinst du damit?«

»Warum bist du plötzlich so wütend?«

»Weil es mich wütend macht.«

Sie hielten kurz inne, während die Smorgen-Vorgens hinter ihnen vorbeigingen.

»Gibt es etwas, das du mir verschweigst?«, fragte Constance so leise, dass Lizzie sie bitten musste, es zu wiederholen.

»Was sollte ich dir denn verschweigen?«

»Etwas über Gina.«

»Wovon sprichst du?«

»Warum weichst du mir aus?«

Lizzie vergaß sich einen Moment und sprang auf. »Also wirklich, Constance! Es reicht!« Sie sah sich um und erkannte, dass die Smorgen-Vorgens sie anstarrten.

»Antworte mir«, befahl Constance mit eisiger Stimme.

Lizzie setzte sich. Sie verstand, dass Trauer mitunter seltsame Blüten trieb, doch Constance war nicht die Einzige, die unter dem Verlust litt. Sie wollte nicht weinen, aber sie spürte, wie ihr die Tränen in die Augen stiegen. Lizzie atmete tief ein und schaffte es, mit leiser, aber klarer Stimme zu sprechen. »Fahren wir jetzt zur Brücke oder nicht?«

»Nein«, erwiderte Constance. »Ich mache mich auf die Suche nach Gina.«

»Gut«, meinte Lizzie. »Dann sehen wir uns im Hotel.«

»Gut.«

Lizzie stand auf und ging, doch dann hielt sie inne und kehrte noch einmal zurück. »Du würdest doch nicht ohne mich zur Brücke fahren, oder?«

»Nein, natürlich nicht«, erwiderte Constance, als wäre Lizzie diejenige, die sich seltsam verhielt.

Lizzie trat hinaus auf den Largo dei Librari, wo sie die warme Luft umfing. Sie war äußerst wütend und fühlte sich verloren. Sie hatte keine Ahnung, in welcher Richtung das Hotel lag, aber sie hatte auch keine Scheu, jemanden nach dem Weg zu fragen.

Im Inneren der Kirche versuchte Constance, sich nach über einem halben Jahrhundert daran zu erinnern, wo Gina wohnte. Sie hatte sie mehrere Male zum Abendessen besucht und war auch einmal über Nacht geblieben. Sie schloss die Augen und dachte daran, wie sie damals mit Gina zusammen durch die Straßen spaziert war. Gina trug ein smaragdgrünes Kleid und lachte. Ein Mann musterte sie unverhohlen und pfiff ihnen nach. Damals war das durchaus üblich. Dann erschien die Jungfrau Maria, gefolgt von Harpokrates, dem griechischen Gott der Stille. Das war's! Ginas Palazzo befand sich auf derselben Piazza wie die antike Basilika Santa Maria in Trastevere.

Constance nahm die Harrods-Tasche, deren Gewicht in der Zeit, in der sie auf dem Boden gestanden hatte, scheinbar exponentiell gestiegen war, und machte sich auf den Weg in die Via dei Pettinari, bevor sie schließlich den Fluss über die Ponte Sisto überquerte, um nach Trastevere zu gelangen.

Sie verlor zwei Mal die Orientierung und musste nach dem Weg fragen, doch dann stand sie endlich vor der Basilika. Auf der anderen Seite der Piazza war offensichtlich gerade ein Tumult im Gange. Eine Menschenmenge hatte sich um einen jungen Mann versammelt, der auf einem Taxi stand und wild gestikulierend auf eine junge Frau einredete, die auf der Steinbalustrade eines Balkons über ihm balancierte. Die junge Frau weinte deutlich hörbar und schlug sich immer wieder auf die Brust. Constance ließ das Spektakel unberührt. Immerhin befand sie sich in Italien. Sie blieb vor der Kirche stehen, um ein wenig zu verschnaufen, stellte Henry auf dem Boden ab und sah zu einem ihrer Lieblingsmosaike in Rom empor.

Über dem Eingang prangten Maria und ihr Kind, flankiert von zehn Frauen mit Laternen, die alle aus winzigen Mosaiksteinchen bestanden und in ein Meer aus goldenen Kacheln eingebettet waren. Constance erinnerte sich, dass sie während ihres Studiums – mein Gott, es schien bereits ein ganzes Jahrhundert her – einmal gehört hatte, dass die Basilika selbst viel älter war als die Fassade aus dem zwölften Jahrhundert. Tatsächlich war das hier jene Kirche, in der die erste öffentliche Messe Roms abgehalten worden war.

Das letzte Mal, als sie im Inneren der Kirche gewesen war, hatte Henry sie eigens hierhergebracht, um ihr die Säulen zu zeigen, die aus den Caracalla-Thermen und dem Tempel der Isis entwendet worden waren. Sie erinnerte sich, wie er ihr erzählt hatte, dass ein scheinbar äußerst aufmerksamer und intelligenter Beobachter plötzlich erkannt hatte, dass die in die Säulenkapitelle eingeritzten Gesichter die heidnischen Gottheiten Isis, Harpokrates und Serapis darstellten, woraufhin Papst Pius IX. sie entfernen ließ. Das Bild traf sie wie ein Blitz: Henry, der vor ihr stand und angesichts der Idiotie dieser archäologischen Katastrophe lachend den Kopf schüttelte.

Constance ließ den Blick über die Piazza schweifen, und dann sah sie ihn. Das dort war Ginas Palazzo, da war sie sich sicher. Die Wände waren noch immer in demselben Hellbraun gestrichen, nur die Fensterläden hatten mittlerweile eine andere Farbe. Sie konnte sogar die zähen alten Palmen auf der Dachterrasse ausmachen und erinnerte sich, wie sie einst bewundernd festgestellt hatte, dass diese die Mosaikpalmen auf der Fassade der Kirche perfekt widerspiegelten.

Im Erdgeschoss des Palazzos befanden sich ein Ristorante und eine Bar. Constance hob Henry hoch und ging auf die riesige, doppelflügelige Eingangstür an der Seite des Gebäudes zu. Mittlerweile war ihr furchtbar heiß, doch glücklicherweise lag der Eingang im Schatten. Sie drückte die Klingel.

Kurze Zeit später öffnete eine dünne Frau mittleren Alters in Jeans und einem schmutzigen T-Shirt die Tür. Constance fragte nach Gina, doch die Familie hatte den Palazzo vor beinahe zehn Jahren verkauft. Die Frau wusste leider nicht, wo Gina mittlerweile wohnte. Sie war nur die Haushälterin, aber vielleicht konnten ihre Arbeitgeber weiterhelfen. Diese waren zwar im Moment in Urlaub, aber wenn Constance ihre Kontaktdaten hierließ …

Constance bedankte sich und verneinte. Sie war in einer Sackgasse gelandet, und es war ihr durchaus bewusst.

Die Frau verabschiedete sich und schloss die hohe Tür.

Constance stand einen Moment lang schwankend davor, und die Hitze traf sie erneut mit voller Wucht. In diesem Moment fiel ihr die Frau auf, die hinter ihr in der schmalen Gasse stand und sie beobachtete.

Lizzie.

Sie kam mit zwei Mineralwasserflaschen auf Constance zu und reichte ihr eine davon. Constance stellte die Harrods-Tasche ab und trank dankbar von dem kühlen Nass.

»Du bist mir gefolgt.«

Lizzie nickte.

Constance schwieg einen Moment lang. »Was mache ich hier bloß, mein Mädchen?«

»Du versuchst mit aller Kraft, etwas hinauszuzögern, von dem du weißt, dass du es irgendwann tun musst«, erwiderte Lizzie.

Dann griff sie nach der Harrods-Tasche und hob sie hoch. Zum ersten Mal seit Beginn ihrer Reise erhob Constance keinen Einspruch.

»Komm«, sagte Lizzie. »Gehen wir zur Brücke.«

20

Vatikan

*»Ich kann mich nicht auf Zeit oder Ort, Blicke oder Worte
festlegen, mit denen alles anfing. Es ist zu lange her.
Ich war schon mittendrin, bevor ich recht wusste, dass ich
begonnen hatte.«*

JANE AUSTEN, STOLZ UND VORURTEIL

Im Lauf der Jahrtausende wurde Rom von Monstern und
Despoten regiert, die Tod und Kummer über ihre Untertanen brachten. Das »Gute« an diesen zwischenzeitlich tatsächlich vollkommen irren Diktatoren war jedoch, dass sie –
architektonisch gesprochen – sehr vieles bewirkten. Und so
wurden zahlreiche der großartigsten Bauwerke der Stadt
von schrecklichen – und ich meine wirklich *schrecklichen* –
Menschen in Auftrag gegeben, die damit ihre Unsterblichkeit sichern wollten.

Gian Lorenzo Bernini hatte den gewaltigen Petersdom
und den Vorplatz ursprünglich so angelegt, dass die Pilger
nach ihrer Wanderung durch die dunklen, engen Gassen
jenseits des Tibers plötzlich von dem riesigen, leeren Raum
überrascht wurden, der sich mit einem Mal vor ihnen auftat,
doch dank des Diktators Mussolini gab es keine Überra-

schungen mehr, als August und Alice schließlich vom Lungotevere abbogen und das Motorino am Straßenrand parkten. Die Gebäude, die den Vatikan einst umgaben, waren allesamt in den 1930er-Jahren abgerissen worden, sodass der Petersdom mittlerweile schon von Weitem zu sehen war.

August wartete geduldig, während Alice ihren Helm abnahm. Das riesige Bauwerk am Ende der Via della Conciliazione zog ihn vollkommen in den Bann. Er hatte in Kurs 235 »Architekturgeschichte« einiges über die Basilika und die Kunst in ihrem Inneren erfahren und war vor allem von Michelangelos *Pietà* beeindruckt, obwohl er es nicht eigens erwähnte, denn das war irgendwie so, als würde man zugeben, dass man Schokolade mochte. Wer tat das nicht?

Außerdem hatte August nicht vor, Alice den Dom zu zeigen. Ihn interessierte vielmehr der Petersplatz. Er hatte irgendwann von einem besonderen geometrischen Trick gelesen, der augenscheinlich wurde, wenn man genau an der richtigen Stelle stand, und wollte es selbst überprüfen. Als Alice ihn am Bahnhof stehen gelassen hatte, hatte er es – aus irgendeinem Grund, den er selbst nicht verstand – am meisten bereut, ihr dieses Wunder nicht gezeigt zu haben.

»Also, worum geht es eigentlich?«, fragte Alice und gab ihm ihren Helm.

»Du wirst warten müssen, bis wir dort sind«, erwiderte er. »Soll ich deinen Rucksack nehmen?«

»Nein, danke«, erwiderte Alice. Sie wollte ihn selbst tragen, um sich in Erinnerung zu rufen, dass das hier bloß ein Abenteuer und nicht ihr richtiges Leben war.

Während sie ihre Helme am Motorino anketteten, wurde August plötzlich unsicher. Warum war es ihm eben noch wie eine wunderbare Idee erschienen, sie hierherzubringen? Wollte er etwa angeben? *Sieh nur, was ich alles weiß und du nicht.* Er deutete wichtigtuerisch in Richtung Vatikan. »Wir müssen da lang.«

»Tatsächlich?«

Er machte sich eilig auf den Weg und hoffte, dass sie nicht bemerkt hatte, dass er wieder einmal rot geworden war. Hatte sie es bemerkt? *Natürlich hatte sie es.* Sie trabte einige Schritte hinter ihm her, um zu ihm aufzuschließen. Er spürte, dass sie ihn musterte. Jeden Moment würde sie fragen, warum er rot geworden war und ob vielleicht etwas nicht stimmte.

»Also, woher weißt du, dass du jemanden genug liebst, um ihn zu heiraten?«, fragte er.

Alice blieb wie angewurzelt stehen.

August wandte sich überrascht zu ihr um. Ihm war überhaupt nicht klar gewesen, dass er vorgehabt hatte, die Frage laut auszusprechen.

»Ich will nicht über Daniel reden«, erklärte Alice, und beide erkannten gleichzeitig, dass sie ihm gerade den Namen ihres Verlobten verraten hatte.

»Daniel?«, fragte August.

»Wir werden nicht über ihn reden«, wiederholte sie bestimmt und hastete mit großen Schritten davon.

August stolperte ihr nach. »Es tut mir leid. Ich meinte nicht ihn. Ich meinte nicht euch beide«, erklärte er. »Ich meinte bloß im Allgemeinen.« Er hatte selbst keine Ahnung, was er gemeint hatte, und versuchte bloß, sich aus dem Loch zu befreien, in das er sich manövriert hatte und das langsam über ihm einzustürzen drohte. »Ich meine, woher weiß man, dass man jemanden liebt?«

Vermutlich waren Aliens auf der Erde gelandet und zwangen ihn, dämliche Fragen zu stellen.

Alice hatte sich nicht einverstanden erklärt, den Rest ihres Lebens mit Daniel zu verbringen, ohne vorher das Warum und Weshalb einer solchen Verbindung zu hinterfragen, und war daher perfekt auf Augusts Frage vorbereitet. »Man verliebt sich nicht einfach in jemanden«, sagte sie. »Man trifft vielmehr die Entscheidung, einen bestimmten Menschen zu lieben. Humor und Intelligenz, die Augenfarbe, das Lächeln – es gibt eine lange Liste an Dingen, bei denen es *klick* macht und die dir sagen, dass dieser Mensch gut zu dir passt.«

»Eine Liste?«, fragte er.

»Ja, eine Liste«, erwiderte sie und erkannte erfreut, dass ihn ihre Antwort überrascht hatte. Genau das hatte sie gehofft. »Die meisten Menschen erstellen eine solche Liste nur unbewusst, aber wenn man tatsächlich alle Pros und Kontras niederschreibt, dann sind die Chancen größer, eine gut durchdachte Entscheidung zu treffen.«

»Du hast also eine Liste gemacht?«

»Ja«, antwortete Alice schlicht.

Tatsächlich war es Daniel selbst gewesen, der ihr geholfen hatte, den richtigen Zugang zu finden. Er hatte ihr beigebracht, Listen zu erstellen, um ihre Angewohnheit, Entscheidungen hinauszuschieben, in den Griff zu bekommen. Schließlich hatte sie genau diese Methode angewandt und sich für ihn entschieden. Alice rief sich in Erinnerung, dass es eine lange und wohlüberlegte Liste gewesen war. Sie hatte sich die Entscheidung nicht leicht gemacht.

»Und was ist mit der Magie?«, fragte August. »Mit dem, was dich mitreißt?«

»Ich denke, das ist bloß eine Illusion«, erwiderte Alice. »Hauptsächlich geht es um den gesunden Menschenverstand.«

»Ach, komm schon!« Er trat vor sie und wandte sich mit ausgestreckten Armen zu ihr um. »Das klingt doch alles … ich weiß auch nicht … furchtbar traurig.«

»Okay, gut. Die Magie steht auch auf der Liste«, gab sie

zu. »Sie gehört zu den Dingen, die in Betracht gezogen werden müssen.«

»Also in etwa so: Zwischen mir und diesem Kerl herrscht Magie, doch der dort verdient mehr Geld?«, fragte August und machte eine Handbewegung, als würde er etwas abwiegen.

»Nein, so ist das nicht«, erwiderte sie. »Es geht nicht darum, etwas zu vergleichen.«

»Bei Listen geht es *ausschließlich* darum, Dinge zu vergleichen«, erklärte er. »Dazu sind Listen doch da.«

»Du vereinfachst das zu sehr.«

August fühlte sich plötzlich furchtbar alt. Er fand Alices Behauptung so trostlos, dass er unwillkürlich die Schultern hochzog und mit vor- und zurückschwingenden Armen vor ihr herging wie ein Gorilla.

Sie lachte.

Sie wollten beide dem düsteren Loch entkommen, in dem sie sich plötzlich wiedergefunden hatten, doch sie hatten keine Ahnung, wie. Also schlenderten sie eine Weile einfach weiter und kamen schließlich an einer alten Bettlerin vorbei, die am Boden kniete und ihre Stirn auf die Pflastersteine presste. Sie murmelte ein Gebet und umklammerte einen Papierbecher, der eine Karte mit dem Bildnis der Heiligen Jungfrau und einige Münzen enthielt. Ein Mann in einem blau gestreiften Trainingsanzug blieb vor ihr stehen und machte mit seinem Telefon Fotos von ihr.

»Erzähl mir etwas Albernes«, sagte August plötzlich.

Alice wandte sich zu ihm um. Sie hatte keine Ahnung, was er meinte.

»Was ist deine Lieblingsfarbe?«, fragte er und gab ihr damit eine Vorstellung von dem Spiel, das er sich gerade ausgedacht hatte.

»Feuerwehrrot«, erwiderte Alice. »Nein, warte. Venezianisch-Rot.«

»Ja, da besteht sicher ein Riesenunterschied«, erwiderte er.

»Ach, halt die Klappe. Und deine?«

»Ähm … ich habe keine Lieblingsfarbe.«

»Das ist traurig.«

»Okay. Grün.«

»Welches Grün?«

»Koboldgrün.«

Alice hob fragend die Schultern. Wollte er dieses Spiel nun spielen oder nicht?

»Okay. Das Grün eines englischen Rasens an einem sonnigen Sommermorgen«, erklärte er. »Nachdem es die ganze Nacht geregnet hat.«

Alice nickte. Sie sah die Farbe ganz genau vor sich.

»Erstes Haustier?«

»Mein Hund Sam, ein Dackel«, antwortete sie wie aus der Pistole geschossen.

»Tot oder lebendig?«

»Schon lange tot. Und bei dir?«

»Herzliches Beileid. Boris, der Frosch.«

»Danke. Tot oder lebendig?«

»Aufgefressen von Arthur, dem Labrador. Ich will aber nicht darüber sprechen, sonst fange ich noch zu heulen an. Dein erstes … ähm … Zuhause? Nein, warte, das ist langweilig. Liebe. Deine erste Liebe?«

»Matthew McMahon. Oder … nein. Joshua Vogelman. In ihn war ich zuerst verknallt. Ich war fünf. Er war vier.«

»Ein jüngerer Mann?«

Alice nickte feierlich. »Der darauffolgende Skandal hat unsere Liebe zerstört. Und bei dir?«

»Emily Winterbottom. Ich glaube, wir waren acht. Sie war auch das erste Mädchen, das ich geküsst habe.«

»Wo?«

»Hinter dem Mädchenklo.«

Alice stöhnte. »Ich meinte, wohin hast du sie geküsst?«, fragte sie. »Auf die Wange? Auf die Lippen?«

»Oh. Auf die Lippen.«

»Schlampe.«

»Sie oder ich?«

»Du.«

Sie begannen zu lachen, vor allem aus Begeisterung, weil sie es aus ihrem dunklen Loch herausgeschafft hatten. Passanten lächelten sie an und freuten sich scheinbar über das junge Paar, das sich so prächtig amüsierte.

»Ist dir eigentlich schon einmal aufgefallen, dass wir ständig den ganzen Namen verwenden, wenn wir von Leuten aus der Grundschulzeit sprechen?«, fragte Alice. »Es ist nie nur Matthew oder Josh, sondern immer Matthew McMahon oder Joshua Vogelman oder Emily Wildbottom.«

»Winterbottom«, korrigierte er.

»Winterbottom, tut mir leid. Toller Name übrigens. Ich denke, ich werde mein erstes Kind Winterbottom nennen. *Winterbottom! Komm hierher und zeig Mommy, was du heute in der Schule gemacht hast!*«

»Was, wenn es ein Mädchen wird?«

»Egal. Ich nenne sie Winterbottom«, erwiderte Alice. »Für mich ist Winterbottom bisexuell. Der Name, nicht das Kind. Obwohl es auch okay wäre, wenn das Kind bisexuell wäre.«

»Dann hast du also vor, eine liberale Mutter zu sein?«, fragte er.

»Klar.«

»Aber nicht eine dieser coolen Mütter, die mit ihren Teenagerkindern Joints rauchen, oder?«

»O Gott, nein!«, widersprach sie voller Inbrunst und prallte dabei gegen eine junge Nonne in einem weißen Habit mit blauen Streifen.

Alice entschuldigte sich, und die junge Nonne lächelte nachsichtig. August versuchte vergeblich, nicht zu lachen. Als er endlich zu Ende gekichert hatte, fragte er Alice, warum sie so emotional auf seine Frage reagiert hatte, und sie begannen ein Gespräch über ihre Mutter.

Alice beschrieb deren Aufstieg von der gebrochenen Ballerina zur Staranwältin, und obwohl sie sich redlich bemühte, ihre Mutter in einem positiven Licht erscheinen zu lassen – oder vielleicht gerade *weil* sie sich so sehr anstrengte, etwas Nettes über ihre Mutter zu sagen –, hatte August das untrügliche Gefühl, dass Alices Mutter kein guter Mensch war, sondern vielmehr eine Hexe. Er sah zwar davon ab, diese Beobachtung mit ihr zu teilen, aber es machte ihn irgendwie traurig, dass Alice offensichtlich Schmerzhaftes mit ihrer Familie im Allgemeinen und mit ihrer Mutter im Besonderen verband.

Alice wünschte, sie hätten sich nicht erneut in eine Sackgasse geredet. Wieder einmal wirkten sie beide bedrückt, und sie hoffte, bald einen Weg herauszufinden – vielleicht ein weiteres albernes Spiel? –, als der Vatikan ihr zu Hilfe kam: Sie waren am Ende der Via della Conciliazione angekommen, und nun forderten der Petersdom und der Petersplatz ihre Aufmerksamkeit.

Der Hauptteil des Petersplatzes hatte die Form einer riesigen Ellipse, die von imposanten, vierreihig angeordneten toskanischen Kolonnaden begrenzt wurde. Diese verliefen allerdings nicht vollständig um den gesamten Platz herum, sondern spannten sich vom Petersdom ausgehend in zwei vorn geöffneten Bögen um den Platz. »Wie die mütterlich ausgebreiteten Arme der Kirche«, erklärte August, und als er Alices amüsierten Gesichtsausdruck sah, fühlte er sich gezwungen, ihr mitzuteilen, dass er bloß Bernini zitiert hatte.

Alice bezichtigte August der Angeberei, was August offen zugab. Doch dann fragte sie ihn, ob er ihr etwas über den riesigen Obelisken in der Mitte des Platzes erzählen konnte, und er geriet ein wenig aus der Fassung. Er konnte sich an keinerlei Details erinnern, außer dass er, wie so viele andere römische Obelisken, aus Ägypten entwendet worden war.

Wäre es mir möglich gewesen, mit August und Alice zu kommunizieren, hätte ich ihnen eine Geschichte erzählen können, die mich auf ganz besondere Weise mit diesem Obelisken verbindet.

Zunächst ist er beinahe eintausend Jahre älter als ich. Er wurde zuerst aus Heliopolis nach Alexandria gebracht, bevor er erneut abgebaut und nach Rom verschifft wurde, um dort auf dem Circus Gai et Neronis des Kaisers Nero aufgestellt zu werden, wo er als Zeuge der Hinrichtung des mit dem Kopf nach unten gekreuzigten heiligen Petrus in den Himmel ragte. Daher wird der Obelisk auch »der Zeuge« genannt und wurde 1586 vor dem Dom neu aufgestellt. Für diese Aufgabe wurde ein Heer aus einhundertfünfzig Pferden und neunhundert jungen Männern zusammengestellt, unter ihnen auch Benedetto Bresca, den ich gerade mit einem zauberhaften Mädchen namens Maria zusammengebracht hatte.

Unter der Verwendung von mehreren hundert Metern Seil und hunderten Flaschenzügen schafften es die Männer und Pferde, den dreihundertdreißig Tonnen schweren

Obelisken aufzustellen. Doch das gewaltige Gewicht verursachte eine so große Reibung, dass die Seile zu qualmen begannen. Benedetto blickte gerade in diesem Moment nach oben und war somit der Erste, dem auffiel, dass das gesamte Unternehmen in einer Katastrophe enden würde. »Schüttet Wasser auf die Seile! Schüttet Wasser auf die Seile!«, rief er.

Benedettos aufmerksames Auge rettete also den Obelisken, und als Dank wurde seiner Heimatstadt San Remo die Ehre eingeräumt, die Palmenzweige zur Verfügung zu stellen, die jedes Jahr am Palmsonntag im und um den Petersdom geschwenkt werden. Wären August und Alice also an Ostern nach Rom gekommen, hätten sie Gläubige mit Palmenzweigen gesehen, die mehr als vierhundert Jahre später immer noch aus San Remo stammen.

August und Alice traten auf den Petersplatz, und August führte sie zu einem der beiden Brennpunkte der Ellipse. Er war sich sicher, dass es eine Markierung geben würde, und er hatte sich nicht getäuscht. Zwischen den Pflastersteinen befand sich eine von weißem Travertin begrenzte Granitplatte mit der Aufschrift *Centro del Colonnato*.

»Soll ich mich da hinstellen?«, fragte Alice.

»Nein, noch nicht«, erwiderte August. »Sieh dich erst einmal um. Sieh dir die Kolonnaden an. Wie viele Säulen siehst du?«

Alice drehte sich im Kreis. Es waren hunderte, vielleicht sogar noch mehr. Auf jeden Fall zu viele, um sie zu zählen. Und hinter jeder Säule am Rand des Platzes standen noch vier oder fünf weitere. Sie konnte es nicht so genau sagen, denn die vorderen Säulen verdeckten einige der hinteren.

»Keine Ahnung«, sagte sie und zuckte mit den Schultern. »Hunderte, nehme ich an. Es ist echt schwer zu sagen.«

»Okay, aber wir sind doch beide der Meinung, dass wir von einem ziemlichen Durcheinander an Säulen umgeben sind, oder?«

»Ja.«

»Gut. Und jetzt schließ die Augen und stell dich auf die Scheibe.«

Alice schlüpfte aus ihrem Rucksack und reichte ihn August. »Muss ich vorher auch noch *Abrakadabra* sagen?«, fragte sie und hatte die Augen bereits gehorsam geschlossen.

Er half ihr auf die Scheibe.

»Nein«, antwortete er. »Mach einfach bloß die Augen auf.«

Alice gehorchte, und die Säulen, die den Platz einrahmten, hatten plötzlich alle fein säuberlich hintereinander Aufstellung bezogen. Sie sah sich um, doch egal wohin ihr Blick fiel, es war überall dasselbe. Von den hunderten, durcheinandergeratenen Säulen waren jene achtundachtzig übrig geblieben, die sich direkt am Rand der Ellipse befanden, und die anderen Säulen in ihrer Reihe versteckten sich so exakt dahinter, dass es wirkte, als wären sie nicht mehr da. Aus dem Chaos war eine epische Ordnung entstanden. Es war reinste Geometrie, die sich hier offenbarte, aber es fühlte sich an wie ein Zaubertrick. Etwas Magisches.

August sah das Staunen in Alices Gesicht und wurde von einem Gefühl übermannt, das so stark war, dass er zu zerplatzen glaubte.

Alice sah zu August, und ihre Kehle wurde eng. *Wer ist dieser Mann, der mir all diese Dinge zeigt?*, fragte sie sich.

»Jetzt bist du an der Reihe«, sagte sie leise.

Sie trat von der Scheibe, und August nahm ihren Platz ein.

21

Arco degli Acetari

»Komm, sei begraben denn
Zum zweiten Male an dieser Brust!«

WILLIAM SHAKESPEARE, PERIKLES

Signor Gambetta beobachtete ein wenig beunruhigt die aufgebrachte amerikanische Frau, die gerade versuchte, sein Mobiltelefon zu benutzen. Sie wählte verzweifelt, lauschte, seufzte verärgert, wählte verzweifelt, lauschte, seufzte verärgert. Signor Gambetta hatte seinem Neffen, der in der Nähe des Lagers wohnte, gerade drei wunderbare Cinta-Senese-Schweine geliefert, als die Frau plötzlich mitten auf der Straße aufgetaucht war und mit den Fäusten auf die Motorhaube seines gelben Citroën-Lieferwagens eingehämmert hatte. Einen schrecklichen Moment lang hatte er geglaubt, er würde sie überfahren. Glücklicherweise hatte er es nicht getan.

Die Frau sprach kein Italienisch, aber sie konnte sich sehr gut verständigen. Sie hatte ihm sofort klargemacht, dass es ein Notfall war und sie ins Stadtzentrum musste. Signor Gambetta war jedoch auf dem Weg zurück zu seinem Hof in der Toskana und wollte nicht nach Rom, weshalb er sich lediglich einverstanden erklärt hatte, Meg bis zur Kreuzung zwischen der E80 und A24 zu bringen, die sich so weit in Stadtnähe befand, wie er es gerade noch verantworten konnte. Er hoffte bloß, dass sie ihn auch verstanden hatte.

Meg saß in der stinkenden Fahrerkabine des herunter-gekommenen Lieferwagens und drückte die Tasten des wirklich äußerst antiken Telefons. Nachdem sie Alecs ver-dammte Nummer in ihrem Handy gespeichert hatte, kannte sie sie nicht auswendig. Ihr fielen zwar einige Zahlenkom-binationen ein, doch offensichtlich nicht in der richtigen Reihenfolge.

Irgendwann kam ihr in den Sinn, dass der Anruf über eine Zwischenstation in den Staaten erfolgen würde und sie deshalb vermutlich eine Vorwahl eingeben musste. Sie wollte schon fragen, ob ihr Fahrer die Vorwahl kannte – oder zumindest *versuchen*, ihn zu fragen –, doch dann warf sie einen Blick auf den verängstigten Kerl, der ihr sein Tele-fon geliehen hatte, und ihr wurde klar, dass die Kosten eines solchen Telefonats ihn womöglich in den Ruin getrieben hätten, und sie beschloss aufzugeben. Heute war tatsäch-lich der beschissenste Tag ihres ganzen bisherigen Lebens. Aber zumindest würde sie dieser charmant-bäuerliche Kerl zurück in den Fliesenladen bringen, wo sie versuchen würde, eine Fliese zu finden, die der gestohlenen möglichst ähnlich sah, und dann würde sie ihre Mission wie geplant fortfüh-ren. Es würde eine Wahnsinnsgeschichte für die Leserinnen und Leser von *Megamamma* werden.

Als Dr. Stephanie ihren taubenblauen Fiat schließlich durch das Tor in das von Maschendraht umzäunte Lager lenken wollte, kam ihnen gerade ein Polizeiauto entgegen. Alec rutschte tiefer in den Beifahrersitz, bis ihm klar wurde, dass ihn die beiden Polizisten in dem Auto ja gar nicht kannten und es ziemlich unwahrscheinlich war, dass sie auf den Gedanken kamen, dass er hier gerade den Anweisungen des Assistente Capo Domenico Cilento zuwiderhandelte und selbst Ermittlungen im Fall der verlorenen Tasche und seiner verschwundenen Frau anstellte. Er versuchte zu erkennen, ob Meg vielleicht auf dem dunklen Rücksitz saß, doch er konnte nicht genau sagen, wie viele Personen sich in dem Wagen befanden.

In diesem Moment erklang leise Bruce Springsteens »Born To Run«. Es war Alecs Handy. Er nahm den Anruf entgegen und musste seine Stimme erheben, um das Geschnatter der Kinder zu übertönen, die Stephanies Auto wiedererkannt und sich versammelt hatten, um sie zu begrüßen. Es war Domenico Cilento. Alec gab das Telefon an Stephanie weiter, damit sie übersetzen konnte. Sie bedeutete den Kindern, ruhig zu sein, während der Assistente Capo sie informierte, dass eine gründliche Suchaktion in La Barbuta durchgeführt wurde, bei der weder die Frau noch die Tasche oder ein schielender Mann ausfindig gemacht werden konnten. Die Ermittlungen wurden nun auf die anderen Romasiedlungen rund um die Stadt ausgedehnt.

Stephanie legte auf und gab die Neuigkeiten an Alec weiter, der daraufhin laut überlegte, ob sie lieber in die Stadt zurückkehren sollten.

»Jetzt, wo wir schon mal hier sind, können wir auch gleich versuchen, etwas herauszufinden«, erwiderte Stephanie und gab ihm über die schwarzhaarigen Köpfe der Kinder hinweg zu verstehen, ihr zu folgen und das Reden ihr zu überlassen. Alec fiel auf, dass Stephanie hier, auf vertrautem Territorium, sofort die Kontrolle übernahm. Er konnte sich gut vorstellen, wie sie mit ihrer ruhigen Art ein Feldhospital oder ein Waisenhaus voller übermütiger Kinder kommandierte.

Die Kinder folgten ihnen, während sie über den staubig weißen Kies auf eine der Hütten zugingen.

»Kommen Sie oft hierher?«, fragte Alec.

Stephanie brach in Gelächter aus, doch Alec hatte gar nicht bemerkt, dass er gerade einen klassischen Anmachspruch vom Stapel gelassen hatte. Als er ihre Erheiterung endlich verstand, musste er ebenfalls lachen.

»Nein, nicht sehr oft«, antwortete Stephanie schließlich. »Ich versuche, die Eltern zu überreden, die Kinder in die Klinik in der Stadt zu bringen.«

Die Tür der Hütte öffnete sich, noch bevor sie sie erreicht hatten. Eine junge Mutter mit müden, haselnussbraunen Augen und einem quengelnden Kind auf der Hüfte begrüßte Stephanie. Es war keine warmherzige, aber doch eine respektvolle Begrüßung. Die junge Frau bat sie ins Haus. Das kleine Wohnzimmer war voll mit buntem Spielzeug und wurde von einem abgewetzten braunen Ledersofa eingenommen. An einer Wand hing ein riesiger, brüllend lauter Flachbildfernseher, in dem gerade knapp bekleidete Zwillinge das Wetter präsentierten. An der gegenüberliegenden Wand sah Alec ein grelles 3D-Bild der heiligen Therese von Lisieux, die ihre Hände zum Gebet erhob, als Alec an ihr vorbeiging.

Die drei Erwachsenen und das Kind setzten sich nebeneinander auf das Sofa.

Stephanie stellte der Frau eine Reihe von Fragen, machte jedoch keine Anstalten, für Alec zu übersetzen. Nach etwa fünf Minuten rief die Frau nach jemandem, und ein Mann tauchte auf. Er trug Jeans und ein Jeans-Hemd, Cowboystiefel und einen cremefarbenen Stetson. Ohne ihn den

Anwesenden vorzustellen, wechselte die Frau ein paar Worte mit dem Cowboy, der jeglichen Blickkontakt vermied, sondern stattdessen mit seinem Mobiltelefon spielte. Kurze Zeit später ging er, und das Gespräch zwischen der Frau und Stephanie wurde fortgesetzt. Alec gab es langsam auf, doch noch herauszufinden, worum es ging, und sah sich stattdessen einige fröhlich grelle Werbespots an.

Plötzlich stand Stephanie auf. Das Gespräch war offensichtlich beendet. Alec bedankte sich auf Italienisch bei der jungen Frau und streckte ihr die Hand entgegen, doch das Kind auf ihrem Arm begann zu weinen, und sie zog sich zurück.

Als sie über den weißen Kies zurück zum Auto gingen, fiel Alec auf, dass es seltsam ruhig war. Die spielenden Kinder waren verschwunden. Er spürte, wie sich seine Nackenhaare aufrichteten.

»Was hat sie denn gesagt?«, fragte er Stephanie leise.

»Es sieht so aus, als wäre Meg hier gewesen«, antwortete diese ebenso gedämpft. »Sie hat mit einem der Mädchen gesprochen und ist dann wieder verschwunden.«

»Aber warum?«

Stephanie zuckte mit den Schultern. »Vielleicht hat das Mädchen ihr die Fliese gegeben.«

»Dann gehört der schielende Mann also hierher?«

»Das wollte sie mir nicht sagen«, erwiderte Stephanie. »Sie meinte, sie könne uns nicht helfen, aber …«

»Aber Sie denken, sie kann es?«, fragte er.

»Nein, ich denke, sie *wird* uns helfen.«

»Aber wie? Was meinen Sie damit?«

Ein warmer Windstoß blies Stephanie die Haare ins Gesicht. Als sie sie wieder zurückschob, sah Alec, dass ihre Hand kaum merklich zitterte.

»Ich weiß es nicht«, erwiderte sie. »Aber ich glaube, wir sollten jetzt fahren.«

Sie traten um einen stinkenden Haufen Müllsäcke herum auf den von Abfällen übersäten Parkplatz. In diesem Moment fiel beiden auf, dass Stephanies Fiat umgeparkt worden war. Er stand nun mit der Schnauze voran in Richtung Tor, als hätte ihn jemand eigens für eine schnelle Flucht vorbereitet. Stephanie durchwühlte ihre Tasche nach dem Schlüssel und zog ihn heraus. Dann warf sie einen Blick auf Alec, der nickte. Er war ebenfalls der Meinung, dass jemand das Auto geknackt haben musste, um es umzuparken und ihnen auf diese Art etwas mitzuteilen oder eine Warnung auszusprechen.

Sie eilten zum Fiat und stiegen ein. Stephanie brauchte zwei Anläufe, ehe der Zündschlüssel im Schloss steckte, doch schließlich startete sie den Motor und schoss die Auffahrt hinunter.

Sie fuhren so schnell, dass das Heck des Autos im Kies ins Schleudern geriet, als sie in die Via Giovanni Ciampini einbogen. Stephanie lenkte eilig dagegen, doch nun war sie viel zu weit links, sodass sie beinahe die Kontrolle über das Auto verlor. Alec griff hinüber, packte das Lenkrad und richtete das Auto wieder gerade.

»Alles okay«, sagte er sanft. »Wir sind in Sicherheit.«

»Es tut mir leid«, meinte Stephanie. »Es tut mir so leid.«

Sie warf einen schnellen Blick in den Rückspiegel, um sicherzugehen, dass sie nicht verfolgt wurden. Dabei erregte ein Gegenstand auf dem Rücksitz ihre Aufmerksamkeit. Sie wandte den Blick wieder auf die Straße und sah schließlich noch einmal in den Rückspiegel. Dann trat sie ruckartig auf die Bremse und fuhr herum.

Alec drehte sich ebenfalls um, um nachzusehen, was sie

so aus der Fassung gebracht hatte. Auf dem Rücksitz lag Megs Tasche.

Alec zog sie nach vorn und warf einen Blick hinein. »Das Geld ist fort, aber sonst ist alles noch da. Sogar meine Brieftasche«, sagte er und holte sie heraus. Und auch die Fliese war noch da, fein säuberlich in Seidenpapier gewickelt.

Alec sah Stephanie in die Augen und lächelte. Sie erwiderte das Lächeln. Er streckte die Hand nach ihrem Arm aus und berührte dabei unabsichtlich ihre Brust. »Danke. Es scheint, als hätten Sie eine ziemlich hohe Stellung in dem Lager. Danke.«

Stephanie streckte ebenfalls die Hand aus, legte sie auf Alecs Hinterkopf, zog ihn an sich und küsste ihn auf die Lippen. Alec war ein wenig überrascht, aber vor allem berauscht.

»Das kommt davon, wenn man zu lange in Krisengebieten arbeitet«, erklärte Stephanie. »Man nutzt den Moment, solange man noch kann.«

Er spürte ihren heißen, flachen Atem auf seinem Gesicht, und plötzlich packte ihn eine brennende Lust. Er lehnte sich vor und küsste sie leidenschaftlich. Es war ein wilder Kuss, der jegliche Zärtlichkeit vermissen ließ, stattdessen aber vor Verlangen strotzte.

Sie lösten sich voneinander.

»Es tut mir leid«, sagte er.

»Ich denke, wir wissen beide, dass das nicht stimmt«, erwiderte sie.

Er legte seine Hand auf den Verband über der Wunde, die sie erst vor einem Tag genäht hatte. Sie lehnte sich zu ihm, um ihn erneut zu küssen, doch er wich vor ihr zurück.

»Stephanie, ich kann nicht …« Er brach ab.

Stephanie wusste, dass der Augenblick vorüber war. Zumindest für ihn. Es hatte keinen Sinn, ihn zu drängen.

Er würde nicht mit ihr nach Hause kommen und mit ihr schlafen. Oder sich in sie verlieben. Oder seine Frau verlassen und stattdessen sie heiraten.

Alec war sowohl enttäuscht als auch erleichtert, als Stephanie den ersten Gang einlegte und weiterfuhr.

Sie fuhren schweigend nach Rom zurück und sprachen nur ab und zu über die Umgebung oder den Verkehr. Stephanie erstaunte es immer wieder, wie schnell sich die Dinge zwischen zwei Menschen ändern konnten, und sie hätte sich am liebsten geohrfeigt, weil sie wieder einmal alles vermasselt hatte. Wann würde sie endlich lernen, sich nicht andauernd Männern an den Hals zu werfen, die niemals ihr gehören würden?

Als sie sich dem Zentrum näherten, empfing Alec plötzlich eine Nachricht von Meg. Es war ein langer und etwas verwirrender Text über einen Bauern aus der Toskana, der ihr versprochen hatte, sie mitzunehmen, sie dann jedoch an einer Autobahnkreuzung abgesetzt hatte. Glücklicherweise hatte sie jedoch ein deutsches Ehepaar aufgelesen, das ihr auch noch ihr Telefon geliehen und versprochen hatte, sie zumindest in die Nähe des Fliesenladens zu bringen. Sie schrieb bloß, um sicherzugehen, dass er in dem Laden war.

Alec schrieb zurück, dass er noch nicht dort war, es aber bald sein würde.

Stephanie setzte ihn in der Via del Pellegrino ab, und wieder einmal bedankte er sich wie ein aufgeregter Schuljunge bei ihr. Sie fuhr mit ihrem taubenblauen Fiat davon, während er durch den Torbogen trat und über den Innenhof zur Tür der Fliesenwerkstatt eilte.

Stephanie bog in die Via Sora ein, wo sie das Auto anhielt und mit den Handflächen auf das Lenkrad schlug. »Scheiße!«, schrie sie. »Verdammte Scheiße!«

Im Inneren des Ladens hatte Meg mittlerweile Signor Horatio Zamparelli kennengelernt, der lächelnd genickt hatte, als sie ihm die gestohlene blaue Fliese fieberhaft und mit noch größerer Ehrfurcht beschrieb als zuvor ihr Ehemann. Horatio wollte ihr gerade vorschlagen, sie solle sich nach einer ähnlichen Fliese umsehen, als Alec den Laden betrat.

»Wo warst du?«, fragte Meg mit jener ausdruckslosen, trockenen Stimme, die nur Eheleute kennen.

»Ich habe die hier geholt«, erwiderte Alec und hielt die Gucci-Tasche in die Höhe. »Und wo warst *du*?«

»O mein Gott!«, kreischte sie und riss ihm die Tasche aus der Hand.

»Sie ist noch da«, erklärte er, während Meg nach der blauen Fliese suchte. »Was ist passiert?«, fuhr er fort. »Wo bist du gewesen?«

»O Alec, darüber können wir doch auch später noch reden«, erwiderte sie, während sie die Fliese hervorzog und begann, sie auszuwickeln.

»Na gut, solange es dir gut geht, geht es mir auch gut«, meinte er spitz.

»Ja, das sehe ich«, erwiderte sie.

Meg zeigte Signor Zamparelli ihren Schatz. »Das ist sie, Signore.«

»Dr. Stephanie hat mich ins Romalager begleitet«, fuhr Alec trotz Megs offensichtlichem Desinteresse fort. »Wir hatten Glück, dass sie dort ein sehr hohes Ansehen genießt.«

Meg fuhr zu Alec herum und zischte: »Später.«

Dann wandte sie sich wieder an Horatio Zamparelli und fragte sehr viel milder: »Haben Sie diese Fliese gemacht?«

Horatio erkannte die Fliese natürlich sofort, doch er veranstaltete eine große Show, schaltete seine Speziallampe ein und holte ein Vergrößerungsglas hervor. Dann beugte er sich über das Muster, betrachtete die Glasur und ließ die Lupe von oben nach unten wandern. Ihm war natürlich klar, dass er diese Fliese nicht selbst hergestellt hatte, doch ihre Glasur enthielt zweifellos jenen magischen Inhaltsstoff, der die eigenartige Präsenz beisteuerte, die in seiner Werkstatt zu existieren schien.

»Nein, diese Fliese ist nicht von mir«, erklärte Horatio.

Meg wirkte am Boden zerstört.

»Aber sie stammt aus dieser Werkstatt«, fuhr er fort. »Sie ist alt, aber nicht uralt. Ich würde sagen, Anfang zwanzigstes Jahrhundert.«

Horatio hatte recht. Die Fliese stammte von einem seiner Vorgänger, Giuseppe Rizzi. Giuseppe hatte eine Vorliebe für das Ungewöhnliche gehabt, und Horatio kannte seine Arbeit. Die Glasur bestand offensichtlich aus Kobalt und vermutlich ein wenig Bor und Barium, vielleicht sogar mit etwas Kupferoxid. Horatio drehte die Fliese um und musterte sie überrascht. »Der Grundstock ist sehr speziell. Die Fliese besteht nicht aus dem üblichen Terrakotta, sondern ist mehr oder weniger weiß. Wie Sand«, erklärte er. »Die Glasur ist sehr dick, enthält jedoch kaum Pigmente. Sie ist mehr oder weniger farblos, verstehen Sie?«

»Farblos?«

»Das spezielle Blau entsteht durch die besondere Tiefe«, fuhr Horatio fort. »Wie beim Ozean.«

Er wandte sich an Meg und Alec und erkannte, dass sie ihm nicht folgen konnten. Er bat sie, einen Augenblick zu warten, und verschwand. Schließlich kam er mit einem Glas Wasser wieder und forderte sie auf, es sich genauer anzusehen.

»Welche Farbe hat das Wasser?«

»Gar keine. Es ist durchsichtig«, antwortete Meg.

»Und welche Farbe hat das Mittelmeer?«

»Blau. So blau wie die hier«, erwiderte Meg und deutete auf die Fliese.

»Es *scheint* blau zu sein«, erklärte Horatio und gefiel sich in der Rolle des Lehrmeisters. »Das Wasser filtert sämtliche anderen Farben, sodass nur das Blau übrigbleibt. Das blaue Licht reist hinunter zum Meeresboden und wird dort vom weißen Sand reflektiert. Die Lichtwellen tanzen mit den Wellen des Ozeans. Es ist wie bei einer Ehe, verstehen Sie? Eine Verbindung aus Licht und Form.«

Alec hob die Fliese hoch und sah über die Kante.

»Und einer meiner Vorgänger hat es tatsächlich geschafft, diese Ehe in dieser kleinen Fliese auf wunderbare Weise erneut zum Leben zu erwecken«, fuhr Horatio fort.

Alec lächelte. »Sie sind ein richtiger Poet, Signore«, meinte er.

Horatio deutete auf die Fliesen, die sie umgaben. »Und das hier sind meine Werke.«

Meg war weniger an Poesie als an der Machbarkeit ihrer Mission interessiert. »Aber können Sie diese Fliese denn auch selbst produzieren, Signore?«

»*Si.*«

Meg brach in Jubelgeschrei aus und schlang die Arme um Horatio Zamparelli. Er lachte und beschloss, dass er diese wütende amerikanische Frau und ihren schweigsamen Ehemann irgendwie mochte.

Nachdem sie sich über Menge, Preis und Lieferdatum einig geworden waren, rief Horatio den beiden ein Taxi und drückte Signor Schack einige Hundert-Euro-Scheine in die Hand, die dieser nur widerwillig annahm. Alec versprach, sie ihm sofort zurückzuzahlen, und Horatio hatte keinen

Zweifel daran. Dies sei ja wohl das Mindeste, was er tun konnte, nachdem der Signor und die Signora so viel Mühe auf sich genommen und so viele Hindernisse überwunden hatten, um zu ihm zu gelangen.

Als sie ins Taxi stiegen, hielt die Frau kurz inne. »Oh, das hätte ich fast vergessen.« Sie reichte dem Fliesenmacher die Musterfliese, doch er nahm sie nicht.

»Die brauche ich nicht«, erklärte er.

»Aber …«

»Es ist alles hier drin«, meinte Horatio Zamparelli und tippte sich an die Stirn. »Jedes einzelne Detail, Signora. Ich werde Sie nicht enttäuschen, das verspreche ich.«

»Aber bloß für den Fall …«, begann Meg erneut.

»Nein, behalten Sie sie«, beharrte Horatio. »Ich habe das Gefühl, dass Sie noch nicht am Ende angelangt sind.«

Als das Taxi davonfuhr, wurde dem Fliesenmacher bewusst, dass dies nicht ganz der Wahrheit entsprach. Es war nicht so, dass die Amerikanerin noch nicht mit der Fliese fertig war, ganz im Gegenteil war wohl eher die Fliese noch nicht mit der Amerikanerin fertig.

Horatio ging zurück in den Laden und begann, ihn abzuschließen. Er freute sich bereits darauf, in der warmen Abendluft nach Hause zu spazieren, als ein bestimmtes Gefühl ihn veranlasste, noch eine letzte Runde durch die Werkstatt zu drehen.

Ich sah, wie er nachdenklich seine Fliesen anstarrte. Unsere Fliesen. Meine Fliesen. Er versuchte, eine Verbindung herzustellen, doch nach einer Weile seufzte er, löschte das Licht, schloss die Tür und machte sich auf den Weg.

22

Lungotevere degli Altoviti

*»Für meine Freunde tue ich alles. Entweder ich
schenke mein Herz ganz oder gar nicht, so bin ich
eben veranlagt.«*

JANE AUSTEN, DIE ABTEI VON NORTHANGER

Berninis gigantische Engel blickten auf die beiden Frauen
hinab, die auf der Brücke standen. Der Himmel über ihnen
war wolkenverhangen; heute würde es wohl keinen atem-
beraubenden Sonnenuntergang und auch keine in Blut
getauchten Statuen geben. Constance und Lizzie stellten
die Harrods-Tasche auf den Boden; Constance nahm Henrys Karton heraus, wobei sie erneut daran erinnert wurde,
wie schwer er war, wenn man ihn allein herumschleppen
musste. Sie stellte ihn auf die Steinbalustrade. Menschen
gingen an ihnen vorbei, doch niemand nahm von Lizzie
Notiz, die sich nach vorn beugte und einen Kuss auf den
Karton drückte, der die Asche ihres toten Bruders enthielt.

»Mach's gut, alter Mann«, sagte sie. »Welch Glück, dich
gekannt zu haben.« Sie sah in das faltige Gesicht ihrer
Schwägerin. »Glaubst du, er ist hier bei uns?«

»Jetzt? In diesem Moment?«, fragte Constance.

Lizzie nickte.

»Das wäre schön.«

»Er würde uns bestimmt sagen, was für närrische alte Weiber wir doch sind«, meinte Lizzie.

Eine junge Frau klapperte lachend und kreischend in ihren High Heels an ihnen vorbei, gefolgt von einem jungen Mann mit lockigen Haaren. Er erinnerte sie beide an den jungen Henry.

»Kurz bevor er starb, fragte ich ihn, ob er noch immer an ein Leben nach dem Tod glaubte«, sagte Constance. Sie senkte den Kopf und zog den Karton etwas näher heran. »Er meinte, die Menschen würden gehen, aber die Liebe würde bleiben.«

Sie öffnete das Siegel und klappte den Deckel des Kartons auf. Sie betrachtete die weiche, graue Asche, die alles war, was von Henry Alexander George Kingdom Lloyd-James übriggeblieben war. Dann kippte sie den Karton und leerte die Asche in den Fluss. Die beiden Frauen sahen zu, wie sie einen Moment lang auf der Wasseroberfläche trieb und wie Silberstaub glitzerte, bevor die Strömung sie fortspülte.

Lizzie hätte ihre Schwägerin gerne umarmt, doch sie wusste, dass sich Constance dann nur noch verletzlicher gefühlt hätte.

»Gut gemacht«, sagte sie.

Constance wandte sich an Lizzie. »Ich hätte mir erwartet ...«

»Was?«

»Ich weiß auch nicht. Ich weiß nicht, was ich mir erwartet habe.« Constance zuckte mit den Schultern. »Auf jeden Fall nicht das.«

Sie blickte erneut auf den Fluss hinab.

»Lass uns ins Hotel zurückgehen«, schlug Lizzie vor.

»Ja, lass uns weiterziehen. Es wird Zeit weiterzuziehen«, erwiderte Constance, die sich bereits wieder gesammelt hatte. »Ich kenne da eine Abkürzung.«

»Na toll«, erwiderte Lizzie trocken.

Constance betrachtete Henrys leeren Karton. Sie wollte ihn nicht entsorgen, aber sie wollte ihn auch nicht behalten. Sie beschloss, sich später darüber Gedanken zu machen, beugte sich nach unten und verstaute ihn wieder in der Harrods-Tasche.

Als sie sich aufrichtete, sah sie plötzlich einen Mann in Henrys Alter auf sie zukommen. Er sah direkt in ihre Richtung, und als er näher kam, wurde er plötzlich langsamer. Natürlich war es nicht Henry selbst, aber es war dennoch ein Geist der Vergangenheit.

»Constance?«, meinte er mit schwerem italienischem Akzent.

»Horatio?«

»Was machst du denn hier?«, fragte er auf Italienisch.

Constance wollte nicht zugeben, dass sie gerade Henry in den Fluss geleert hatte, also deutete sie mit einer beiläufigen Geste in Lizzies Richtung und erklärte, dass sie und ihre Schwägerin aus London auf Besuch wären. Horatio meinte, sie sähe gut aus und es wäre schön, sie wiederzusehen, und Constance erwiderte das Kompliment. Dann fielen ihr ihre guten Manieren wieder ein, und sie stellte Lizzie und Horatio einander vor. Horatio küsste Lizzies Hand und begrüßte sie auf Italienisch, woraufhin diese auf Italienisch antwortete, um ihm zu verstehen zu geben, dass sie die Sprache ebenfalls sehr gut beherrschte.

Lizzie fragte, woher Horatio und Constance einander kannten, und Horatio erklärte, dass er Constance vor vielen

Jahren kennengelernt hatte, als sie gemeinsam mit der Restaurierung eines Altars in einer kleinen Kirche in der Nähe des Campo de' Fiori beschäftigt waren.

»Ja«, bestätigte Constance. »Wir waren zu dritt. Ich, Horatio und seine *Schwester*«, fuhr sie fort und betonte das letzte Wort dabei ein wenig zu sehr, wie Lizzie fand.

Als Constance seine Schwester erwähnte, erinnerte sich Horatio dunkel daran, dass sie sich damals wegen eines Mannes in die Haare geraten waren. Natürlich war er sich bewusst, dass er im Hinblick auf seine Schwester ebenfalls einen Groll auf Constance hätte hegen sollen, doch das alles war schon furchtbar lange her. Er konnte sich nicht einmal mehr an den Namen des jungen Mannes erinnern.

Constance fragte Horatio, ob er immer noch restaurierte, und er erzählte ihr, dass er eine Fliesenwerkstatt von seinem Onkel geerbt hatte und nun sehr beschäftigt mit der Herstellung von Fliesen war. Constance erinnerte sich, dass Horatio ein äußerst begabter Restaurator gewesen war, und fand es seltsam, dass er Fliesenmacher geworden war.

Sie erkundigte sich, ob er immer noch in dem Familienpalazzo neben der Kirche Santa Maria in Trastevere wohnte, obwohl sie die Antwort natürlich bereits kannte. Horatio bestätigte, dass er und seine Schwester bereits vor Jahren umgezogen waren. Seine Schwester hatte im Ausland gelebt, und als sie nach Rom zurückgekehrt war, hatten sie beschlossen, den Palazzo zu verkaufen und sich zwei Wohnungen am Fluss zu kaufen.

»Tatsächlich wohne ich ganz in der Nähe«, erklärte er und deutete auf ein bräunliches Haus mit Blick auf die Brücke. »Die Wohnung mit dem Balkon gehört Gina, und ich wohne ein Stockwerk tiefer.«

Die Brücke unter Constances Füßen begann zu schwanken. Sie zog gedankenverloren an Lizzies Ärmel. »Ich hatte recht«, sagte sie.

»Das weißt du doch gar nicht«, erwiderte Lizzie.

»Horatio, ich muss mit Gina sprechen«, erklärte Constance.

»Nein, musst du nicht«, meinte Lizzie.

Horatio war verwirrt. Er geriet nicht gerne derart unter Zugzwang. Außerdem war er sich auch nicht sicher, ob seine Schwester es ihm danken würde, wenn er plötzlich mit ihrer alten Rivalin und deren Schwägerin vor der Tür stand.

»Ich glaube, sie ist sogar zu Hause«, begann er. »Ich könnte sie anrufen, und …«

»Ich muss sie jetzt sofort sehen«, beharrte Constance.

Einige Augenblicke später überquerten sie den Lungotevere und standen bald darauf vor der imposanten Eichentür, die in Horatios und Ginas Wohnhaus führte. Anstatt seinen Schlüssel zu benutzen, drückte Horatio Ginas Klingel, um ihr die Möglichkeit zu geben, ein Treffen mit den beiden Frauen aus England abzulehnen. Zu seiner Überraschung willigte sie jedoch ein, die beiden zu sehen. Constance drückte die Tür auf und wandte sich dann an Horatio und Lizzie.

»Ich würde gerne allein hochgehen«, meinte sie.

»Oh, okay. Dann warte ich hier unten«, erwiderte Lizzie.

»Bitte tu das nicht«, antwortete Constance. »Ich weiß ja nicht, wie lange es dauern wird.«

Horatio überlegte, ob er Lizzie zu sich bitten sollte, doch nachdem er sich nicht erinnern konnte, in welchem Zustand sich seine Wohnung befand, beschloss er, sie stattdessen zum Abendessen einzuladen. Constance nahm die Einladung in Lizzies Namen an und bedankte sich bei Horatio. Lizzie behagte der Gedanke, sich beim Abendessen mit einem vollkommen Fremden zu unterhalten, gar nicht, vor allem wenn man bedachte, wie turbulent der Tag bisher verlaufen war. Trotzdem willigte sie ein, um den Frieden zu wahren, und kam mit Constance überein, dass sie sich später im Hotel treffen würden. Lizzie bot an, die Harrods-Tasche mitzunehmen, und erstaunlicherweise nahm Constance den Vorschlag an. Dieser Tag war wirklich voller Überraschungen.

Constance fuhr mit dem winzigen Aufzug bis ins letzte Stockwerk, wo Gina bereits in der Tür zu ihrer riesigen Wohnung wartete. Constance stellte ein wenig enttäuscht fest, dass es das Alter gut mit ihrer früheren Freundin gemeint hatte. Sie stand ein wenig gebückt, ihre Haare waren offensichtlich – wenn auch sehr professionell – in einem satten Dunkelbraun gefärbt, und ihre Augen leuchteten vielleicht nicht mehr so wie früher. Trotzdem war sie – zugegebenermaßen – immer noch eine wahre Schönheit.

Gina musterte ihre alte Rivalin und erkannte erfreut, dass diese mehr Falten hatte als sie. Die beiden alten Damen begrüßten sich in einem sehr formellen Italienisch, und keine der beiden deutete an, dass ihnen das Wiedersehen nach so langer Zeit Freude bereitete.

Gina erklärte, dass sie aus der *Times* von Henrys Tod erfahren hatte, und sprach ihr Beileid aus, das Constance eisig entgegennahm. Es war offensichtlich, dass Constance auf etwas hinauswollte, und je schneller sie damit herausrückte, desto besser. Also führte Gina Constance ins Wohnzimmer und bot ihr ein Glas Wein an.

Während Gina in der Küche verschwand, sah sich Constance in dem Raum um. Die opulente Einrichtung war in leuchtendem Rot gehalten, die Wände waren ebenfalls rot, jedoch beinahe vollkommen von zahllosen Gemälden in

Goldrahmen bedeckt. Constance hätte sich niemals für so leuchtende Farben entschieden, doch sie würde Lizzie später dennoch berichten, wie fesselnd das Zimmer gewesen war.

Auf der gegenüberliegenden Seite prangte ein riesiges Gemälde, das Maria Magdalena vor den Füßen Jesu darstellte und wie ein Caravaggio aussah. Constance kam der Gedanke, dass es sich vermutlich tatsächlich um einen Caravaggio handelte, doch sie war nicht hierhergekommen, um sich von Ginas Gemälden einschüchtern zu lassen.

Gina kam mit zwei Gläsern Rotwein zurück, von denen sie eines an ihre frühere Freundin weiterreichte.

»Also, was willst du hier, Constance?«, fragte Gina und überraschte ihren Gast nicht so sehr mit ihrer Unverblümtheit, sondern vielmehr mit der Tatsache, dass sie sie auf Englisch angesprochen hatte.

»Ich komme wohl besser gleich zum Punkt«, erwiderte Constance und war froh, sich in ihrer Muttersprache unterhalten zu können, in der sie die Oberhand haben würde.

»Ja, bitte.«

Constance hielt sich nicht lange mit Nebensächlichkeiten auf. »Ich mag dich nicht, und du magst mich nicht, aber wir beide haben denselben Mann geliebt, und das verbindet uns, ob es uns nun gefällt oder nicht.«

Gina lachte überrascht. *Mein Gott! So direkt und so gar nicht typisch britisch.*

»Erzähl mir von deiner Affäre mit Henry«, forderte Constance.

»Es war keine *Affäre*. Wir sind Monate lang miteinander ausgegangen, bis du plötzlich mit deiner charmanten Schlagfertigkeit und deinem Arbeiterklassencharme aufgetaucht bist.«

Constance war schockiert, wie makellos Ginas Englisch mittlerweile war. »Nicht damals«, sagte sie fest entschlossen, sich nicht vom Kurs abbringen zu lassen. »Danach. Als wir in den Vierzigern waren. Wann hat es da geendet?«

»Wie bitte?«

»Wann hat deine Affäre mit Henry geendet?«

»Warum fragst du mich das?«

»Ich denke, ich habe ein Recht, es zu erfahren«, erwiderte Constance, obwohl sie eher das Gefühl hatte, auf gar nichts ein Recht zu haben.

»Du weißt ganz genau, wann es geendet hat«, sagte Gina. »Du warst doch dabei. Du hast einen großen Hut getragen und deine tränennassen Augen hinter einer Sonnenbrille versteckt.«

»Und du schwörst, dass es damals geendet hat?«

Gina sträubte sich mit einem Mal. »Was soll das jetzt?«, fragte sie.

»Henry hat veranlasst, dass seine Asche von der Ponte Sant'Angelo gestreut werden soll.«

Schweigen senkte sich über den Raum. Gina stellte ihr Weinglas auf dem Porphyr-Elefanten aus dem zwölften Jahrhundert ab, der als Beistelltisch diente. Dann stand sie auf und ging auf die Balkontüren zu, die den Blick auf die Brücke freigaben.

»Und hast du es getan?«, fragte Gina und starrte durch die mundgeblasenen, trüben Fensterscheiben hinunter auf den strömenden Fluss. Dann wandte sie sich um und sah Constance fragend an.

Constance nickte, und ihr Magen verkrampfte sich. Sie verriet Gina nicht, dass sie es gerade erst getan hatte. Sie sagte überhaupt nichts, bis das Ticken der Uhr im Nebenzimmer plötzlich den Klang einer jeden Augenblick explodierenden Bombe annahm. Endlich fand sie die Sprache wieder. »Bitte verschone mich nicht. Wir sind beide zu alt, um noch Spielchen zu spielen.«

»Dann willst du also, dass ich dir sage, ich hätte die letzten fünfunddreißig Jahre keinen Kontakt mehr zu Henry gehabt?«, fragte Gina.

»Ich will die Wahrheit wissen«, erwiderte Constance. »Wie auch immer sie lautet.«

»Du willst die Wahrheit, Constance?«

»Ja.«

Gina hatte sich viele, viele Jahre auf diesen Augenblick vorbereitet. Während ihrer zum Großteil glücklich verlaufenen Ehe mit Robbie, einem kanadischen Diplomaten, hatte sie überall auf der Welt gelebt – in Afrika, Südostasien und schließlich in Spanien –, bevor sie nach Rom zurückgekehrt war. Sie sprach mehrere Sprachen fließend, doch diese besondere Rede hatte sie immer auf Englisch gehalten, egal, in welchem Land sie sich befand. Im Lauf der Jahre hatte sie den Monolog einige Male verändert und Adjektive und Anschuldigungen abgeschwächt. Sie wusste nicht mehr, wie oft sie Constance in der Dusche oder während langer, einsamer Spaziergänge heraufbeschworen und sie mit ihren Vorwürfen konfrontiert hatte.

Im Lauf der Zeit hatten andere, nachkommende Gefühle Ginas Wut ein wenig besänftigt, und sie hatte nicht mehr das unbändige Verlangen verspürt, Constance die Wahrheit ins Gesicht zu schleudern. Trotzdem hatte sie nie vergessen, was sie ihr sagen wollte.

Gina ließ sich gegenüber von Constance nieder. »Die Wahrheit ist«, begann sie, »dass du mich vor über fünfzig Jahren verraten und mir das Herz gebrochen hast und dass ich äußerst erstaunt bin, dir nun gegenüberzusitzen und dir meine Zeit zu schenken.« Sie hatte geplant, Constance darauf hinzuweisen, dass Henry die Liebe ihres Lebens gewesen war, während die Liebe *seines* Lebens immer nur Constance geheißen hatte. Doch eigentlich wollte sie Constance nicht die Genugtuung dessen gönnen, was das zu bedeuten hatte, also sprach sie einfach weiter. »Die Wahrheit ist«, fuhr sie fort, »dass Henry sich für die falsche Frau entschieden hat. Und der beste Beweis dafür ist, dass du mir jetzt gegenübersitzt und diese lächerlichen Fragen stellst.«

Constance spürte, wie ihr Herz raste und ihr Kopf sich drehte.

»Mein Gott, Constance«, rief Gina und sprang auf. »Du hast diesem Mann einfach alles bedeutet, aber du bist viel zu einfältig und zu besessen von deinem eigenen erbärmlichen Melodrama, um es zu begreifen.«

Constance hob den Blick zu Gina und hatte plötzlich schreckliche Angst, dass sie beide zu weinen beginnen würden.

»Geh nach Hause, du dummes Ding«, sagte Gina. »Geh nach Hause.«

Es hatte sanft zu nieseln begonnen, und dunkelhäutige Männer mit billigen Regenschirmen schossen wie Pilze aus dem Boden. Constance kaufte sich einen Schirm und ging den glänzenden Bürgersteig entlang. Ihr Arm tat weh, weil sie Henry den ganzen Tag herumgeschleppt hatte, und sie hatte eine Blase an ihrem großen Zeh. Jeder Knochen in ihrem Körper schmerzte. Plötzlich rutschte sie auf dem glitschigen Asphalt aus und wäre beinahe gestürzt. Eine gebrochene Hüfte wäre wohl ein wahrhaft passendes Ende dieses Tages gewesen. Sie wollte schreien, weinen und heu-

len. Doch sie tat nichts dergleichen, denn dort, wo sie her-
kam, weinten bloß Babys.

In ihrer Wohnung war Gina mittlerweile zur Balkontür
zurückgekehrt und sah hinunter auf den flüsternden Fluss,
der die Moleküle des einzigen Mannes, den sie jemals wirklich geliebt hatte, mit sich trug. Sie spürte nichts, sondern
fühlte sich bloß alt. Furchtbar alt. Dann legte sie sich mit-
samt den Schuhen aufs Bett und schaltete den Fernseher
ein, doch es lief nichts Interessantes.

23

Die Cestius-Pyramide und der protestantische Friedhof

»Ich war erstaunt, dass Menschen als Märtyrer für die Religion sterben können – ich schauderte davor. Ich schaudere nicht mehr – ich könnte zum Märtyrer werden für meine Religion – Liebe ist meine Religion – ich könnte dafür sterben. Ich könnte für dich sterben.«

JOHN KEATS, BRIEF AN FANNY BRAWNE,
13. OKTOBER 1819

Viele Jahre lang hielt sich die Legende, dass Romulus und Remus in zwei riesigen Pyramiden an den gegenüberliegenden Ufern des Tibers begraben lagen. Die Römer glaubten, dass Romulus – der seinen Zwilling Remus im Kampf darum, ob sie den Grundstein ihrer Stadt auf dem Aventin oder dem Palatin legen sollten, getötet hatte – in einer Pyramide in der Nähe des Vatikans begraben worden war, bis man im sechzehnten Jahrhundert schließlich herausfand, dass sich der Körper ihres brudermörderischen Gründervaters eigentlich gar nicht dort befand. Im Folgenden wurde die Pyramide abgetragen und der Marmor für die Stufen des Petersdoms wiederverwendet. Restaurierungsarbeiten an der verbliebenen Pyramide förderten schließlich eine Inschrift zutage, die darauf hinwies, dass sie nicht das Grab des armen, ermordeten Remus war, sondern des römischen Magistrats Gaius Cestius, der etwa ein Jahrzehnt vor der Geburt Christi an diesem Ort bestattet worden war. Historisch gesehen war Cestius ein Niemand, doch auch er strebte, wie so viele Römer vor und nach ihm, nach Unsterblichkeit und ließ sich daher die riesige weiße Pyramide als Mausoleum erbauen. Wenn man die Via Ostiense hinunterspaziert, ist sie unmöglich zu übersehen, es sei denn, man kann den Blick gerade nicht von einem wunderschönen Mädchen mit tizianroten Haaren und einem Klecks Schokoeis auf der Nase abwenden.

Irgendwann hatten Alice und August festgestellt, dass sie seit dem Frühstück nichts mehr gegessen hatten, und beschlossen, sich eine Pizza zu gönnen. Dann hatten sie sich aber doch für ein Eis entschieden, das – wie August Alice versicherte – sämtliche wichtige Vitamine enthielt, um vollkommenes und anhaltendes Glück zu garantieren.

Sie sprachen über Musik. August zählte eine Liste (zum Großteil britischer) Bands auf, von denen Alice wenig bis gar nichts gehört hatte, ehe sie schließlich gestand, dass ihr vor allem Popmusik, aber auch Rap gefiel, solange es in den Texten nicht gerade um Sex mit der Mutter des jeweils anderen ging.

August bot erneut an, Alices Rucksack zu tragen, doch sie lehnte ab. Dafür wollte sie ihm den letzten Bissen ihrer Eiswaffel überlassen.

August lächelte. »Warum macht ihr Mädchen das eigentlich andauernd?«, fragte er. »Als wäre gerade dieses letzte kleine Stück schuld daran, dass ihr fett werdet.«

Daraufhin stopfte sich Alice umgehend den letzten Rest ihrer Waffel in den Mund, bevor sie sich auch noch Augusts schnappte und sie sehr undamenhaft hinunterwürgte. August lachte.

Alice deutete auf ein altes Bauwerk, das aussah wie eine Pyramide und neben den Überresten der aurelianischen Mauer vollkommen fehl am Platz wirkte. »Glaubst du, die hat man aus Ägypten hierhertransportiert?«, fragte sie mit vollem Mund.

August wandte sich um. Er sah die riesige geometrische Figur zum ersten Mal. Rasch ging er den Inhalt des Kurses 235 »Architekturgeschichte« durch, doch er fand keinerlei Informationen darüber.

Als sie näher herantraten, sahen sie, dass ein Teil der aurelianischen Mauer in die Grabstätte hineinragte. August las die Messingtafel, die an der Pyramide angebracht worden war und Passanten einen kurzen Abriss ihrer Geschichte auf Italienisch und Englisch gab. Das Englisch war jedoch so kompliziert verfasst und mit so vielen unlogischen Wendungen gespickt, dass es ziemlich schwer zu verstehen war.

»Irgendein Römer hat sich die Pyramide wohl als Grabmal erbaut. Ich glaube, er liegt irgendwo da unten.«

»Er muss ziemlich wichtig gewesen sein.«

»*Hey, seht mal alle her*«, meinte August und lieh dem bereits lange verstorbenen Bewohner der Pyramide seine Stimme. »*Ich und meine mächtige Pyramide.*«

»Ja, ja. Männer und ihre Obelisken«, erwiderte Alice.

»Ich denke, dass das, was wir hier vor uns sehen«, begann August mit lauter, gebieterischer Stimme, »ein frühes Beispiel einer Obelisk-Vergrößerung ist: *Verwandeln Sie Ihren Obelisken in eine Pyramide und machen Sie so richtig Eindruck bei den Ladys.*«

»Du bist ein ziemlicher Experte auf diesem Gebiet, nicht wahr?«, fragte Alice.

»Ja, ziemlich«, erwiderte August.

Hinter der Pyramide lag ein herrlich grüner Park, der durch eine Mauer von der Straße abgetrennt wurde. Alice hielt einen Moment lang inne, denn die Farben der Mauer hatten sie in den Bann gezogen: Pink, Gelb, Ocker, Terrakotta, Rot und Braun. »Also, mein werter Experte, was befindet sich denn hinter dieser Mauer?«

An der nächsten Straßenecke stand ein Paar mittleren Alters mit Rucksäcken, das sich gerade über einen Reiseführer beugte. »Würde es dir etwas ausmachen, kurz den Blick abzuwenden, während ich diese Leute dort frage und dann so tue, als wäre ich ganz allein auf die Antwort gekommen?«

August lief eilig zu dem Paar hinüber, und Alice sah, wie die beiden lächelten und nickten und ihm schließlich ihren Reiseführer gaben. Danach schienen sie sich einige Zeit angeregt zu unterhalten und Informationen auszutauschen, ehe August ihnen schließlich das Buch wiedergab und sie sich die Hände schüttelten. Er deutete in Alices Richtung, und als die beiden winkten, winkte Alice zurück, als würden sie sich kennen. Das Paar machte sich auf den Weg in Richtung Fluss, während August zu Alice zurückging.

»Es ist ein protestantischer Friedhof«, erklärte er. »Keats und Shelley sind ebenfalls hier begraben.«

Sie beschlossen, sich den Friedhof anzusehen, und gingen die Straße entlang bis zu dem großen bogenförmigen Eingangstor aus Eisen, auf dem ein Schild verkündete, dass der Friedhof erst am nächsten Morgen um neun Uhr wieder geöffnet wurde. August wandte sich vom Tor ab und wollte bereits weiterlaufen. Es dauerte einen Moment, ehe er erkannte, dass Alice ihm nicht gefolgt war. Er drehte sich um und fragte, was sie vorhatte, und Alice antwortete, dass sie einfach nicht glauben konnte, dass der Mann, der mit ihr mit einem Motorino die Spanische Treppe hinuntergerast war, sich nun von einem Tor und einer Mauer aufhalten ließ.

Ach, verdammt. August fluchte innerlich, während Alice bereits nach einer Stelle suchte, um ins Innere des Friedhofs zu gelangen. Etwas weiter die Straße hinunter war ein Auto rückwärts in ein Parkverbotsschild gefahren, sodass dieses sich nun in Richtung der Mauer neigte, und ein ausladender Oleanderstrauch sorgte für die perfekte Tarnung, um ungesehen auf die Mauer zu gelangen.

Alice schlüpfte aus ihrem Rucksack und war im nächsten Moment hochgeklettert. Nun saß sie auf den burgähnlichen Zinnen der Friedhofsmauer. »Rucksack«, verlangte sie, und August reichte ihn ihr. »Komm schon«, rief sie und verschwand auf der anderen Seite, sodass ihm nichts anderes übrigblieb, als ihr zu folgen.

Es wurde langsam dunkel, und es hatte leicht zu regnen begonnen. August kletterte mühelos die Stange empor, doch als er beinahe oben angekommen war, verlor er den Halt und rutschte ab, sodass er schließlich mit dem Kopf nach unten hing. Er ließ sich langsam zu Boden gleiten und war froh, dass Alice ihn nicht sehen konnte.

Nach einem weiteren gescheiterten Versuch, die Stange hochzuklettern, versuchte August es stattdessen über die Mauer, wobei er sich ein Loch in das Knie seiner Jeans riss. Er zog sich hoch und lag dann keuchend zwischen zwei Zinnen, bis Alice ihm leise zurief, dass sich jemand näherte. Also schwang er eilig die Beine auf die andere Seite der Mauer und ließ sie einen Moment lang baumeln, bevor er sich in die dichte Hecke fallen ließ.

August stolperte aus dem Gebüsch und zupfte sich dabei kleine Äste und Blätter aus den Haaren und von seiner Kleidung, während er Alice leise warnte, nur nicht zu lachen.

Natürlich lachte sie trotzdem und gestand ihm, dass sie ihn angelogen hatte und die Luft rein war. Sie wollte ihn lediglich dazu bringen, sich zu beeilen. Er überprüfte, ob sein Knie blutete, doch er sah nur einen kleinen Kratzer. Alice bot an, seine Mutter anzurufen, um ihr von der schweren Verletzung ihres Sohnes zu berichten. August warf ihr den vernichtendsten Blick zu, den er auf Lager hatte, doch sie hatte sich bereits abgewandt und bewunderte den Friedhof.

Ein Netz aus hübschen, von niedrigen Hecken begrenzten Kieswegen zog sich über den sanften Hügel, der sich vor ihnen auftat. Dazwischen standen Grabsteine in vielen verschiedenen Formen beinahe künstlerisch angeordnet zwischen Kiefern, Granatapfelbäumen und Judasbäumen. Der Regen fiel durch die Äste und Blätter und verdichtete sich zu einem beinahe sakralen Nebel.

August und Alice wanderten nebeneinander den Kiesweg entlang. Alice versteckte ihren Rucksack in einem Hortensienstrauch in der Nähe des Eingangs, und August fand einen Wegweiser zu den Gräbern einiger Berühmtheiten. Zu den Grabstellen von Goethe und Shelley mussten sie geradeaus gehen, jene von John Keats befand sich auf der linken Seite. Sie einigten sich ohne große Diskussion darauf, zu Shelleys Grab zu gehen, und wanderten den Hügel hoch, während sie Inschriften lasen und Kreuze bewunderten.

Alice fand das Grab zuerst. Als August sah, dass sie plötzlich stehen geblieben war, wusste er sofort, warum, und er stellte sich neben sie vor die schlichte, in den Boden eingelassene Marmorplatte, in die der Name *Percy Bysshe Shelley* eingraviert war. Augusts Blick fiel auf die lateinische

Inschrift COR CORDIUM. Er nahm an, dass es etwas mit einem Herz zu tun hatte, war sich aber nicht sicher. Der Geburts- und Todestag Shelleys war ebenso vermerkt wie ein kurzer Vers:

Nothing of him that doth fade
But doth suffer a sea-change
Into something rich and strange

Alice ging weiter, und kurz darauf hörte August, wie sie einen leisen Schrei ausstieß. Er ging zu ihr, um ebenfalls auf einen kleinen Grabstein hinunterzublicken.

»Sein Sohn William«, erklärte sie. »Er war erst vier.«

Laut seinem Grabstein starb William Shelley 1819, also drei Jahre vor seinem Vater.

»Ich frage mich, wie er wohl gestorben ist«, meinte Alice.

Sie versuchte, sich vorzustellen, wie es sein musste, ein Kind zu verlieren, den Schrecken und die Ungerechtigkeit, doch das Ausmaß des Leids war einfach zu groß, um es zu begreifen. Sie sah sich um. August war verschwunden.

Sie wanderte über den Hügel voller Gräber und schließlich durch einen Torbogen in einer verwitterten, orangefarbenen Mauer. Dahinter wirkte der Park weniger formell, und es gab weniger Gräber. August stand in der Dämmerung vor einem Grabstein, und hinter ihm ragte die riesige Cestius-Pyramide empor.

August hatte vor dem Grab von John Keats innegehalten. Natürlich kannte er – wie alle strebsamen britischen Schuljungen – dessen Arbeiten, aber er hatte nicht gewusst, dass der gefeierte Dichter so früh verstorben war und es mit fünfundzwanzig Jahren bereits geschafft hatte, ein derart umfangreiches Werk vorzulegen. Michelangelo war im selben Alter gewesen, als er die *Pietà* erschaffen hatte, und August fragte sich, was er selbst mit fünfundzwanzig erreicht haben würde. Drei Jahre blieben ihm noch, um ein Wunderwerk zu vollbringen. Die Uhr tickte.

In diesem Moment tauchte Alice neben ihm auf.

»Keats«, meinte er. »Ich bin mir nicht sicher, warum, aber ich hatte irgendwie immer das Gefühl, als hätte ich ihn tatsächlich verstanden.«

»Er war auch der Zweitgeborene in seiner Familie, weißt du?«, erklärte sie. »Genau wie du.«

»Tatsächlich?«

»Ja. Und er hatte auch einen wirklich brillanten älteren Bruder, der nie ein Wort sagte.«

»Ach, halt die Klappe.«

Alice kicherte.

»Willst du, dass ich etwas von ihm vortrage?«, fragte er.

»Nein.«

August beschloss, es trotzdem zu tun, und holte Luft, doch Alice legte ihm einen Finger auf die Lippen.

»Pst«, sagte sie leise und sah lächelnd zu ihm hoch. Es war das erste Mal, dass sie sein Gesicht berührte. Er hätte sich beinahe neben Keats gelegt und wäre an Ort und Stelle gestorben.

»Wir leben doch auch in einem Gedicht«, flüsterte sie. »Das hier, alles, was uns umgibt, ist ein Gedicht.«

Sie sahen sich um. Es hatte aufgehört zu regnen, und die Welt um sie herum glitzerte. Die Sonne war noch nicht ganz untergegangen, doch der Mond ging bereits auf.

August war mit einem Mal von grenzenloser Liebe erfüllt. Ihm wurde ein wenig schwindelig, und er setzte sich ins feuchte Gras.

»Wir sollten langsam zurückgehen«, sagte er, um wieder

etwas Alltägliches zu sagen und zu denken. »Und uns eine Unterkunft suchen.«

»Lass uns doch hierbleiben«, meinte sie.

»Hier ist es aber ziemlich feucht.«

»Ich hole meinen Rucksack«, erwiderte sie. »Wir können uns auf meine Sachen legen.«

»Und was, wenn es wieder zu regnen beginnt?«

»Dann werden wir eben nass.«

Alice lief den Weg entlang zu dem Strauch, hinter dem sie ihren Rucksack versteckt hatte. August hingegen blieb im Gras sitzen und konnte sich nicht von der Stelle rühren. Irgendetwas passierte gerade mit ihm. Etwas, von dem er sich nie wieder erholen würde, da war er sich absolut sicher.

Sobald Alice außer Hörweite war, rief sie Daniel an, um ihm eine gute Nacht zu wünschen. Er war gerade auf dem Weg zurück ins Hotel, nachdem er recht zufriedenstellende, aber nicht außergewöhnliche Spaghetti Marinara gegessen hatte. Er fragte Alice, ob sie eigentlich wusste, dass man keinen Käse auf eine Pasta mit Meeresfrüchten gab. Alice antwortete, dass der Akku ihres Telefons bald leer sein würde, und zufällig war es genau in diesem Moment auch tatsächlich der Fall, sodass sie auf sein abschließendes »Ich liebe dich« nicht mit der Lüge »Ich dich auch« antworten musste.

Alice nahm ihren Rucksack und machte sich auf den Weg. Zwei Eichhörnchen huschten im Licht der Dämmerung über den Weg vor ihr, und ihr wurde bewusst, dass sie einfach jede Lüge erzählt hätte, bloß um mehr Zeit mit dem jungen Engländer verbringen zu können, der dort neben John Keats im feuchten Gras saß. Sie hätte alles getan, um bei ihm zu sein. Sie blieb stehen und ließ ihren Rucksack auf den Kies fallen, bevor sie ihn einige Male umrundete, um sich wieder zu sammeln.

August saß noch immer im Gras, als Alice schließlich aus der Dunkelheit trat. Sie sahen sich zur Begrüßung in die Augen. Keine Worte durchdrangen die schwere, warme Luft, die sie umfing. Alice kramte in ihrem Rucksack. Ein Orchester aus Grillen und anderen Insekten ertönte. Sie holte eine Regenjacke heraus und legte sie neben August aufs Gras. Er setzte sich darauf, und Alice ließ sich schüchtern neben ihm nieder. August legte seinen Kopf auf den Rucksack und räusperte sich. Alice wandte sich um und sah, dass er seinen Arm ausgestreckt hatte, damit sie ihn als Kopfkissen verwenden konnte. Sie lehnte sich zurück. Er roch genauso, wie sie es sich vorgestellt hatte. Sie schmiegte sich an ihn und schloss die Augen.

Er spürte ihr Gewicht neben sich. Sie atmete aus. Er atmete sie ein. Heute Nacht würde er kein Auge zutun. Er wollte nicht einen einzigen Moment verpassen. Der einzige atmende Mann in diesem schimmernden Garten der Toten, der vollkommene Erhabenheit in seinen Armen hielt.

24

Ein Ende in der Via Margutta

»Aber es gab eine Zeit, da dachte ich, dass ich meine erste Frau mehr liebte als mein Leben. […] Und jetzt kann ich sie nicht mehr ausstehen. Ehrlich. Wie kann man das erklären? Was ist mit dieser Liebe passiert?«

RAYMOND CARVER, WOVON WIR REDEN,
WENN WIR VON LIEBE REDEN

Alec stand vor dem großen Fenster in ihrem Zimmer im Hotel San Marco und sah hinaus auf die glitzernden Lichter am Horizont. Ein fröhlicher Pop-Song dröhnte aus Megs Telefon, das auf der orange- und pinkfarbenen Tagesdecke lag. Er hatte sich geduscht und rasiert und sehnte sich nach einer ordentlichen Flasche Bier, doch in diesem Augenblick trat Meg aus dem Ankleidezimmer. Sie trug ein kleines Schwarzes und drehte ihm den Rücken zu, damit er den Reißverschluss schließen konnte.

»Ich habe Champagner bestellt«, erklärte sie und ahnte offensichtlich nichts von der düsteren Stimmung, in der er sich befand. »Ich weiß, eigentlich müsste es Prosecco sein, denn immerhin sind wir in Rom, aber ich dachte, Champagner wäre irgendwie angemessener, um unseren Erfolg zu feiern.«

Alec schloss den Reißverschluss.

»Ich kann immer noch nicht glauben, dass wir es geschafft haben«, fuhr sie fort. »Wir haben es tatsächlich geschafft! Ich habe gesagt, dass wir es innerhalb eines Tages schaffen, und das haben wir auch.« Sie nahm ein Paar Diamantkreolen von dem gläsernen Beistelltisch und steckte sie sich an. »Wenn Horatio die Fliesen bis Ende des Monats liefern kann, dann können sie vermutlich bereits zwei Wochen später verlegt werden.«

Alec schwieg.

»Ich glaube, wir sollten eine amerikanische Spedition mit der Lieferung beauftragen«, fuhr Meg fort. »Du weißt ja, wie überfordert die Italiener sind, wenn es darum geht, etwas von A nach B zu transportieren.« Sie betrachtete die Ohrringe im Spiegel. »Ich bin so aufgeregt!« Sie schlüpfte mit dem linken Fuß in einen schwarzen und mit dem rechten in einen roten Stöckelschuh, um zu entscheiden, welcher besser zu ihrem Kleid passte.

»Megan«, sagte Alec, der immer noch aus dem Fenster starrte.

Sie fuhr zu ihm herum. »Nenn mich nicht so!«, zischte sie. »Ich habe immer das Gefühl, in Schwierigkeiten zu stecken, wenn du mich so nennst.«

Alec wandte sich um und sah sie an.

»Offensichtlich stecke ich tatsächlich in Schwierigkeiten.«

»Es tut mir leid«, sagte er. »Ich glaube, ich kann nicht …« Er brach ab und suchte nach einer Möglichkeit, ihr zu sagen, wozu er sich entschlossen hatte. »Ich werde nicht …«

»Was?«, fragte Meg.

»Ich werde nicht nach Hause zurückkehren.«

»Was meinst du damit?«

»Ich bleibe in Rom.«

Meg trat ihre Schuhe zur Seite, stürmte ins Badezimmer und knallte die Tür hinter sich zu.

Alec versuchte ihr zu folgen, doch die Tür war verschlossen. Er klopfte. »Mach auf«, rief er. Er wartete eine Weile, doch als Meg nicht auftauchte, setzte er sich aufs Bett.

Plötzlich schwang die Badezimmertür auf, und Meg schoss heraus. »Es ist diese Schlampe von Ärztin, nicht wahr?«

Alec sah sie an.

»O. Mein. Gott. Bist du etwa in sie verliebt?«, fragte sie.

Er antwortete nicht.

»Man kann sich doch nicht innerhalb eines einzigen Tages in jemanden verlieben!«, fauchte sie.

»Ich habe mich doch damals auch innerhalb eines Tages in dich verliebt«, erwiderte er.

Meg holte aus, um ihm eine Ohrfeige zu verpassen, doch er packte ihr Handgelenk.

»Hier geht es nicht um Stephanie«, erklärte er und versuchte, ruhig zu bleiben.

Meg entzog ihm ihre Hand. »Dann bist du also nicht in sie verliebt?«, fragte sie.

»Ich bin zumindest nicht mehr in *dich* verliebt«, antwortete er. »Es tut mir leid.«

Er sah, wie sich kindlicher Schock und Enttäuschung auf ihrem Gesicht breitmachten.

»Wie kannst du so etwas nur tun?«, fragte sie. »Und warum hast du nie etwas gesagt?«

»Ich sage es dir doch jetzt«, erwiderte er.

Meg sah sich um, als hoffte sie, sich aus irgendeinem Grund im falschen Zimmer zu befinden.

»Und was ist mit den Kindern?«, fragte sie.

»Ehrlich gesagt, glaube ich, dass sie erleichtert sein werden«, antwortete er.

Warum tut er das? Sie verstand einfach nicht, warum er das tat. Sie schlug sich selbst mit aller Kraft ins Gesicht. Dann schlug sie gleich noch einmal zu, denn der Schmerz brachte zumindest vorübergehende Erleichterung. Sie wollte sich gerade ein drittes Mal ohrfeigen, als Alec sich erhob und erneut ihr Handgelenk packte. Sie hatte sich auch schon früher selbst verletzt und sich dabei vor allem die Oberschenkel aufgekratzt oder sich in die Handgelenke gezwickt, doch das war eigentlich immer nur nach Auseinandersetzungen mit ihrem Vater der Fall gewesen, mit dem sie eine besondere Hassliebe verband. Alec hatte noch nie erlebt, dass sie sich selbst ohrfeigte.

»Hör auf damit«, meinte er sanft. »Bitte hör auf damit.«

Meg erkannte mit einem Mal, dass er sie noch immer festhielt; sie entzog sich seiner Umklammerung und begann panisch im Zimmer auf und ab zu laufen. »Dann war es das also? Einfach so? Nein! Nein, ich werde das nicht akzeptieren. Ich akzeptiere es einfach nicht!«

Meg schlang die Arme um Alec und vergrub ihr Gesicht an seiner Brust. »Bitte verlass mich nicht«, flehte sie. »Ich weiß, ich bin verrückt, aber ich kann mich ändern. Bitte gib mir noch eine Chance. Bitte.«

»Meg. Sieh mich an«, sagte er. »Sieh mich an.«

Aber sie sah ihn nicht an. Sie löste sich langsam von ihm.

»Was für ein Klischee, nicht wahr?«, meinte sie. »Ein erfolgreicher Kerl mit zu viel Freizeit und Geld hat ein paar Schwierigkeiten mit seiner Frau und läuft mit dem nächstbesten, exotischen Model davon. Wie überaus vorhersehbar.«

»Ich gehe nicht wegen Stephanie«, erwiderte er. »Ich gehe einfach.«

»Schwachsinn!«, kreischte sie. »Hab wenigstens die *Eier* zuzugeben, was los ist!« Sie sprach eigentlich immer in einer wilden Mischung aus australischem und amerikanischem Akzent, doch das Wort »Eier« spie sie ihm mit besonders australischer Gehässigkeit entgegen. Er erinnerte sich, wie er draußen auf ihrer Rinderfarm im australischen Outback zum ersten Mal ihren Vater und ihre Brüder getroffen hatte. Ihre Familie war direkt und kompromisslos, und man überlegte es sich besser zwei Mal, sich mit ihnen anzulegen.

»Ich weiß doch selbst nicht, was ich hier tue«, sagte er und versuchte ebenfalls, so direkt und kompromisslos wie sie zu sein. »Ich verfolge kein klares Ziel, das ich unbedingt erreichen will. Ich habe mich nicht in Stephanie verliebt, aber ich habe Gefühle für sie. Und das hat mir klargemacht, dass ich keine Gefühle mehr für ...«

»Raus hier!«, brüllte Meg.

»Wenn du weiterhin darauf bestehst, mich wie eine Dampfwalze niederzuwalzen, welche Hoffnung besteht dann noch, dass ...?«

Sie begann erneut zu brüllen. »Raus hier! Sofort. Mach schon. Ich halte dich keinen Moment mehr länger in meiner Nähe aus!« Wütender Speichel trat wie ein Sprühregen zusammen mit ihren Worten aus ihrem Mund. Alec spürte etwas davon auf seinem Gesicht. Er streckte die Hand nach seiner Frau aus, doch sie wich vor ihm zurück.

»Raus!«, schrie sie.

Alec ging zur Tür. Dann wandte er sich um, um noch etwas zu sagen, doch es gab nichts, was das, was er vorhatte, in ihren Augen gerechtfertigt hätte.

»Lass mich allein!«, schrie sie, und ihre Stimme klang heiser vor Anstrengung und Wut.

Alec öffnete die Tür und sah gerade noch die Silhouette

eines Zimmerkellners, der so schnell wie möglich davoneilte, ohne tatsächlich in Laufschritt zu verfallen. Es hätte vermutlich witzig ausgesehen, wäre die Sache nicht so verdammt traurig gewesen.

Vor Alecs Füßen stand ein Tablett aus Platin mit einem Eiskübel, einer Flasche Bollinger Vieilles Vignes Françaises Blanc de Noirs und zwei Champagnerflöten. Alec schob es klirrend mit dem Fuß ins Zimmer und ging dann den Flur entlang in Richtung der Aufzüge. Er drückte gerade auf den Knopf, um den Aufzug zu rufen, als ihm ein Zischen und ein Klicken verrieten, dass sich die Tür zu ihrem Zimmer hinter ihm geschlossen hatte.

Meg lag auf dem Bett. Sie setzte sich auf. Sie legte sich hin. Sie setzte sich auf. Sie legte sich hin. Immer wieder blitzten Bilder vor ihr auf, was als Nächstes passieren würde. Sie konnte sich eigentlich nur noch umbringen. Nein, sie würde noch einmal heiraten. Einen attraktiven Europäer mit einem Adelstitel. Nein, sie würde zu einer berühmten Wohltäterin werden, und dann würde er zu ihr zurückgekrochen kommen, und sie würde dafür sorgen, dass er um Gnade winselte.

Sie setzte sich auf und warf einen Blick auf den außergewöhnlich teuren Champagner, den sie vor weniger als einer halben Stunde bestellt hatte. In einem vollkommen anderen Leben.

Sie überlegte, ob sie eine der Champagnerflöten an die Wand schleudern und sich mit den Scherben den Oberschenkel aufschneiden sollte. Sie schob ihr schwarzes Kleid hoch und stellte sich die Erleichterung vor. Sie sah das wunderbar rote Blut, das über ihr Bein lief und sich auf dem Teppich sammelte. Ein Tropfen landete auf ihrem Bein.

Doch es war kein Blut. Die Flüssigkeit war klar. Sie weinte. *Warum weine ich?*, fragte sie sich. Sie fiel aufs Bett zurück, als sich ihr Brustkorb plötzlich zusammenzog, und erkannte entsetzt, dass sie schluchzte. Sie schluchzte so lange und so laut, dass die Gäste im Nebenzimmer dachten, sie würde einen endlosen Orgasmus erleben, und sich an der Rezeption beschwerten.

Alec stürzte in die Nacht hinaus und machte sich auf den Weg zur Spanischen Treppe. Es hatte geregnet, doch mittlerweile hatte es aufgehört. Die Luft war frisch, und die Stadt glitzerte in dem Licht, das von den nassen Oberflächen reflektiert wurde. Die Straßen waren vollgestopft mit Touristen, die nach dem Abendessen auf dem Nachhauseweg waren, und Römern, die gerade zum Abendessen ausschwärmten. Die Hälfte der Passanten spazierte in zweckmäßigen, dehnbaren Reiseklamotten den Bürgersteig entlang, während die anderen in Haute Couture gehüllt an Alec vorbeiflanierten.

Alec schlüpfte in eine gut besuchte Bar, ohne auf deren Namen zu achten, und bestellte einen doppelten Wodka. Er setzte sich in eine dunkle Ecke und war einen Moment lang vollkommen von der Bedeutsamkeit dessen erfüllt, was er gerade getan hatte. Die anderen Gäste unterhielten sich angeregt, sodass es kaum möglich war, einen klaren Gedanken zu fassen, doch das war schon in Ordnung. Er wollte ohnehin nicht nachdenken. Er nahm einen großen Schluck Wodka und genoss das Brennen, das sich in seiner Kehle ausbreitete. Dann stellte er das Glas wieder auf den Pappuntersetzer und spürte, wie sich die Muskeln in seinem Nacken langsam entspannten.

Er war frei. Endlich frei.

Alecs Blick fiel auf eine blonde Frau am anderen Ende der Bar, die ihn beobachtete. Er hob das Glas an seine Lippen, um sie unbemerkt zu mustern. Sie war älter als er, aber noch gut in Schuss, mit schwarz umrandeten Augen und mindestens einer Flasche Prosecco im Blut. Er stellte sein Glas ab und sah sie unverwandt an. Sie starrte nicht bloß zurück. Sie schien ihn mit den Augen auszuziehen. Dann zog sie sich plötzlich ihr rotes Spitzenhöschen hinunter, und nachdem sie es mit einigen Schwierigkeiten von ihren glänzenden, hochhackigen Schuhen befreit hatte, konnte er ihr direkt zwischen die Beine blicken. »*Was für ein Klischee du doch bist!*«, sagte ihre Vagina mit der Stimme seiner Frau zu ihm.

Alec stürzte den Rest seines Wodkas hinunter und bahnte sich den Weg aus der überfüllten Bar. Als er an der Blondine mit den schwarz umrandeten Augen vorbeikam, begrüßte sie gerade einen Bekannten und bemerkte ihn nicht.

Trotzdem eilte er schnell die Via del Babuino hinunter, bloß für den Fall, dass sie beschlossen hatte, ihm zu folgen. Sein Kopf schwirrte vom Adrenalin und dem Wodka, und er sah immer wieder Megs verletztes Gesicht vor sich. Nicht nur die getroffene erwachsene Frau, sondern auch das verletzte kleine Mädchen in ihrem Inneren. Und das machte alles nur noch schlimmer. Er wollte ihr nicht wehtun, aber er konnte nicht mehr länger mit der Lüge leben, und sie würde ebenfalls schon bald erkennen, dass ihr Leben eine Lüge war. Eines Tages würde sie ihm dankbar sein.

Er war auf der Piazza del Popolo angekommen und setzte sich auf eine Bank, um eine Schar ausgelassener Teenager zu beobachten, die sich um den Obelisken in der Mitte des Platzes versammelt hatten. Vielleicht würden sie sogar Freunde werden, überlegte er. Wenn auch nur zum Wohle der Kinder. Sie würden ihre Kinder zusammen großziehen und ihre Sache gut machen, auch wenn sie getrennte Wege gingen. Meg konnte sehr praktisch sein, wenn es darauf ankam. Sie würde zur Vernunft kommen und alles mit ihm klären. Irgendwann.

Er beschloss, sich nach einer anderen Bar umzusehen. Das Problem war, dass sie alle voller ausgelassener Gäste waren, also kaufte er sich stattdessen in einem *mercato* eine Flasche Bier der Marke Peroni und nahm immer wieder diskret einen Schluck Bier, während er die Via del Corso entlangspazierte. Er gehörte nicht zu den Arschlöchern, die Geld als Waffe einsetzten. Er wusste sehr wohl, dass Meg genauso viel wie er zum Erfolg seines Unternehmens beigetragen hatte. Es waren ebenso ihre Antriebskraft, ihre Vision und ihre Kreativität gewesen wie seine. Sie hatte ihn dazu ermutigt, Risiken einzugehen, die sich am Ende unglaublich bezahlt gemacht hatten. Und deshalb würde er sie angemessen entschädigen. Er leerte die Bierflasche und kaufte sich eine zweite.

Alec beschloss, nicht mehr länger über Meg, sondern stattdessen über eine Zukunft ohne sie nachzudenken. Er überlegte, dass er gerne viel Sex haben würde. Vielleicht würde er hinunter nach Santa Monica ziehen, an den Strand. Das würde den Kindern sicher auch gefallen. Dann hing er ein wenig der Vorstellung nach, sich ein Bentley Cabrio zu kaufen, doch das erschien ihm dann doch zu vorhersehbar.

Nachdem er einige Zeit scheinbar ziellos herumgewandert war, stand er plötzlich in der Via Margutta vor einem Palazzo mit violettem Blauregen an den Wänden und dem kleinen, umgebauten Wagenschuppen an der Gartenmauer. Alec hatte gerade genug Alkohol im Blut, um sich keine weiteren Gedanken darüber zu machen, dass er womöglich von Anfang an hierhergewollt hatte.

Er kletterte über ein niedriges Metalltor, stolperte eine Steintreppe hinauf und klopfte an der violetten Tür. Dr. Stephanie Cope öffnete ihm nur mit einem langen T-Shirt bekleidet. Sie wirkte erfreut, ihn zu sehen, und nicht allzu verwundert.

»Alec!«, begrüßte sie ihn. »Was für eine nette Überraschung!«

Alec antwortete nicht, sondern stand bloß leicht schwankend vor ihr.

»Was ist denn los?«, fragte sie plötzlich ein wenig verhalten.

Alec trat durch die Tür, schlang die Arme um Stephanies Taille und drückte seinen Mund auf ihren. Er küsste sie. Sie küsste ihn. Er schob seinen Oberschenkel zwischen ihre Beine. Er spürte ihr Schambein auf seinem Schenkel.

Er drängte sich an sie. Und sie drängte sich an ihn.

Meg hatte sich in dem riesigen Bett in den Schlaf geweint und lag nun vollkommen überhitzt unter den Laken. Sie streckte auf der Suche nach Erleichterung die Arme aus, und dabei glitt ihre rechte Hand unter das Kissen, auf dem Alecs Kopf hätte sein sollen. Ihre Finger stießen auf etwas Kaltes, Hartes. Meg öffnete ihre roten, geschwollenen Augen und blinzelte. Das Licht war viel zu hell. Sie betastete den Gegenstand unter dem Kissen. Er war rechteckig und flach. Sie zog ihn hervor und betrachtete ihn mit zusammengekniffenen Augen, bis ihr einfiel, dass sie die wunderschöne blaue Fliese vorhin selbst dort abgelegt hatte. Sie steckte sie zurück unter das Kissen, rollte sich hinüber und beschloss, dass sie viel zu erschöpft war, um das Licht auszumachen. Sie schlief einen Moment lang ein, doch dann riss sie mit einem Mal die Augen auf.

Meg holte die Fliese unter dem Kissen hervor. Sie ließ die Finger über die blaue Glasur gleiten und spürte plötzlich ein seltsames Kribbeln. Es begann in ihren Fingerspitzen und breitete sich ihren Arm entlang bis in ihren ganzen Körper aus. Sie hätte es nie einem anderen Menschen gegenüber zugegeben, aber sie hatte tatsächlich das Gefühl, als wollte ihr die Fliese etwas sagen.

Und dann erinnerte sie sich.

Sie erinnerte sich genau, woher die Fliese stammte und wie sie in ihren Besitz gekommen war. Sie hatte sie nicht gefunden, als sie nach Musterstücken für die Renovierung gesucht hatte.

Tatsächlich befand sich diese Fliese schon sehr lange Zeit in ihrem Besitz.

25

Un colpo d'aria

>»Gib Worte deinem Schmerz. Gram, der nicht spricht,
Preßt das beladne Herz, bis daß es bricht.«<
WILLIAM SHAKESPEARE, MACBETH

Bronco stieg die Treppe des Hotel Montini hinab, und ein Gefühl des nahenden Verderbens fuhr ihm bis in die Knochen. Jemand hatte um dreiundzwanzig Uhr dreißig noch an der Tür geläutet und verlangte Einlass – eine volle Stunde, nachdem er die Rezeption geschlossen hatte.

Als er schließlich barfuß über die kalten Fliesen des zugigen Foyers ging, bestand kein Zweifel mehr: *Un colpo d'aria* hatte ihn erwischt.

In Rom gibt es viele Gefahren, doch kaum etwas ist gefährlicher als *un colpo d'aria* – das im schlimmsten Fall lebensbedrohliche Phänomen, plötzlich in einen kalten Lufthauch zu geraten. Jeder Italiener wird Ihnen bestätigen, dass jene, die das Pech haben, von einem *colpo d'aria* erwischt zu werden, plötzlich an einer Vielzahl gesundheitlicher Probleme leiden, angefangen von Kopfschmerzen und einem steifen Nacken über eine gereizte Leber bis hin zu einer schweren Grippe oder sogar dem Tod.

Vorbeugen ist natürlich besser als Heilen, und während der Wintermonate kann dies durch das Tragen eines dicken Unterhemdes – das *maglia della salute*, also Gesundheitshemd, genannt wird – und eines warmen Schals gewährleistet werden, der die empfindliche Nackenregion schützt. Man sollte zu jeder Jahreszeit vermeiden, zu lange auf kalten Fliesenböden zu verweilen, und im Sommer Klimaanlagen und Lüftungsschlitzen aus dem Weg gehen. Lüftungsschlitze sind tödlich.

Sobald man von einem *colpo d'aria* befallen wurde, musste man sich unverzüglich krankmelden, sich ins Bett legen, sich warm halten und sich – und das ist das Allerwichtigste – von jeglicher Zugluft fernhalten.

Deshalb war es auch wirklich äußerst unangenehm, dass Bronco, als er die Tür für eine der englischen Damen und einen älteren Gentleman öffnete, plötzlich von einem Schwall kalter Nachtluft umhüllt wurde. Die Frau entschuldigte sich, dass sie ihn geweckt hatten, und erklärte, dass ihre Reisebegleitung den Zimmerschlüssel bei sich trug. Sie fragte, ob er wusste, wann ihre Freundin nach Hause gekommen war, doch Bronco fühlte sich bereits ein wenig fiebrig. Er unterbrach sie und meinte, er müsste schnell zurück ins Bett, da er unter einem *colpo d'aria* leide.

Der ältere Herr erkannte sofort den Ernst der Lage und entschuldigte sich mitfühlend und ehrlich. Er fragte, wo es Bronco denn erwischt hätte, und dieser erwiderte, dass es wohl die Leber war. Der Mann sprach sein Beileid aus, bevor er der Frau die Hand küsste und ihr schließlich noch einen Kuss auf beide Wangen drückte. Sie waren noch immer dabei, sich voneinander zu verabschieden, als Bronco die Tür zwischen ihnen zuschlug, aber er wusste, dass der Gentleman ihn verstehen würde.

Sobald sie im Haus waren, erklärte Bronco seinem Gast, dass es sich um einen medizinischen Notfall handelte und er deswegen zuerst mit dem Aufzug nach oben fahren musste.

Lizzie ging die Treppe hinauf und war dankbar für einen Moment der Ruhe, in dem sie sich sammeln konnte, bevor sie ins Zimmer und zu Constance zurückkehrte. Es war ein bemerkenswerter Abend gewesen. Horatio hatte sie in sein Lieblingsrestaurant ausgeführt, das zwar nicht sonderlich beeindruckend, aber einfach und elegant war und exzellentes Essen und guten Wein servierte. Lizzie hatte die Vorstellung, mit einem Unbekannten zu essen, nicht behagt, doch überraschenderweise hatten sie sich von Beginn an gut unterhalten und so viele Gesprächsthemen gefunden, als wären sie alte Freunde.

Horatio war ein ruhiger, ernster Mann, der jedoch leicht und offen über Lizzies trockene Bemerkungen lachte, was sie immens befriedigte. Er stand mit beiden Beinen im Leben, als hätte er bereits vieles gesehen und als würde ihn nicht mehr allzu vieles überraschen. Und ehe sich's Lizzie versah, hatte sie ihre Sorgen um Constance beiseitegeschoben und war vollkommen in ihrem Gespräch aufgegangen.

Sie sprachen über alles Mögliche, über Albernes und Ernstes. Sie hatten beide keine Kinder und bereuten es beide gleichermaßen. Er mochte Venedig, sie bevorzugte Florenz. Zusammen überlegten sie sich eine Geschichte über das Paar am Nachbartisch, dem sie eine Affäre andichteten, erfanden imaginäre Lebensgeschichten und entwarfen reißerische Schlagzeilen für die nächste Morgenausgabe der Tageszeitungen. Sie sprachen über Musik und Kunst und erkannten, dass sie sich häufig uneinig waren, doch irgendwie passten sie einfach zusammen. Sie passten wunderbar zusammen.

Als die Dessertkarte aufgelegt wurde, wollte Lizzie das äußerst ungewöhnlich klingende Spargeleis probieren, doch Horatio bestand darauf, dass sie das Tiramisu versuchte, das einfach *buonissimo* war, wie er versprach. Als Kompromiss bot er schließlich an, sie am nächsten Abend noch einmal auszuführen, damit sie auch noch das Spargeleis probieren konnte.

Sie nahm sein Angebot lachend an, doch ein seltsamer Stich in der Brust warnte sie davor, ihn wiederzusehen. Sie war eine alte Frau, die die Hoffnung, die große Liebe zu finden, schon vor langer Zeit aufgegeben hatte. Der Flirt heute Abend war überraschend genug gewesen. Sie sollte dankbar sein und weiterziehen. Ein letztes Aufbranden des Applauses, bevor der Vorhang sich für immer schloss. Es wäre lächerlich gewesen, mehr in diesen unerwartet angenehmen Abend hineinzuinterpretieren. Und dumm. Und möglicherweise auch demütigend. Gott sei Dank hatte Bronco die Tür zwischen ihnen zugeschlagen. Womöglich hätte sie sich sonst zu überschwänglich und unangemessen verabschiedet und sich damit in Verlegenheit gebracht.

Als sie schließlich vor der Zimmertür stand, hatte sich Lizzie wieder im Griff, wusste um ihr wahres Alter und warum es unerlässlich war, sich nicht zu sehr in eine Sache hineinzusteigern. Sie hatte sich wieder in ihr gemäßigtes Selbst verwandelt, abgesehen von der zarten Röte auf ihren Wangen. Sie drehte den Türknauf und hoffte, dass nicht abgesperrt war. Die Tür öffnete sich, und Lizzie schlich leise ins Zimmer und schloss sie hinter sich.

Eine Stimme drang aus der Dunkelheit: »Hattest du einen schönen Abend?«

Lizzie war sofort klar, dass Constance nicht im Bett lag.

»Macht es dir etwas aus, wenn ich das Licht einschalte?«

»Nein, nur zu«, erwiderte Constance.

Lizzie schaltete das Licht ein.

Constance saß auf einem Stuhl und blickte durch die offene Tür hinaus auf die Terrasse. Sie wandte sich blinzelnd zu Lizzie um.

»Tut mir leid, ist das Licht etwa zu hell?«, fragte diese.

»Wie war dein Abend?«, antwortete Constance mit einer Gegenfrage.

»Es war wirklich nett«, erwiderte Lizzie. »Aber viel wichtiger ist doch: Wie war deiner? Ich habe mir solche Sorgen um dich gemacht. Wie ist es gelaufen?«

»Es sieht dir gar nicht ähnlich, so spät nach Hause zu kommen«, meinte Constance.

»Es tut mir leid, mein Mädchen, aber die Zeit ist einfach verflogen. Wie lief es mit Gina?«

»Gut. Aber ich wollte gerade zu Bett gehen. Würde es dir etwas ausmachen, wenn wir dieses Gespräch auf morgen verschieben?«, erwiderte Constance.

»Sei nicht wütend auf mich«, bat Lizzie, die sich plötzlich wahnsinnig erschöpft fühlte.

»Das bin ich nicht.«

»Doch, bist du.«

Eine mächtige Piratenstimme dröhnte durch den Raum, und Lizzie brauchte einen Moment, um zu begreifen, dass Constance sie anbrüllte.

»Verdammt nochmal!«, explodierte Constance. »Zuerst bist du die halbe Nacht unterwegs, obwohl ich genauso gut zitternd in einer Ecke hätte kauern können, und dann kommst du nach Hause und brichst einen Streit vom Zaun!« Sie sprang auf, stürmte ins Badezimmer und knallte die Tür hinter sich zu.

Lizzie trat vor das Bad und betrachtete ihre schmerzenden Füße, während sie durch die verschlossene Tür sprach. »Ich hätte hier bei dir sein sollen, und es tut mir leid, dass ich es nicht war. Aber *ich* bin hier nicht diejenige, die Streit sucht.«

Constance antwortete nicht. Lizzie wartete ein wenig, dann drehte sie den Knauf, und die Tür sprang auf. Sie trat ins Bad. »*Du* bist hier diejenige, die einen Streit vom Zaun bricht«, fuhr Lizzie fort. »Du bist diejenige, die sich Affären ausdenkt. Du lässt dir alle möglichen Ausreden und Komplikationen einfallen, damit du nicht sehen und fühlen musst, was wirklich los ist.«

Constance drückte etwas Zahnpasta auf ihre Zahnbürste. »Lass mich in Ruhe.«

»Was ist passiert?«, fragte Lizzie, die beschlossen hatte, standhaft zu bleiben. »Hatte Henry tatsächlich eine Affäre mit Gina?«

»Nein«, erwiderte Constance und begann, sich die Zähne zu putzen.

Lizzie betrachtete sich selbst und Constance im Spiegel. In dem grellen Licht wirkten sie beide uralt und wahnsinnig wütend.

»Du gibst dich als Grand Dame und machst einen auf lustige Witwe«, meinte Lizzie. »Du sagst ständig, dass es Zeit ist weiterzuziehen, doch dafür muss man erst einmal irgendwo angekommen sein. Siehst du denn nicht, was du tust? Du veranstaltest ein Drama ums andere, damit du der Tatsache nicht ins Auge sehen musst, dass er tot ist, mein Mädchen. Er ist tot und wird nie mehr wiederkommen.«

Constance spuckte die Zahnpasta ins Becken und spülte ihre Zahnbürste sauber, wobei sie kleine weiße Spritzer auf dem Spiegel hinterließ. »Ich gehe jetzt zu Bett«, sagte sie und zitterte vor unterdrückter Wut. »Mach das Licht aus, wenn du fertig bist.« Sie drängte sich an Lizzie vorbei und schloss die Tür hinter sich.

Als Lizzie mit ihrer eigenen Abendtoilette fertig war und zurück ins Schlafzimmer kam, schlief Constance bereits oder tat zumindest so. Lizzie krabbelte ins Bett. Ihr taten sämtliche Knochen weh. *Was für ein schreckliches Ende eines seltsamen Tages*, dachte sie. Als sich ihre Augen an die Dunkelheit gewöhnt hatten, sah sie, dass die Balkontüren noch offen standen, doch sie war zu müde, um sie zu schließen. Obwohl sie furchtbar erschöpft war, lag sie lange Zeit wach und beobachtete die Muster, die das Mondlicht an die Zimmerdecke warf.

Mitten in der Nacht begannen die blassen Seidenvorhänge in Lizzies und Constances Zimmer plötzlich wie von Geisterhand zu tanzen. Constance wachte auf und sah ihnen zu. Draußen auf der Terrasse spielte leise Musik. Es war ein Lied aus ihrer Kindheit. Sie stellte ihre Füße auf die kalten Fliesen und ging auf die Terrasse.

An der Balustrade stand ein Mann und sah auf die Piazza hinunter. Er wandte sich um, und Constance erkannte sofort, dass es Henry war.

»Ich dachte, du wärst tot«, sagte sie. »Alle haben gesagt, du wärst tot.« Sie sank in seine Arme. Henry hielt sie fest und murmelte leise eine Erklärung in ihre Haare. Es war seine Idee gewesen, meinte er, während er ihr einen Kuss auf den Scheitel drückte. Er arbeitete für die Regierung, und sein Auftrag war so wichtig, dass er ihr nichts davon erzählen konnte, ohne ihre Sicherheit zu gefährden. Es war notwendig geworden, seinen Tod vorzutäuschen, doch er hatte ihr nichts davon sagen können. Es tat ihm leid, dass er ihr so viel Kummer bereitet hatte.

Constance klammerte sich an Henry, und Tränen der Erleichterung liefen über ihre Wangen. Sie konnte nicht glauben, wie glücklich sie war. Er war doch nicht tot! Sie hatte es tief in ihrem Herzen immer schon gewusst. Henry wischte ihr eine Träne von der Wange. Seine Hände fühlten sich so vertraut an.

»Ich habe dich so vermisst«, sagte Constance.

»Schh«, flüsterte er und beugte sich zu ihr, um sie zu küssen. Constance schloss die Augen, und ihre Lippen trafen sich. Doch als sie sie wieder öffnete, war Henry verschwunden.

Das Schluchzen einer Frau weckte Lizzie. Zuerst dachte sie, es wäre Constance, doch dann schob sie den Gedanken beiseite, denn die Geräusche kamen nicht aus dem Bett neben ihr. Das Weinen klang schrecklich verzweifelt und schien von draußen zu kommen. Vielleicht von jemandem unten auf der Piazza.

Als sie sich aufrichtete, sah sie, dass Constances Bett leer war. Sie eilte auf die Terrasse und fand ihre Schwägerin zusammengekauert auf der Steinbank. Was zum Teufel war hier passiert?

Sie lief zu ihr und schloss Constance in die Arme. Diese klammerte sich weinend und vollkommen verzweifelt an Lizzie. Tränen liefen über ihre Wangen. Lizzie wischte sie mit dem Ärmel fort. Constances wunderschönes Gesicht war von Trauer entstellt. Lizzie hatte keine Ahnung, was sie tun sollte, außer sie festzuhalten. Und so tat sie genau das, während der Himmel langsam heller wurde.

Lizzie verlor jegliches Zeitgefühl. Irgendwann brachte sie Constance zurück ins Zimmer, die sich auf dem Bett zusammenrollte und den Kopf in Lizzies Schoß legte. Lizzie streichelte Constances blonde, von grauen Strähnen durchzogene Haare. Constance hatte schon vor einiger Zeit aufgehört zu weinen und lag nun wie ein hilfloses Kind auf dem Bett; immer wieder durchfuhr ein Zittern ihren Körper.

Über Rom ging die Sonne auf. Der Himmel verwandelte sich in strahlendes Blau. Die Türme und Kuppeln schimmerten in der Hitze.

»Lizzie?«, fragte Constance leise.

Lizzie warf einen Blick hinunter auf Constance. Ihre Augen waren rot und geschwollen. Lizzie nahm sich vor, Eis zu besorgen. »Ja, Schätzchen?«

»Lass uns nach Hause fahren.«

26

L'Angelo del Dolore –
der Engel der Trauer

*»Und es ist eine wunderbare Wahrheit, dass wir nur in
den Augenblicken des schmerzvollen Abschiedes die Tiefen
unserer Liebe ergründen.«*

GEORGE ELIOT, FELIX HOLT, DER RADIKALE

Als August aufwachte, lag er auf dem Rücken und blickte
hinauf in die Krone einer Schirmkiefer, die in den strahlend blauen Himmel ragte. Er räkelte sich und genoss das
angenehme Gefühl, dass jemand neben ihm lag. Er streckte
vorsichtig die Hand aus, um Alice zu berühren. Sie fühlte
sich weich, aber auch irgendwie kalt und leblos an. Er fuhr
herum. Es war nicht Alice, sondern bloß ihr grüner Rucksack. August stützte sich auf den Ellbogen auf und sah sich
blinzelnd um. Alice war verschwunden. Doch nachdem
sein Verstand ihm versichert hatte, dass sie nicht ohne ihre
Sachen abgehauen wäre, beschloss er einfach, auf sie zu
warten.

Minuten vergingen, und er wurde immer nervöser, bis
er sich schließlich nicht mehr zurückhalten konnte. Er

war kurz davor, nach ihr zu rufen, doch dann kam ihm der Gedanke, dass sie womöglich ertappt und hinausgeworfen worden war. Er erleichterte sich eilig hinter einem Baum und überlegte inzwischen, ob er eine Nachricht hinterlassen sollte, doch dann beschloss er, dass seine Zeit am besten genutzt war, wenn er sich auf die Suche nach ihr begab. Er eilte zwischen den Gräbern und Grabsteinen umher und hielt sowohl Ausschau nach Alice als auch nach Totengräbern oder Gärtnern, die womöglich bereits frühmorgens unterwegs waren. Er befahl sich, nicht in Panik zu geraten, doch je mehr Zeit verging, desto schwerer fiel es ihm.

Schließlich fand er Alice auf einem der höchsten Punkte des Friedhofs, wo sie neben dem *Engel der Trauer* saß. Die Statue war 1894 von William Wetmore Story als Grabstein für seine Frau Emelyn errichtet worden und zeigte einen großen, weiblichen, weißen Engel mit ausgebreiteten Flügeln, der vor Trauer über dem Grabstein zusammengebrochen war.

Der Kopf des Engels ruhte in der Armbeuge seines angewinkelten Armes, während der andere Arm schlaff über den Grabstein hing. Der Engel war der Form und Größe nach ein himmlisches Wesen, wirkte jedoch in seiner Trauer, die genau in dem Moment eingefangen worden war, als er dem Verlust vollkommen nachgegeben hatte, schrecklich menschlich. Er war William Storys letztes Werk gewesen, denn nachdem er das Denkmal für seine Frau fertiggestellt hatte, war er ebenfalls verstorben. Es war vielleicht nicht Roms bedeutendstes Kunstwerk, aber sicher ein großes Werk der Liebe.

»Es geht nicht um Listen«, erklärte Alice, die mit einem kleinen Stöckchen Muster in die Erde malte.

»Wie bitte?«, fragte er.

»In der Liebe geht es nicht um Listen«, sagte sie. Ihr

Gesicht verzog sich einen Moment lang, doch anstatt den Tränen nachzugeben, riss sie sich zusammen und sah zu ihm auf. »Entschuldige.«

»Hey«, sagte er.

»Ich sollte jetzt gehen«, erklärte sie. »Ich muss zum Zug.«

Alice sprang hoch und lief den Hügel hinunter. August blieb stehen und rieb sich die Schläfe, als hätte sie ihm im Vorbeigehen einen Schlag auf den Kopf verpasst. Ihm war übel. Furchtbar und abgrundtief übel. Das war's dann also. Sie hatte ihr Urteil gesprochen. Sie würde zu diesem Typen – wie war nochmal sein Name? – zurückkehren. *Daniel.* Er wollte ihr nachlaufen, sie anschreien und schütteln.

Er holte sie am Fuß des Hügels ein, doch er bekam keine Gelegenheit, etwas zu sagen, denn in diesem Moment öffnete ein Mann das Haupttor und entdeckte sie. Er redete auf Italienisch auf sie ein, schien jedoch schnell zu dem Schluss zu kommen, dass sie Ausländer waren. Also wollte er auf Englisch wissen, was sie auf dem Friedhof zu suchen hatten und wie sie hineingekommen waren.

Sie erfanden gemeinsam eine Geschichte über einen Gärtner, der schon früher hier gewesen war und sie hineingelassen hatte. Normalerweise – oder zumindest in der Normalität, die sich in den zwei Tagen, seit sie sich kannten, eingestellt hatte – hätte August die Tatsache, wie leicht es ihnen fiel, gemeinsam mit immer neuen Details aufzuwarten, ein diebisches Vergnügen bereitet, doch im Moment fühlte er sich nur müde.

Sie holten den Rucksack und gingen zum Motorino zurück, auf dessen Sitzfläche irgendein Spaßvogel eine Eistüte mit schmelzendem Eis abgelegt hatte. Alice ging in einen Laden, kaufte Wasser und Taschentücher und begann, den Sitz zu reinigen. August versuchte, ihr zu helfen, doch sie bestand darauf, es allein zu erledigen, also stand er bloß da, sah ihr zu und kochte vor Wut.

Am Bahnhof angekommen, holte Alice ihre Fahrkarte, die sie am Vortag gebucht hatte, und August trug ihren Rucksack den langen Bahnsteig entlang bis zu ihrem Waggon.

Ihre Unterhaltung blieb oberflächlich und drehte sich ausschließlich um ihre Abreise. Welcher Bahnsteig, welcher Waggon, welcher Sitzplatz. Alice stieg in den silbernen Zug und wandte sich um, um August den Rucksack abzunehmen. Sie streckte die Hand danach aus, doch er gab ihn ihr nicht. »Weißt du noch, als du meintest, in der Liebe ginge es nicht um Listen?«, fragte er.

Sie nickte.

»Warum gehst du dann zu ihm zurück?«

Weil du mich nicht gebeten hast, es nicht zu tun, wollte sie sagen. *Weil du in dem Moment, als ich meinte, dass es in der Liebe nicht um Listen geht, einfach bloß mit* »Hey« *geantwortet hast.*

»Wir hatten vereinbart, dass ich noch einen weiteren Tag bleibe, und das habe ich getan. Na ja, beinahe einen Tag«, fuhr sie fort, denn es war immerhin erst zehn Uhr vormittags. »Es war eine echt coole Zeit.«

Eine echt coole Zeit?, dachte August verletzt und fassungslos.

»Ja, finde ich auch«, erwiderte er kühl.

Alice hatte das Gefühl, gleich in Ohnmacht zu fallen. Sie packte langsam die Haltestange, um ihn nicht auf ihren Zustand aufmerksam zu machen.

»Also dann. *Ciao*«, sagte sie.

»Ja. *Ciao*«, erwiderte er und reichte ihr den Rucksack.

Alice verbarg die Anstrengung, die es ihr bereitete, ihn entgegenzunehmen, hinter einem sonnigen Lächeln.

»Okay, dann gehe ich jetzt zu meinem Platz«, sagte sie.

»Gute Reise«, meinte er, als wäre sie eine alte Tante, die einen Tagesausflug nach Brighton plante.

Alice trug den Rucksack zu ihrem Platz und hob ihn in das Gepäckfach. Dann setzte sie sich neben ein Mädchen, das sich die Sternen-Tattoos auf ihrem Arm kratzte und ein Horoskop in einem italienischen Klatschmagazin las.

Die neue Alice würde jetzt sofort aus diesem Zug aussteigen, dachte sie. Sie würde ihm nachlaufen, ihm auf die Schulter tippen und ihm ihre Gefühle gestehen. Aber es gab keine neue und keine alte Alice. Es gab bloß Alice.

Und sie liebte ihn zu sehr. Sie hatte einfach nicht den Mut, ihm ihre Gefühle zu gestehen, denn wenn er sie nicht ebenfalls liebte, dann würde sie es nicht überleben. Sie würde auseinanderbrechen und einfach verpuffen. Das, was sie fühlte, war zu mächtig, und es war zu gefährlich, es zuzugeben. Nur ein Narr würde sich selbst so verletzlich machen. In weniger als zwei Tagen hatte sie sich vollkommen an diesen Mann verloren. Und sie erkannte, dass Liebe vor allem Wahnsinn und Besinnungslosigkeit bedeutete. Sie hätte sich beinahe aufgelöst. Ihre einzige Hoffnung war, dass sie in diesem Zug sitzen blieb, zu Daniel fuhr, ihm die Wahrheit sagte, ihre Verlobung löste und weiterzog.

In diesem Moment tippte ihr jemand auf die Schulter. Sie blickte auf und sah August, der im Mittelgang neben ihr in die Hocke ging. Er sah ihr nicht in die Augen, sondern hielt den Blick auf die Armstütze gerichtet.

»Ich dachte, ich sollte dir noch etwas sagen«, meinte er leise.

»Was denn?«, fragte sie.

Das tätowierte Mädchen neben Alice legte sein Magazin zur Seite und sah zu ihnen. Offensichtlich erwartete sie, dass gleich etwas Interessantes passierte.

»Ich … ähm … ich habe das noch nie zu einer Frau gesagt«, erklärte er, während eine fettleibige Frau in einem violetten Kleid den Mittelgang entlang auf ihn zueilte. Er stand auf und trat einen Schritt zurück, um sie vorbeizulassen. Sie ließ sich keuchend auf den Platz neben Alice sinken und lächelte. August ging wieder in die Hocke und ignorierte die Tatsache, dass ihn nun drei Frauen aufmerksam beobachteten. Er richtete den Blick erneut auf die Armstütze.

»Was hast du noch nie zu einer Frau gesagt?«, fragte Alice.

»Dass ich sie liebe, dass ich mich in sie verliebt habe.«

Die fettleibige Frau und das tätowierte Mädchen wechselten einen Blick. Keine der beiden sprach Englisch, aber sie verstanden auch so, was hier vor sich ging. Die Einzige, die es nicht verstand oder nicht begreifen konnte, war Alice. Sie hatte das Gefühl, als wäre die Zeit stehen geblieben.

Als August endlich zu ihr aufblickte, waren seine Augen feucht.

»Also. Ich habe mich in dich verliebt«, sagte er. »Und ich dachte, das solltest du vielleicht wissen.«

Alice stieß zwei seltsame, überraschte Seufzer aus. Dann vergrub sie den Kopf in den Händen.

»Es ist eine solche Erleichterung …«, erklärte sie, »… dass du dasselbe fühlst.«

Sie hob den Blick und fühlte sich überwältigt und erschöpft, als wäre sie nach einer sehr langen Reise endlich nach Hause zurückgekehrt. Dicke Tränen rollten über ihre Wangen. Dann standen sie beide auf, fielen sich in die Arme und küssten sich. Die fettleibige Frau und das tätowierte Mädchen wirkten äußerst zufrieden, als hätten sie die Sache selbst eingefädelt.

In diesem Moment ging ein Ruck durch den Waggon, und der Zug setzte sich in Bewegung. August hob den Rucksack aus dem Gepäckfach und eilte dann mit Alice im Schlepptau den Mittelgang entlang. Der Schaffner schimpfte ihnen hinterher, während sie zum zweiten Mal innerhalb von vierundzwanzig Stunden aus dem Zug nach Florenz sprangen.

Auf dem Bahnsteig zog August Alice an sich und küsste sie erneut. Er vergaß vollkommen, darüber nachzudenken, wie man küsste oder welche Körperteile man einsetzte und welche nicht. Es gab keine Technik. Es war bloß Küssen. Er presste sich an sie, und sie presste sich an ihn, und sie versanken beide in dem Moment. In diesem langen, wunderbaren Moment.

Irgendwann hörten sie auf, sich zu küssen, und erkannten, dass der Zug den Bahnhof verlassen hatte. August wollte Alices Rucksack nehmen, doch sie bestand darauf, ihn selbst zu tragen. Sie fassten sich an den Händen und gingen den Bahnsteig entlang.

»Also, wie heißt du?«, fragte sie.

»Wie bitte?«

»Ich kenne nicht einmal deinen Namen«, erklärte sie.

Ihm wurde bewusst, dass sie recht hatte. Er hatte das Gefühl, als hätten sie bereits ihr ganzes Leben miteinander verbracht, doch überraschenderweise hatte er an seinem Vorsatz festgehalten, und sie hatten keine Namen, E-Mail-Adressen oder Telefonnummern ausgetauscht.

»August«, sagte er.

»Hi, August. Ich bin Alice«, sagte sie und streckte ihm die Hand entgegen. Er nahm sie, und sie schüttelten sich die Hände, während sie weitergingen.

»Hi, Alice. Ich bin August.«

»*August*«, wiederholte sie und ließ den Namen auf der Zunge zergehen. »Kann ich dich vielleicht *Gus* nennen?«

August blieb wie angewurzelt stehen und sah sie an.

»Ich meine, August ist ein toller Name«, sagte sie schnell, denn sie hatte plötzlich Angst, etwas Falsches gesagt zu haben. »Ich kann dich natürlich auch August nennen.«

August räusperte sich. »Nein«, erwiderte er krächzend. »Gus ist super.«

27

Leonardo da Vinci II

»Dies ist die Lehre des Verstandes, aber die Nächstenliebe konnte der Verstand nicht lehren, weil das unverständig gewesen wäre.«

LEO TOLSTOI, ANNA KARENINA

Meg trug eine riesige dunkle Sonnenbrille, als sie aus dem Hotel San Marco auscheckte und Alecs Tasche an der Rezeption abgab. Sie hatte kurz überlegt, seine Kleider zu zerschneiden, doch sie musste rechtzeitig zum Flughafen und vorher noch einen kleinen Umweg einlegen, weshalb sie schlicht und einfach keine Zeit dafür gehabt hatte. Sie bat den Portier, dem Taxifahrer zu sagen, er solle sie zum Kolosseum bringen. Sie wollte zwar nicht zu dem antiken Bauwerk, sondern zu dem kleinen Hotel, in dem sie und Alec vor beinahe zwanzig Jahren ihre Flitterwochen verbracht hatten, aber sie konnte sich nicht mehr genau erinnern, wo es sich befand, außer dass es zu Fuß etwa fünf Minuten vom Kolosseum entfernt war. Also hoffte sie, dass sie ein Geistesblitz treffen würde, wenn sie die Gegend um das antike Amphitheater wiedersah.

Meg rutschte auf die Rückbank des Taxis und betrachtete

ihr Spiegelbild im Fenster. »Keine Tränen mehr«, ermahnte sie sich selbst.

»*Scusi, signora?*«, fragte der Taxifahrer.

»Nichts«, erwiderte sie.

Als sie die Via dei Fiori Imperiali hinunterfuhren, ragte mit einem Mal das Kolosseum vor ihnen auf. Es erstaunte Meg immer wieder, dass sich ein derart altes Bauwerk mitten in Rom befand, während auf den Straßen rundherum der Verkehr tobte.

Etwas an dem Winkel, in dem sie auf das Kolosseum zufuhren, förderte eine Erinnerung zutage. Sie rief sich ins Gedächtnis, wie sie vor all den Jahren mit Alec hier entlangspaziert war und aus einer ähnlichen Perspektive zu dem mächtigen Koloss emporgeblickt hatte.

»Stopp.«

Der Fahrer fuhr an den Randstein. Meg warf einen Blick durch die Windschutzscheibe, um sich zu orientieren. Dann bedeutete sie dem Fahrer, in die Via Cavour einzubiegen. Sie bogen nach links, dann nach rechts, mussten umkehren und nahmen einige falsche Abzweigungen, doch als sie an der Via dei Serpenti vorbeikamen und sie einen Blick auf die Fassade der Kirche Santa Maria ai Monti erhaschte, wusste sie, dass die Stadt ihr erneut ihre Geheimnisse offenbarte.

Bronco hatte gerade die beiden englischen Damen verabschiedet, als ein Lichtblitz in der Nähe der Kirche seine Aufmerksamkeit erregte. Ein Taxi war auf die Piazza gebogen, und das Fenster der Beifahrertür hatte die Sonne reflektiert, als die Tür geöffnet worden war. Eine Frau stieg aus und kam auf ihn zu. Das Blut gefror in seinen Adern. Er konnte es nicht glauben. Sie war es tatsächlich.

Meg ging auf den Mann zu, der vor dem Hotel Montini

stand und sie anstarrte. *Ist er es wirklich?*, fragte sie sich. Der Mann, an den sie sich erinnerte, war schlank und auffallend attraktiv gewesen. Der Mann vor ihr hatte einen deutlichen Bauchansatz, ein trauriges Gesicht und sah aus, als würde er sich ganz und gar nicht wohlfühlen. Sein Blick schien wie von zahllosen Enttäuschungen gezeichnet. Alles, was von seiner einstigen Pracht übrig geblieben war, war sein üppiger Schnurrbart.

»Bronco?«, fragte Meg.

»*Sì*«, erwiderte Bronco.

»Sie werden sich vermutlich nicht mehr an mich erinnern«, fuhr Meg fort. »Ich habe vor langer Zeit einmal hier gewohnt. Vor beinahe zwanzig Jahren.«

Bronco wollte lachen und weinen zugleich. Sich an sie erinnern? Als hätte er sie jemals vergessen! Sie hatte ihn geküsst. Bloß ein einziges Mal, zum Spaß, vor ihrem frisch angetrauten Ehemann. Ihre Lippen hatten sich kaum eine Sekunde lang berührt, doch das war genug gewesen, um einen bleibenden Abdruck auf seiner Seele zu hinterlassen, auf den er keinerlei Einfluss gehabt hatte.

Bis zu diesem Moment war er der unumstrittene Casanova des Hotel Montini gewesen. Er hatte an jedem beliebigen Tag der Woche mit mindestens einem, manchmal aber auch mit zwei oder drei und an einem besonders denkwürdigen Tag sogar mit sieben – ja, *sieben* – weiblichen Gästen geschlafen, die ihn allesamt vergötterten.

Nachdem sie abgereist war, hatte er seine Liebeleien fortgesetzt, doch er hatte sich dabei immer öfter vorgestellt, mit der gertenschlanken Amerikanerin mit den goldenen Locken im Bett zu liegen. Selbst bei den seltenen Gelegenheiten, wenn er in der Dusche Hand an sich legen musste, um Erleichterung zu finden, hatte er sie vor sich gesehen, auch wenn er sich noch so sehr bemühte, an die vollbusige Brünette von Canale 5 zu denken.

Zuerst dachte er, es hätte etwas zu bedeuten. Womöglich saß sie am anderen Ende der Welt und dachte gerade in diesem Moment ebenfalls an ihn. Er überlegte, nach Amerika zu fliegen und sich auf die Suche nach ihr zu begeben. Er stellte sich vor, dass sie eines Tages zurückkommen würde. Er dachte lange Zeit an sie, aber er tat nichts, um sie wiederzusehen.

Monate vergingen, Jahre. Langsam legte er die alberne Vorstellung ab, dass sie wiederkommen würde. Sie hatte nie auch nur das geringste Interesse an ihm gezeigt. Sie war bloß ein Geschöpf seiner Fantasie und hatte nichts mit der Wirklichkeit zu tun. Es hätte also schon einiges an Magie bedurft, dass sie plötzlich wieder vor ihm stand.

Er ließ die Hoffnung ziehen und ging stattdessen eine Beziehung mit seinem geliebten *gelato* ein. Er hörte auf, eine zweite Portion der Pasta seiner Nonna abzulehnen, und er bekam breite Hüften und eine Glatze. Es dauerte zwanzig Jahre, ehe Bronco endlich seinen Frieden gefunden hatte.

Und nun stand sie hier vor ihm. Er hatte den Kampf gegen den *colpo d'aria* gewonnen, doch er hatte keine Ahnung, wie er das hier überstehen sollte.

»Ich glaube, ich kann mich an Sie erinnern«, erwiderte er und gab sich professionell und unbeteiligt. »Es waren Ihre Flitterwochen, *sì*?«

»Ja«, erwiderte Meg.

»Und der junge Signore – *allora*, der mittlerweile doch nicht mehr so junge Signore … wie geht es ihm?«

Meg schüttelte den Kopf. »Er ist fort.«

Es waren bloß drei Worte, doch Bronco sah, dass es ihr das Herz gebrochen hatte. Vermutlich war es ein tragischer Tod gewesen, nach langer Krankheit, in ihren Armen.

»Oh, das tut mir leid«, erwiderte er. »Sie haben sich nicht verändert, Signora.«

»Sie auch nicht«, meinte Meg.

»Danke für die Lüge«, sagte er. »Sie sind sehr gütig.«

»Bronco«, sagte sie. »Ich möchte Sie um einen Gefallen bitten.«

Wenige Minuten später standen sie in dem Zimmer, das Constance und Lizzie gerade verlassen hatten. Meg stellte ihre Gucci-Tasche auf dem ungemachten Bett ab und holte ein kleines, in Seidenpapier eingeschlagenes Päckchen hervor. Sie wickelte es aus, und zum Vorschein kam eine schimmernd blaue Fliese, die genau zu den Fliesen am Boden passte.

Plötzlich erinnerte sich Bronco, dass das der Grund gewesen war, warum sie ihn geküsst hatte. Sie hatte entdeckt, dass sich eine der Fliesen unter dem Teppich gelockert hatte und ihn gebeten, sie als Erinnerung behalten zu dürfen. Das war natürlich überhaupt nicht erlaubt, aber die Fliese befand sich unter dem Teppich, und es bestand die Möglichkeit, dass die Amerikanerin vielleicht mit ihm schlafen würde, auch wenn es ihre Flitterwochen waren, also erlaubte er es ihr.

»Signora«, sagte er. »Sie können die Fliese behalten. Sie müssen sie nicht zurückgeben.«

»Danke«, erwiderte Meg. »Aber ich brauche sie jetzt nicht mehr.«

Sie ließ den Blick auf der Suche nach der Stelle über den Boden schweifen, an der die Fliese fehlte. Bronco schlug den Teppich zurück, um sie ihr zu zeigen. Sie kniete sich nieder, legte den Schatz zurück an seinen Platz und bedeckte die Stelle wieder mit dem Teppich.

Es war schnell vorbei. Zu schnell.

Sie schlug den Teppich noch einmal zurück, um einen letzten Blick auf den Gegenstand zu werfen, der in den achtzehn Jahren, die er bei ihr verbracht hatte, drei verschiedene Leben geführt hatte: zuerst als Talisman, dann als Gerümpel, dem niemand mehr Beachtung schenkte, und schließlich als die *eine* mysteriöse Fliese, die aus einem Berg von Mustern ausgewählt worden war.

Kein Wunder, dass sie der Meinung gewesen war, diese Fliese wäre immens wichtig. Das war sie auch. Es war albern, einem seelenlosen Gegenstand die Schuld an ihrer derzeitigen Situation zu geben, aber wenn die Fliese nicht gewesen wäre …

Meg riss sich zusammen und bedeckte sie erneut mit dem Teppich.

Bronco streckte die Hand aus, um ihr aufzuhelfen. Es fühlte sich gut an, sie zu berühren, nachdem er sie all die Jahre verehrt hatte, aber es traf ihn nicht der Blitz, so wie er es sich vorgestellt hatte. Stattdessen empfand er nur leise Trauer.

Eine Stunde später saß Meg in der Business-Class-Lounge des Flughafens und sah den Arbeitern auf der Rollbahn zu, wie sie die Flugzeuge be- und entluden. Langsam begann sie, sich Gedanken über die Kinder zu machen und darüber, was, wann und wie sie es ihnen sagen sollte.

Plötzlich legte sich eine Männerhand auf ihre.

Sie wandte sich um und sah Alec, der auf der Armlehne des Stuhles neben ihr saß. Einen Moment lang dachte sie, er wäre bloß eine Einbildung.

»Was tust du da?«, fragte sie.

»Es tut mir leid«, erwiderte er.

»Ich dachte, du wärst mit Stephanie durchgebrannt.«

»Nein, bin ich nicht. Ich ...« Er brach ab und suchte nach einer Erklärung, die sie nicht sofort wieder auf die Palme bringen würde.

»Was?«, sagte sie.

»Ich liebe sie nicht«, erwiderte er und hatte es wieder einmal nicht geschafft.

Meg ließ den Blick durch den Raum schweifen. Sie sah überall hin, nur nicht in seine Richtung. Jetzt wusste sie mit Sicherheit, dass er bei ihr gewesen war. Und zu neunzig Prozent hatte er mit ihr geschlafen. Doch sie wusste auch, dass sie es dabei belassen musste. Wenn sie ihn nun ins Kreuzverhör nahm, würde sie nur wieder wütend werden und vollkommen in dem Verlangen aufgehen, sich an ihm zu rächen. Wenn sie eine zweite Chance haben sollten, dann musste sie diesen speziellen Aspekt seines Betrugs beiseitelassen. Hier und jetzt.

»Und?«, fragte sie.

»Ich komme zurück.«

»Du kommst zurück, weil du sie nicht liebst?«

»Ich komme zurück, weil ich *dich* liebe«, erwiderte er.

»Da hast du letzte Nacht aber etwas anderes gesagt.«

»Ich habe mich geirrt«, sagte er. »Ich war wütend. Ich dachte, ich meine es ernst, aber das habe ich nicht. Du kennst mich, ich bin ... ich weiß nicht, was ich bin.«

»Also hattest du recht, dass du sie nicht liebst, aber unrecht, dass du mich nicht liebst?«

»Ja.«

»Das reicht nicht.«

»Dann sag mir, was du willst.«

Meg sah aus dem Fenster. Sie spürte, wie ihr die Tränen in die Augen stiegen, aber sie war fest entschlossen, nicht zu weinen.

»Ich weiß es nicht«, sagte sie. »Ich weiß nicht, was notwendig ist. Ich weiß nicht, wie wir an diesen Punkt gelangen konnten.«

»Wir haben es vermasselt. Wir beide«, erwiderte er. »Wir haben aufgehört, einander etwas zu bedeuten. Wir haben aufgehört, den anderen als wichtig zu empfinden.«

»Vielleicht sollten wir die Sache endgültig beenden.«

Alec schwieg.

»Knapp zwanzig Jahre verheiratet zu sein ist hart«, sagte sie. »Und langweilig. Was, wenn wir uns weitere zwanzig Jahre streiten?«

Alec erhob sich von der Armlehne und setzte sich neben sie. Er senkte die Stimme. »Liebst du mich?«

Meg antwortete nicht, sondern sah bloß weiter aus dem Fenster.

»Meg, sieh mich an.«

Meg reagierte nicht. Sie hatte keine Ahnung, was mit ihr passieren würde, wenn sie ihn jetzt anschaute. Als Kompromiss wandte sie sich zumindest in seine Richtung und richtete den Blick auf die Lampe neben ihm.

»Liebst du mich?«

Sie nickte knapp und sah dann wieder aus dem Fenster.

»Dann lass es uns versuchen.«

Meg wandte sich zu ihm um, und dann sah sie ihm – zum ersten Mal seit sehr langer Zeit – direkt in die Augen. Er war sprachlos.

»Wie?«, sagte sie.

Er wusste es nicht genau. Aber er wusste, dass sie miteinander reden mussten. Und er wusste, dass das, was sie einander zu sagen hatten, länger dauern würde als der ohnehin lange Flug zurück nach Los Angeles. Er wusste, dass die Kinder, die Arbeit und der Alltag sofort das Kommando übernehmen würden, sobald sie zu Hause waren, und dass ihre einzige Chance darin bestand, genau das nicht zuzulassen.

»Wir müssen irgendwohin«, sagte er.

»Wohin denn?«

Er wusste es nicht.

»Wohin?«, fragte sie erneut.

Und plötzlich wusste er es.

28

Die Anziehungskraft blauer Fliesen

»[…] der dich, den Fixpunkt, recht umkreist,
und, wo er aufbrach, enden muss.«

JOHN DONNE, EIN ABSCHIED:
MIT DEM VERBOT ZU TRAUERN

Lizzie beschimpfte die Angestellte der Fluglinie hinter dem Schalter der ersten Klasse, und Constance stand mit einer riesigen, runden Sonnenbrille neben ihr und sah damit aus wie ein gigantisches Insekt. Sie hatte vergessen, eine Sonnenbrille einzupacken, also hatte Lizzie den kleinen Marco aus dem Hotel Montini losgeschickt, um eine zu besorgen. Leider war sein Geschmack jedoch nicht so ausgefeilt, wie Constance gehofft hatte. Trotzdem war die Brille um einiges besser als die roten, geschwollenen Augen, durch die sie kaum etwas erkennen konnte, also beschwerte sie sich nicht.

»Jetzt hören Sie mir mal ganz genau zu«, meinte Lizzie gerade zu der Angestellten mit der Hakennase und griff dabei auf ihre furchteinflößendste britische Adelsstimme zurück. »Ihre zweifellos hilfreichen Vorschläge interessieren mich nicht. Ich brauche zwei Tickets nach London und bestehe darauf, dass Sie uns auf den nächsten Flug buchen. Oder den übernächsten.«

»Aber Signora«, erwiderte die hakennasige Angestellte und klang wie die Vernunft höchstselbst. »Sie haben keinen Flug gebucht.«

»Dann buchen Sie uns *jetzt* einen«, erwiderte Constance, als hätte die Frau ihnen nicht bereits fünf Mal erklärt, dass sämtliche Flüge nach London ausgebucht waren. Lizzie hätte sich sogar dazu herabgelassen, in der Business Class zu fliegen, doch auch das hatte zu nichts geführt.

»Aber Signora …«, begann die Hakennase von Neuem.

Lizzie warf einen Blick auf Constance und bemerkte, wie blass diese mittlerweile war. »Setz dich irgendwohin, mein Mädchen«, sagte sie. »Und mach dir keine Sorgen, furchteinflößende alte Schachteln bekommen immer, was sie wollen.«

Constance war noch nie so dankbar für Lizzies herrische Ader gewesen. Sie ließ sich auf einer ungemütlichen Plastikbank nieder und sah zu, wie die Welt an ihr vorbeizog, während Lizzie ihre Wünsche mehreren Mitarbeitern der British Airways vortrug, die nacheinander versuchten, sie zu beschwichtigen. Nachdem sie sogar gedroht hatte, ihren (natürlich frei erfundenen) Cousin Lord Fairnsworth zu veranlassen, die Fluglinie aus dem Handelsregister zu streichen, gab sie schließlich auf und wandte sich an eine weitere Fluglinie, die London ebenfalls anflog.

Eine halbe Stunde später trat sie aus der Schlange, die sich mittlerweile hinter dem Schalter gebildet hatte, und ließ sich neben Constance auf die Bank sinken. »Offensichtlich«, begann sie, »bekommen furchteinflößende alte Schachteln doch nicht immer das, was sie wollen. Der früheste Flug geht morgen. Tut mir leid.«

»Es ist diese Stadt, Lizzie«, erwiderte Constance lächelnd. »*Rom*. Gerade wenn man denkt, man wäre fertig mit ihr, erkennt man, dass sie noch einiges mit einem vorhat.«

Sie kehrten ein wenig mitgenommen ins Hotel Montini zurück. Bronco war nirgends zu sehen, aber der kleine Marco saß hinter der Rezeption und war vollkommen in ein Videospiel versunken. Constance stand bereits direkt vor ihm, als er endlich den Blick vom Bildschirm hob. Sein Gesicht hellte sich auf.

»Contessa!«, rief er. »Ich dachte, Sie sind nach Hause gefahren?«

Hinter ihr schleppte Lizzie ihr Gepäck ins Foyer.

»Ja, das dachte ich auch, Marco«, erwiderte Constance. »Aber jetzt hätte ich gerne unser Zimmer wieder.«

»Es tut mir leid, Contessa«, antwortete Marco. »Das ist mittlerweile belegt. Aber das Zimmer daneben ist noch frei. Es sieht beinahe gleich aus.«

»Unser Zimmer wurde schon vergeben?«, fragte Constance. »Aber an wen denn?«

In dem Zimmer mit den blauen Fliesen saß August nackt auf dem Bett. Er strich das Laken glatt, das ihn bis zur Hüfte bedeckte, und hauchte in seine Hand. Er hatte zwar nicht gerade Mundgeruch, roch aber auch nicht nach frischer Minze. Er überlegte gerade, ob er noch einmal aufstehen und sich die Zähne putzen sollte, als Alice nur mit einem Handtuch bekleidet aus dem Badezimmer trat.

Sein Gehirn war plötzlich wie leergefegt. Hätte ihm in diesem Moment jemand eine Million Pfund dafür angeboten, dass er ihm sagte, wie viel eins plus eins war, hätte er es nicht fertiggebracht, mit »zwei« zu antworten.

Seine Lippen verzogen sich zu einem seltsamen, schiefen Grinsen, und Alice warf ihm als Antwort ein kurzes, nervöses Lächeln zu. Sie trat ans Bett; er nahm ihre Hand und zog sie sanft zu sich. Sie lagen nebeneinander und sahen sich an, und nur das Laken und das Handtuch befanden sich noch zwischen ihnen. Er atmete mittlerweile flach und schnell und hielt den Blick auf ihre Halsschlagader gerichtet, die deutlich pulsierte. Sie ließ ihren Finger über sein Kinn und seinen klugen, schelmisch verzogenen Mund gleiten. Dann zog August in einer schnellen, fließenden Bewegung das Laken unter Alice hervor, beugte sich über sie und schob gleichzeitig das Handtuch fort, sodass sie einander endlich nackt sahen.

August vergrub den Kopf in ihrem Nacken und kicherte leise. Er schaffte es nicht einmal mehr, einen dritten Kuss auf ihr Schlüsselbein zu drücken, bevor sie beide sämtliche Zurückhaltung fallen ließen und sich ihre Körper endlich aneinanderpressten.

In der Zwischenzeit hatte Marco Constance und Lizzie im Zimmer nebenan untergebracht, das sie bei ihrer ersten Ankunft im Hotel verschmäht hatten, während Bronco aus einem Notfallschläfchen erwacht war und nun wieder hinter der Rezeption saß. Als er aufblickte, sah er Meg, die gerade ins Hotel zurückkehrte. Dieses Mal mit Alec.

Bronco legte eine Hand auf die Stirn, um seine Temperatur zu fühlen. Es ging ihm gut. Er hatte von einer Gelateria in der Nähe der Fontana di Trevi gehört, in der es Grüntee-Eis gab, und er beschloss, sich heute noch eine Kugel davon zu gönnen und sich an diesen Vorsatz zu klammern, um den neuerlichen Horror zu überstehen, der sich hier gerade anbahnte.

War das dort ihr toter Ehemann oder irgendein neuer Kerl? Seine Intuition als langjähriger Hotelangestellter sagte ihm, dass es der tote Ehemann war – nun, offensichtlich war er doch nicht so tot wie erwartet.

»Signora!«, rief Bronco und zauberte ein Lächeln auf seine Lippen. »Und Signore!«

»Bronco!«, begrüßte ihn Meg.

Bronco warf einen Blick auf Alec. »Sie sind zurück!«, erklärte er. Dann wandte er sich an Meg. »Er ist zurück!«

»Ja, ich bin zurück«, erwiderte Alec und erkannte, dass das hier tatsächlich der Mann war, der vor achtzehn Jahren seine Braut geküsst hatte. Er fragte sich kurz, warum das Leben ihm wohl so übel mitgespielt hatte.

»Ist unser altes Zimmer noch frei?«, fragte Meg.

»Es tut mir leid, es wurde gerade vergeben«, antwortete Bronco. »Aber das Zimmer daneben sieht beinahe gleich aus.«

In diesem Moment tauchte der kleine Marco auf. Er brachte Meg und Alec in ein Zimmer, das ihrem ehemaligen Zimmer tatsächlich sehr ähnelte, außer dass die Fliesen rot waren. Marco war mehr als begeistert über das Trinkgeld, das er erhielt, und sprach seinen beiden amerikanischen Gästen großes Lob und ehrlichen Dank aus. Die überschwängliche Art des Jungen brachte Meg zum Lächeln. Alec konnte sich nicht erinnern, wann er seine Frau das letzte Mal so unbeschwert hatte lächeln sehen.

Marco verschwand, und Meg blieb unschlüssig neben dem Gepäck stehen. Die Vorstellung, dass sie nun bald ihre gesamte Beziehung zerlegen würden, überforderte sie, und sie wollte sich bloß aufs Bett legen und so tun, als wären die letzten achtundvierzig Stunden nie passiert.

Jetzt, wo sie endlich die Zeit hatten, miteinander zu reden

und auch am richtigen Ort dafür angekommen waren, fiel Alec nichts mehr ein, was er hätte sagen können, außer »Es tut mir leid« und »Lass es uns noch einmal versuchen«. Wobei er beides schon gesagt hatte.

Sie waren übereingekommen, sich ihren Problemen gemeinsam zu stellen, doch nun standen sie dieser riesigen und ehrgeizigen Aufgabe plötzlich vollkommen unfähig gegenüber.

Alec öffnete die Terrassentür, trat an die Balustrade und sah hinunter auf die Piazza. Einige Musiker bauten gerade ihre Instrumente auf den Stufen des Springbrunnens auf. Ein murrendes Mädchen ließ einige Notenständer fallen. Ein junger Mann, der sich gerade mit einem Kontrabass abmühte, hielt inne und kam ihr zu Hilfe. Jemand trat neben Alec, und er erkannte, dass es Meg war. Er verspürte das plötzliche Verlangen, den Arm um sie zu legen, aber er hatte Angst, dass es zu anmaßend gewesen wäre.

»Ist es in Ordnung, wenn ich …?«, er brach ab. »Darf ich den Arm um dich legen?«

Meg zuckte zusammen. Das war die traurigste Frage, die er ihr je gestellt hatte.

»Ich weiß nicht, warum ich …« Sie hielt inne.

»Was?«, fragte er.

»Warum ich mich so verhalte, wie ich mich eben verhalte«, erwiderte sie.

Im Lauf der Jahre hatten Alec die Eskapaden seiner Frau immer wieder zur Weißglut gebracht, doch er hatte nie großartig darüber nachgedacht, was der Grund für ihr Verhalten war.

Jetzt, wo er auf die jungen Musiker hinuntersah, erkannte er plötzlich, dass er sich während ihres gemeinsamen Lebens ein Bild von ihr und ihrer Persönlichkeit gemacht hatte, das ihm bei der Antwort auf die Frage, warum sie sich so verhielt, eine große Hilfe sein konnte.

Meg war zusammen mit vier älteren Brüdern auf einer Farm im australischen Outback aufgewachsen, die größer war als so manches europäische Land. Ihre Brüder waren groß gewachsene, selbstbewusste Jungen, und auch wenn sie ihre Schwester aufgrund ihrer Schönheit verehrten, gestanden sie ihr nicht zu, auch in der Landwirtschaft ihren Beitrag zu leisten. Zuerst hatte Meg versucht, so zu sein wie sie. Sie hatte Kühe zusammengetrieben und Zäune repariert, doch ihre Brüder waren größer, stärker und älter und deshalb natürlich auch effektiver, was die Arbeit auf der Farm betraf. Also beschloss Meg, besonders klug, witzig und ausgefallen zu sein.

Alec erinnerte sich, wie sie in den Anfängen ihrer Beziehung nach Australien gereist waren. Ihm war aufgefallen, wie sehr Meg sich bemühte, ihre Familie zum Lachen zu bringen, zu strahlen und die gesamte Aufmerksamkeit auf sich zu ziehen. Damals hatte er sie in den Arm nehmen und ihr ins Ohr flüstern wollen, dass sie es nicht nötig hatte, jemanden zu beeindrucken.

Und dennoch beeindruckte sie *ihn*. Nur Gott allein wusste, wie sehr. Sie war so witzig und wunderschön, klug und einfach fantastisch. Er war hinter ihr her gewesen, wie er noch nie hinter etwas her gewesen war. Er kümmerte sich nicht mehr um seine Karriere oder Geld oder darum, wo er wohnte – sie war alles für ihn. Sie war alles, was er brauchte. Doch das war nicht gut.

Sobald er sie an sich gebunden hatte, erkannte er allmählich, dass er sich nicht von einem einzigen Menschen derart verzaubern lassen und zulassen durfte, dass sich sein Leben nur mehr um sie drehte. Und im Lauf der Jahre ließ er sie diese Erkenntnis durch kleine Gesten immer wieder spüren. Ein verhaltenes Lächeln. Ein wütend verzogener Mund. Ein kurzes, aber entnervtes Blinzeln. Meg bemerkte es und reagierte pflichtschuldig darauf, indem sie noch dramatischer, noch ausgefallener und noch bezaubernder wurde. Je mehr er sich zurückzog, desto mehr bemühte sie sich.

Mein Gott, dachte er. *Ich habe uns an diesen Punkt gebracht.*

»Es ist meine Schuld«, sagte er.

Meg wandte sich zu ihm um. Sie war sich nicht sicher, was er meinte.

Alec hingegen wusste genau, was er meinte: Er hatte Megs Familie dafür verachtet, dass sie Meg so hart für ihre Liebe schuften ließen. Und nun hatte er erkannt, dass er genau dasselbe getan hatte.

»Es tut mir leid«, sagte er.

»Ich denke, wir sind darüber hinaus, uns beieinander zu entschuldigen«, erwiderte Meg.

»Nein«, sagte er. »Ich will dir unbedingt sagen, wie leid es mir tut.«

Meg sah hinunter auf die Piazza.

»Mir tut es auch leid«, sagte sie.

Lizzie hatte Gurkenscheiben für Constances Augen organisiert, die sich langsam wieder ein wenig erholten. Mittlerweile hatten sich die beiden alten Damen in ihrem grün gefliesten Zimmer zur Ruhe begeben. Sie dösten vollkommen erschöpft vor sich hin, schliefen ein und wachten immer wieder auf, als würden sie bloß darauf warten, dass der Wecker zu läuten begann oder es an der Tür klopfte.

Constance drehte sich zur Seite, die Gurkenscheiben fielen herunter. Sie betrachtete Lizzie, die auf dem Rücken lag, zur Decke hochstarrte und immer wieder blinzelte.

Langsam wurden die Zeitabstände zwischen dem Blinzeln immer länger, und irgendwann blieben ihre Augen geschlossen. Constance hielt den Blick auf Lizzies Brust gerichtet, die sich langsam hob und senkte, und dachte gerade, wie dankbar sie war, dass zumindest eine von ihnen Schlaf fand, als draußen auf der Piazza ein Orchester zu spielen begann.

Lizzie öffnete die Augen und lauschte. Das Orchester spielte nicht sonderlich laut und auch nicht sonderlich gut. Es schien, als versuchten sie sich an Haydn. Sie wandte sich an Constance, die sie anlächelte. Ohne viele Worte standen sie auf und gingen auf die Terrasse, um einen Blick auf die Musiker zu werfen. Als sie ins grelle Licht trat, kehrte Constance noch einmal um, um ihre Sonnenbrille zu holen.

Lizzie blickte hinunter zu den Musikern und war ihnen mit einem Mal freundlicher gesinnt. Es war in Wahrheit gar kein Orchester, sondern ein erweitertes Streichquartett: drei Violinen, ein Cello und ein Kontrabass. Die Musiker waren allesamt Teenager, die sich tapfer mit ihren Instrumenten und der Musik abmühten. Der arme Junge mit dem Kontrabass sah so aus, als hätte er Angst, dass ihm dieser jeden Moment aus den Armen rutschen würde.

Constance tauchte erneut neben Lizzie auf und betrachtete das Spektakel durch die Gläser ihrer riesigen Sonnenbrille. In diesem Moment entdeckten sie einen Mann mit einem großen Strauß burgunderroter Rosen, der sich den Weg durch die Menge bahnte.

»Ist das etwa Horatio?«, fragte Constance und bemühte sich, ihn besser zu sehen.

Lizzie hatte ihn sofort wiedererkannt. Er wollte sie zum Tee ausführen, so wie sie es gestern Abend vereinbart hatten.

Constance wandte sich an Lizzie und sah, dass diese ein

wenig aus der Fassung geraten war. Horatio blickte zur Terrasse hoch und sah die beiden. Er winkte, und sie winkten zurück. Lizzie fühlte sich albern und peinlich berührt. Außerdem hatte sie Angst, dass Constance sie mit ihrem Adlerblick sofort durchschauen würde.

»Wir haben uns noch einmal verabredet«, erklärte Lizzie.

»Das muss ja ein tolles Abendessen gewesen sein«, meinte Constance trocken.

»Ach, hör auf damit«, erwiderte Lizzie.

Constance lächelte.

»Ich habe ihm eine Nachricht an der Rezeption hinterlassen, als wir heute Morgen weggefahren sind«, erklärte Lizzie. »Darin steht, dass ich dringend abreisen musste.«

»Aber jetzt bist du doch da«, bemerkte Constance.

»Ich weiß, und jetzt denkt er sicher, ich wollte ihn sitzen lassen«, erwiderte Lizzie.

»Ihn *sitzen lassen*? Wie alt sind wir? Sechzehn?«, fragte Constance.

»Du solltest dich hüten, dich über mich lustig zu machen. Vor allem, während du diese alberne Sonnenbrille trägst, mit der du aussiehst wie eine riesige Fliege.«

»Und du solltest besser dein hübsches Näschen pudern und deinen Hintern runterschwingen«, erwiderte Constance und zwinkerte ihr hinter den getönten Gläsern hervor zu.

»Hast du mir gerade zugezwinkert?«

»Ich zwinkere nie.«

»Du musst mitkommen«, meinte Lizzie. »Horatio freut sich sicher, dich zu sehen.«

»Jetzt lass uns einmal eines klarstellen«, entgegnete Constance. »Ich komme ganz sicher nicht mit dir mit. Hier bist du auf dich allein gestellt, mein Mädchen. Und jetzt geh.« Sie deutete auf die Tür und befahl in ihrer besten und furchteinflößendsten Piratenstimme: »Geh!«

Im Zimmer nebenan lagen August und Alice mit vor Schweiß glänzender Haut auf dem Bett. Alice studierte die verschiedenen Rosa-Töne, die das Licht in das Innere von Augusts Ohr zauberte, während August zur Decke starrte und sich fragte, ob der Verputz wohl alt genug war, um Pferdehaare zu enthalten.

Alice spielte kurz mit dem Gedanken, sich ein wenig zu bedecken, doch die Hindernisse schienen unüberwindbar. Das Handtuch steckte zwischen der Matratze und dem Kopfteil des Bettes, und das Laken war auf Augusts Seite zu Boden gefallen. Sie hätte sich über ihn beugen müssen, wenn sie eines von beiden hätte erreichen wollen, doch sie war ganz und gar unfähig, sich auch nur einen Millimeter zu bewegen. Plötzlich erklang unten auf der Piazza Musik.

»Musik«, flüsterte Alice August ins Ohr, obwohl er es mit Sicherheit selbst hörte. Sie beobachtete, wie sich kleine Fältchen um seine Augen bildeten, als er lächelte. Er setzte sich auf und stieg aus dem Bett, wobei er sich das Laken um die Hüfte schlang, bevor er auf die Terrasse ging.

»Hey!«, protestierte sie.

Doch August verschwand vollkommen unbeeindruckt durch die Balkontür.

Alice ging davon aus, dass sie ihm folgen sollte. Sie rollte sich wie ein Soldat zur Seite, setzte die Füße auf den Boden und wollte gerade einen Satz nach vorn machen, als sie mit dem Zeh am Teppich hängen blieb. Sie stolperte, und als ihr Knie auf dem Teppich auftraf, hörte sie ein lautes Knacken. Sie hoffte, dass es nicht ihre Kniescheibe gewesen war. Alice untersuchte ihr schmerzendes Knie, fand jedoch zum

Glück keine ernsthaften Verletzungen. Dann schlug sie den Teppich zurück und sah, dass sich eine der Fliesen gelockert hatte.

Sie wickelte sich das Handtuch um den Körper und humpelte mit der Fliese hinaus auf die Terrasse.

»Sieh dir das an«, sagte August und lehnte sich über die Balustrade, um hinunter auf die Piazza zu blicken. Alice stellte sich neben ihn.

»Ein Orchester«, sagte sie.

»Nein, nicht das. Die beiden dort drüben«, erwiderte August und deutete auf einen alten Mann, der einer alten Frau gerade einen riesigen Strauß rote Rosen überreichte und ihre Hand küsste.

»Mein Gott, wie süß«, meinte Alice. »Ich wette, sie sind schon seit mindestens fünfzig Jahren zusammen.«

August wandte sich an Alice und sah, dass sie eine kleine Fliese in der Hand hielt.

»Du weißt nicht zufällig, was wir hiermit machen können, oder?«, fragte sie und gab sie ihm.

»Aber klar doch«, erwiderte er und wollte die Fliese – als Scherz und ohne weiter darüber nachzudenken – über der Piazza in die Luft schleudern. Im letzten Moment erkannte er jedoch, dass der kleine Gegenstand aufgrund der Höhe zu einem gefährlichen Geschoss werden konnte, und so drehte er sich auf dem Absatz herum und schleuderte die Fliese in die andere Richtung, nämlich auf das Dach hinter ihnen.

Er hatte vorgehabt, Alice mit seiner Spontaneität und einer verrückten Heldentat zu beeindrucken, doch er bereute seine Aktion in dem Moment, als die blaue Fliese in hohem Bogen durch die Luft segelte. Sie schaffte es beinahe übers Dach, doch dann prallte sie gegen den Kamin, landete auf den Dachziegeln und fiel polternd nach unten. Sie hörten, wie sie mit einem dumpfen Schlag einen Gegenstand auf der Nachbarterrasse traf, den sie jedoch nicht sehen konnten, da diese durch eine mit Weinreben überwucherte Mauer von ihnen getrennt war. Alice boxte August in den Arm.

Constance hatte gerade Lizzie und Horatio zugewinkt, die zum Tee aufgebrochen waren, als sie hörte, wie ein Gegenstand hinter ihr auf der Terrasse landete. Sie trat zu dem Tontopf mit dem kleinen Zitronenstrauch, und ihr Blick fiel auf die blaue Fliese, die in der Erde steckte. Ein Vierteljahrhundert war vergangen, seit sich diese Fliese in ihrem Besitz befunden hatte, aber sie erkannte sie sofort wieder.

29

Der Traum

»Es gibt mehr Ding' im Himmel und auf Erden,
Als Eure Schulweisheit sich träumt, Horatio.«

WILLIAM SHAKESPEARE, HAMLET

Das menschliche Genom enthält sämtliche Informationen, die seinen Träger ausmachen. Diese Informationen sind in verschiedenen DNA-Sequenzen in den dreiundzwanzig Chromosomenpaaren der Zellkerne und in einem winzigen DNA-Molekül kodiert, das in den Mitochondrien zu finden ist. Insgesamt gibt es über drei Milliarden Basenpaare, doch der Unterschied, der jeden einzelnen Menschen ausmacht, beläuft sich dabei lediglich auf 0,1 Prozent. Weitere Unterschiede kämen natürlich durch das Spleißen der prä-mRNA zutage, doch ohne zu sehr ins Detail zu gehen, gibt es bei der ganzen Sache einen wichtigen Punkt: Egal, welche Rasse, welche Hautfarbe, welches Glaubensbekenntnis und welchen Kreditrahmen ein Mensch hat, er gleicht seinen Mitmenschen – mehr oder weniger – zu 99,9 Prozent.

Alle Menschen sind also im Prinzip gleich, und manche ähneln einander sogar noch mehr als andere, denn sie teilen Kombinationen von Gensequenzen, die unheimlicherweise über Generationen hinweg unverändert bleiben. Und so war es auch bei Alice, Alec und Constance.

Hätten sich die Mauern zwischen den Hotelzimmern des Hotel Montini plötzlich auf wundersame Weise in Luft aufgelöst, hätte sich Alice vielleicht nach rechts gewandt und Alec, den Bruder ihrer Mutter, und ihre ausgelassene australische Tante Meg entdeckt. Sie hatte die beiden seit einer Thanksgiving-Feier in ihren frühen Teenagerjahren nicht mehr gesehen, als ihre Mutter in gedämpftem Tonfall gemeint hatte, Onkel Alec habe die Architektur an den Nagel gehängt, um »Ladenbesitzer« zu werden. Seit damals war das Verhältnis ein wenig unterkühlt, und ihr Kontakt beschränkte sich auf das jährliche Versenden von Weihnachtskarten.

Hätte Alice sich nach links gewandt, hätte sie womöglich auch Constance, die Schwester ihres Großvaters, wiedererkannt. Sie hatte ihre Großtante nur wenige Male getroffen, als sie noch ein Kind gewesen war, doch ihre Mutter betonte die Verbindungen ihrer Familie zum englischen Adel, wann immer sich in einem Gespräch die Gelegenheit dazu bot. Constance war ein hochangesehenes Familienmitglied, wenn es darum ging, den Gesprächspartner mit alten Geschichten zu beeindrucken.

Der Grund, warum ich die drei auf der Dachterrasse des Hotel Montini zusammengebracht hatte, war schlicht und einfach, dass ich dadurch meine Arbeit effizienter erledigen konnte. Wenn man wie ich ein Spezialist für Herzensangelegenheiten ist, spielt sich ein Großteil der Arbeit auf mikrokosmischer Ebene ab. Es bringt einen ein ganzes Stück weiter, wenn man von Anfang an mit gleichen Wellenlängen arbeitet. Es ist essenziell, Allianzen mit bestimmten Bakterienkolonien einzugehen und sich die Hilfe mancher, manches Mal auch hinderlicher, Viren zu sichern. In der Welt menschlicher DNA können wahre Wunder vollbracht werden.

Was mich betrifft, ist es einfach leichter, mit Menschen zu arbeiten, die über dieselben DNA-Sequenzen verfügen, in etwa so, als würde ein Mechaniker mehrere Autos derselben Marke reparieren. Trotzdem habe ich in all den Jahren herausgefunden, dass unter solchen Umständen auch oft der Zufall eine Rolle spielt.

So war zum Beispiel die Tatsache, dass Constance die blaue Fliese in die Hand nahm, die in der Erde ihres Zitronenbaumes steckte, eine von Millionen möglichen Konsequenzen des Umstandes, dass August die Fliese in die Luft geschleudert hatte. Aber zufälligerweise war es genau die richtige.

Constance hielt das kleine blaue Rechteck in der Hand und hätte schwören können, dass es sanft vibrierte. Sie fragte sich, ob es wohl ein Omen war. War die Fliese aus einem bestimmten Grund zu ihr zurückgekehrt? Sollte sie sie einpacken und mit nach London nehmen?

Sie hatte die Fliese damals als Glücksbringer mitgenommen, und sie hatte ihr in jedem Fall Glück gebracht. Aber auch einiges an Ärger. Die Jahre, in denen sich die Fliese in Constances Besitz befunden hatte, waren die turbulentesten ihres Lebens gewesen. *Nein*, dachte sie, *ich habe schon genug spannende Zeiten erlebt.*

Also ging sie durchs Zimmer, trat hinaus in den Flur und klopfte an die Tür des Zimmers mit dem blauen Fliesenboden. Niemand antwortete. Ohne nachzudenken, legte sie die Hand auf den Türknauf und drehte ihn. Die Tür sprang auf. Constances Blick fiel auf das zerwühlte Bett, und sie rief leise: »Hallo?«

Sie bekam auch dieses Mal keine Antwort, aber sie sah, dass der Teppich neben dem Bett über der Stelle, an der die Fliese fehlte, zurückgeschlagen war. Sie trat ins Zimmer und beugte sich vorsichtig hinunter, um sie wieder an ihren Platz zu legen.

Sie empfand dieselbe tiefe Befriedigung wie jemand, der gerade das letzte Teil eines riesigen Puzzles an seinen Platz gelegt hat, und richtete sich langsam wieder auf. In diesem Moment hörte sie, dass jemand von der Terrasse kam. Sie überlegte einen Moment, ob sie bleiben und ihre Anwesenheit erklären sollte, doch dann erkannte sie, dass die Wahrheit wohl zu verrückt geklungen hätte. Also eilte sie auf die Tür zu und wäre beinahe rechtzeitig hinausgeschlüpft, als eine männliche Stimme erklang. »Kann ich Ihnen helfen?«

Constance wandte sich um und sah einen in ein weißes Laken gehüllten jungen Mann, der aussah wie ein antiker römischer Senator, der sich dringend einen neuen Schneider suchen musste.

»Tut mir leid, ich habe mich wohl im Zimmer geirrt«, antwortete sie und schloss schnell die Tür hinter sich.

Als August schließlich die Tür öffnete, um den Flur hinauf- und hinunterzusehen, war Constance schon wieder in ihrem eigenen Zimmer verschwunden. Alice tauchte hinter ihm auf und fragte, was er da tat. Er wollte ihr gerade von der mysteriösen alten Frau erzählen, als ihm plötzlich der Gedanke kam, dass sie womöglich ausgeraubt worden waren. Er bat Alice, in ihrem Rucksack nachzusehen, ob etwas fehlte, was sie auch tat, doch es schien noch alles da zu sein. Sie wandte sich zu ihm um, um ihn wegen seiner Paranoia aufzuziehen, als ihr Blick auf die Stelle am Boden fiel, an der die doch eigentlich fehlende Fliese plötzlich wieder lag. Sie schob sie mit dem Zeh zur Seite.

»Sie ist zurückgekommen«, erklärte sie naturgemäß einigermaßen erstaunt.

»Wie bitte?«, fragte August.

Sie hob die Fliese hoch und betrachtete sie fasziniert. »Hier«, sagte sie. »Das ist die Fliese, die du über das Dach geschleudert hast.«

Seine Lippen verzogen sich zu einem Lächeln, doch am meisten lächelten seine Augen.

»Ich weiß, das ist unmöglich«, sagte sie. »Aber es stimmt.«

Und so begannen sie eine lange und frustrierende Debatte, in der Alice August zu überzeugen versuchte, dass das Unmögliche nicht nur möglich, sondern gerade eben geschehen war.

Meg und Alec standen auf der Terrasse des Zimmers mit den roten Fliesen und sahen den jungen Musikern unter ihnen dabei zu, wie sie sich mit Haydn abmühten. Meg war es gewöhnt, den Raum zwischen sich und Alec mit Geplapper und Sticheleien zu füllen, mit allem, was ihr einfiel. Die Arbeitsteilung, die sie sich über die Jahre angeeignet hatten, sah genau das als ihre Aufgabe vor. Doch nun schwieg sie. Sie wollte ihren Mann damit nicht unter Zugzwang bringen oder ihn zwingen, die Führung in dem bevorstehenden Gespräch zu übernehmen, sie war schlicht und einfach ausgebrannt. Sie war innerlich leer, abgesehen von der schrecklichen Vorahnung, dass es womöglich keine Zukunft für sie und Alec gab und dass die Fähigkeit zur Vergebung, die sie beide in sich trugen und die notwendig war, um weiterzumachen, vielleicht nicht ausreichen würde.

Sie hörten jemanden auf der Nachbarterrasse. Es war

eine junge Frau. Alec kam ihre Stimme irgendwie bekannt vor, aber er konnte sie nicht richtig zuordnen.

»Es ist mir egal, was du denkst«, sagte sie. »Ich behalte sie.«

Eine tiefe Männerstimme erklang, doch sie verstanden nicht, was er sagte.

Dann meinte die junge Frau: »Als Glücksbringer. Ich behalte sie als …«

Die Frau brach ab, und Meg und Alec nahmen beide – korrekterweise – an, dass der Mann sie in diesem Moment küsste.

Alec sah auf die Piazza hinunter, und sein Blick fiel auf die Hand seiner Frau, die neben ihm lag.

»Ich weiß nicht, ob wir es schaffen, je wieder glücklich zu werden«, sagte sie.

»Ich will nicht glücklich sein«, erwiderte er, und in diesem Moment packte ihn eine unerschütterliche, endgültige und unerwartete Erkenntnis, die ihn bis ins Mark schockierte.

Ich will dich.

Er wusste, dass das immer so bleiben würde und dass er einen Weg zu ihr zurückfinden würde. Er ließ seinen kleinen Finger über die kalte Steinmauer gleiten, bis er ihre Hand berührte, und war dankbar, dass sie sie nicht zurückzog.

Constance stand an der Balustrade. Die aufsteigende Musik war wohlklingend genug, um eine beruhigende Wirkung zu entfalten. Sie schloss die Augen und stellte sich vor, dass Henry neben ihr stand. Nach einer Weile spürte sie ihn, seine Wärme und den Körper, der sich an sie drückte. Er hatte vor seinem Tod zu ihr gesagt, dass zwar die Menschen gingen, die Liebe jedoch blieb. Jetzt spürte sie, dass er recht gehabt hatte. Sie legte ihren Kopf auf Henrys Schulter und war sich sicher, dass er ihr Gewicht trug.

Nicht weit entfernt von Constance standen Alice und August in derselben Stellung nebeneinander, und nicht weit von ihnen taten es auch Alec und Meg ihnen nach.

Drei Paare, die sich der Ruhe hingaben, den einzelnen Noten und der Stille dazwischen lauschten, nichtsahnend voneinander und doch miteinander verbunden – am Beginn, in der Mitte und am Ende ihrer Liebe.

Einiges davon war mein Werk. Anderes nicht. Nikola Tesla, Ingenieur, Visionär und verrückter Wissenschaftler, behauptete immer wieder, dass es im Leben bloß um Energie, Frequenz und Vibration geht. Die Parameter dessen, was erreicht und nicht erreicht werden kann, sind riesig und die Variablen unendlich. Und manchmal kommt es zu Ereignissen, die nicht einmal ich vorhersehen oder planen kann, und diese überraschen dann sogar mich.

Es kommt vielleicht nicht unmittelbar dazu. Möglicherweise dauert es einige Jahre …

Epilog:
Drei Jahre später

Alice schreckte aus einem Traum auf, in dem sie den falschen Mann geheiratet hatte, und strampelte sich panisch aus den Laken. Sie versuchte aufzuwachen, doch ihr Traum hielt sie fest wie eine Schraubzwinge, so tödlich wie ein Anker, der sie zurück in die düsteren Tiefen des Schlafes zog. Sie drehte ihren Kopf hektisch in Richtung des schlafenden Umrisses neben sich. Dieser gab einen Laut von sich, der irgendwo zwischen einem Schnarchen und einem Stöhnen lag, und rollte sich zur Seite.

Er war der Falsche! Alice sprang aus dem Bett und stolperte drei Schritte zurück. Die Dielen unter ihren Füßen knarrten verräterisch. Sie sah sich nach einer Fluchtmöglichkeit um, doch die Tür war nicht dort, wo sie hätte sein sollen. Ihr Blick fiel auf einen kobaltgelben Farbklecks auf der anderen Seite des Zimmers und kurz darauf auf die Leinwand, auf der er sich befand, und in diesem Moment wachte sie zum Glück auf.

Adrenalin füllte das Vakuum, das die Angst hinterlassen hatte. Sie hatte nicht den falschen Mann geheiratet, sie lebte das falsche Leben. Nein, nicht das falsche Leben. Ein *anderes* Leben. Ein Leben, das sich vollkommen von jenem, das sie gerade in ihrer Traumwelt gelebt hatte, unterschied. Sie wischte sich mit dem Handrücken den Schweiß von der

Stirn. Licht drang durch die Schlitze der Fensterläden: *Gratuliere, du hast einen weiteren Tag gewonnen.*

In dem dämmrigen Tageslicht, das in Streifen ins Zimmer fiel, setzte Alice langsam die Realität wieder zusammen. Das hier waren ihre Leinwände und ihre Bilder, versicherte sie sich. Es waren ihr Atelier und ihr Ehemann. Sie ging in die winzig kleine Küche, hielt ein mit Farbe bespritztes Glas unter den Wasserhahn und drehte ihn auf. Der Hahn gab ein protestierendes Stottern von sich, die Rohre in den Wänden erwachten zum Leben, und kaltes Wasser ergoss sich in einem Schwall in ihr Glas.

Der Mann aus dem Bett trat in die Küche und rieb mit seiner kratzigen Wange über ihre nackte Schulter, um ihr einen guten Morgen zu wünschen. Gus wusste, dass theoretisch irgendwann die Zeit kommen würde, in der er es schaffte, das Zimmer zu durchqueren, ohne sie zu berühren, aber im Moment konnte er es sich einfach nicht vorstellen. Er wusste und hatte es selbst schon miterlebt, dass Liebespaare sich langsam aneinander gewöhnten und die Leidenschaft verflog, aber sein jugendlicher Verstand konnte einfach nicht begreifen, dass es ihnen einmal genauso ergehen würde. Er atmete Alices Geruch ein, fühlte ihre Anmut neben sich und sprach seinen Dank aus.

Sie hörten den Lärm der Touristen, die einige Straßen weiter bereits am frühen Morgen die zweihundertsiebzig Stufen zur Kirche Sacré-Cœur emporstiegen.

Drei Jahre zuvor, als sie das erste Mal in Paris gewesen waren, hatte Alice ihm vorgelesen, dass die weißen Steine bei Regen eine chemische Substanz abgaben und dadurch die blendend weiße Fassade erhalten blieb. Und jeden Morgen, wenn er die vorbeiwandernden Pilger hörte, erinnerte er sich mit immenser Befriedigung an diese Tatsache.

Alice wandte sich zu Gus und sah, wie er die Lippen verzog. Schon im nächsten Moment würde er sie anlächeln. Oder vielleicht auch nicht. Manchmal verschwand sein Lächeln wieder, ohne vollständig erblüht zu sein, was es nur noch wertvoller machte. Sie standen nebeneinander und sahen aus dem schmutzigen Fenster auf die hügelige Landschaft aus grauen Dächern und orangefarbenen Kaminen. Die Stille fühlte sich so wunderbar an, dass sie beschloss, sie nicht zu zerstören, indem sie ihm von ihrem Traum erzählte. Sie wollte ihm nicht sagen, dass sie wieder einmal die Dunkelheit gepackt und in ein anderes Leben mit einem anderen Ehemann gezerrt hatte.

Sie trank das Wasser und stellte das Glas mit größerer Wucht in die Spüle als beabsichtigt. Das Klirren des Glases auf dem Porzellan zerriss etwas in ihr, und sie dachte an letzte Nacht und an einen Traum, der unter dem von dem falschen Ehemann begraben lag.

In diesem tieferliegenden Traum befand sie sich in einem Keller in Rom zwischen Paletten voller Fliesen. Sie wusste nicht, woher sie wusste, dass sie in Rom war. Sie wusste es einfach. Sie nahm eine der Fliesen und betrachtete sie. Sie kam ihr irgendwie bekannt vor. Mit einem Mal begann die Fliese zu summen und zu vibrieren. Alice musste sie fest umklammert halten, damit sie nicht in ihren Schoß fiel. Eine Stimme stieg aus der blauen Glasur empor.

»Ich werde dir jetzt eine sehr lange und unglaubliche Geschichte erzählen«, sagte sie.

Alice erzählte Gus nichts von ihrem Traum. Dazu war keine Zeit. Sie musste zu schreiben beginnen, bevor sich die Geschichte verflüchtigte.

Gus beobachtete erstaunt, wie sie zielstrebig zu ihrem Tisch aus Walnussholz ging, von dem bereits der Lack abblätterte und auf dem sie normalerweise ihre Farben mischte. Sie schob ihre Farbpalette und die Pinsel zur Seite, nahm einen Bleistift und ihren Skizzenblock, setzte sich und begann, meine Geschichte niederzuschreiben.

Glossar
italienischer Wörter und Phrasen

assistente – Assistent
bucatini – etwas dickere, röhrenförmige Nudeln
buongiorno – Guten Morgen, Guten Tag
buonissimo – sehr gut
carabinieri – Polizei
Corpo Forestale dello Stato – staatliche Forstwache
dimmi – sagen Sie mir
dolce, dolci – süß, Süßigkeiten
dottore – Doktor
forno – Ofen, Bäckerei
Guardia di Finanza – Finanzwache
isola – Insel
mercato – Markt, auch Supermarkt
molto particolare – sehr besonders
motorino – Mofa
piazza – Platz
Polizia Municipale – Stadtpolizei
Polizia Penitenziaria – Justizwache
Polizia Provinciale – Gemeindepolizei
ponte – Brücke
pronto – bereit, schnell
questo, questa – dieser, diese
scusa, scusi – Entschuldigung

stazione – Bahnhof
via – Straße
vicolo – Gasse
vita – Leben
zaino – Rucksack

Danksagung

Ich danke meinen römischen Freunden und Fremdenführern, die mir im Lauf der Jahre ihre Stadt nähergebracht haben – Carla Vicenzino, Tia Architto, Stefano Casu, Jeanne-Marie Cilento, Paul McDonnell, Ute Leonhardt, Marco Pugini, Michela Noonan und Clelia March-Doeve. Großer Dank geht auch an mein ehrenamtliches Lektorenteam: meine Frau Klay Lamprell und meine Schwester Helen Bateman. Ich danke außerdem dem Rest meiner wundervollen Familie und meinen Freunden, vor allem jenen, deren Namen ich schamlos für meine Figuren geklaut habe.

Danke an das Team von Allen & Unwin – Sarah Baker, Ali Lavau, Clara Finlay, Lisa White, Genevieve Buzo, Wenona Byrne, Andy Palmer und vor allem meine Herausgeberin Jane Palfreyman, die sich nicht nur rückhaltlos auf dieses Buch eingelassen hat, sondern sich auch für den Titel verantwortlich zeichnet.

Und schließlich gilt mein Dank auch noch zwei besonderen Menschen für ihre Unterstützung und Inspiration: aus der Vergangenheit Mr. Joseph Castley, ein unvergleichlicher Meister der englischen Sprache und mein Lehrer am St. Ignatius College, und aus der Gegenwart meine Agentin Margaret Connolly, die immer an mich glaubt.